비즈니스 구루

비즈니스 구루

Business Gurus

데이비드 레스터 외 17명 지음
이안 월리스 편저
한근태〈한스컨설팅 대표〉 감수
ELC 옮김

책비

CONTENTS

머리말 10

감사의 말 12

추천의 글 14

크리스 앤더슨
(Chris Anderson)

'롱 테일' 개념의 창시자이자
《롱 테일 경제학》의 저자.

16

이고르 앤소프
(Igor Ansoff)

전략적 경영의 선구자. 저서 《기업 전략》
에서 다룬 '제품-시장 성장 매트릭스',
일명 '앤소프의 매트릭스'는 마케팅 사고
의 초석이 됨.

24

리처드 밴들러＆존 그라인더
(Richard Bandler & John Grinder)

'신경 언어학 프로그래밍(NLP)'의 공동
창시자로 개인의 발전과 소질 계발 분야
에 중대한 공헌을 함.

36

켄 블랜차드
(Ken Blanchard)

리더십 분야의 세계적인 권위자.
세계에서 가장 다작하는 리더십 및
경제경영 작가로 손꼽히며, 대표작으로는
《1분 경영》이 있다.

48

4

에드워드 드 보노
(Edward de Bono)

'수평 사고'와 '평행 사고' 개념의 창시자.
'여섯 색깔 생각 모자' 개념 소개.

56

워렌 버핏
(Warren Buffet)

500억 달러를 투자한 전설적인 투자가.
'가치 투자'로 널리 알려짐.

66

데일 카네기
(Dale Carnegie)

대표작인 《데일 카네기 인간관계론》은
40개 이상의 언어로 번역되어 2천만 부
이상 판매됨. 자신감 확립, 커뮤니케이션
기술, 리더십에 관한 강연과 프로그램
제공.

77

로버트 치알디니
(Robert Cialdini)

영향력의 과학을 연구하는 데 평생을
바침. 대표작 《설득의 심리학》은 전 세계
적으로 2백만 부 이상 판매됨.

88

짐 콜린스
(Jim Collins)

'훌륭한' 조직에서 '위대한' 조직으로
도약하게 하는 근본 요인을 정의.
대표작 《성공하는 기업들의 8가지
습관》은 6년 이상 베스트셀러를 기록함.

100

스티븐 코비
(Stephen Covey)

리더십 테크닉과 개인의 효과성 분야의
국제 전문가. 대표작 《성공하는 사람들의
7가지 습관》은 38개 언어로 번역돼
2천만 부 이상 판매됨.

110

피터 드러커
(Peter Drucker)

경영 컨설턴트로서 '목표 관리
(management by objectives/MBO)' 개념을
소개함.

122

팀 페리스
(Tim Ferriss)

기업가, 연설가 겸 작가.
생활 방식에 대한 사람들의 기본적인
추측에 도전을 제시하는 책 《4시간》으로
세계적인 작가 반열에 오름.

135

마이클 조지
(Michael George)

획기적인 경영 방법론 제공. 기업, 정부,
군사 활동의 운영과 관련된 비용 삭감
프로그램인 '린 식스 시그마(LSS)'를
개발함.

144

마이클 거버
(Michael Gerber)

중소기업 전문 이론가.
회사 '안'에서 일하기보다 회사 '위'에서
일하는 기업가 개념을 설파함.

157

말콤 글래드웰
(Malcolm Gladwell)

세계적인 베스트셀러 《티핑 포인트》,
《블링크》, 《아웃라이어》, 《그 개는 무엇을
보았는가》의 저자.

166

세스 고딘
(Seth Godin)

오늘날 마케팅 업계에서 가장 영향력 있
고 존경받는 인물이며 선구적인 이론가.
《보랏빛 소가 온다》의 저자.

177

찰스 핸디
(Charles Handy)

《비이성의 시대》와 《최고의 조직은 어떻게
만들어지는가》를 통해 세계 일류 경영 컨
설턴트의 반열에 오름.

186

프레드릭 허즈버그
(Frederick Herzberg)

임상 심리학자 겸 직무 다양화의 선구자.
그가 소개한 '위생 요인(hygiene factor)'
이라는 개념은 일반적인 비즈니스 용어로
자리 잡음.

198

나폴레온 힐
(Napoleon Hill)

현대 비즈니스 및 자기 계발 서적의
고조할아버지라고 불리는 인물.
대표작 《놓치고 싶지 않는 나의 꿈 나의
인생》은 1973년 첫 출간 후 지금까지 수백
종류의 번역판, 축약판, 개정판으로 출간
되었음.

209

가이 가와사키
(Guy Kawasaki)

인터넷 세대의 이론가. 비즈니스 세계의
윤리적이고 품위 있는 행동과 '멘쉬가
되는 기술' 도입.

219

리처드 코치
(Richard Koch)

관리 컨설팅의 권위자. 80/20 법칙, 일명
'파레토 법칙'을 기업 내·외부와
조직 생활에 적용하는 방법에 관한
다수의 저작물 출간.

230

존 코터
(John Kotter)

리더십과 리더가 변화를 일으키는 방법을
연구하여 변화를 이끌 수 있는 방법론,
'코터의 8단계'를 개발함.

241

톰 피터스
(Tom Peters)

밀리언셀러를 기록한 《초우량 기업의 조
건》의 저자로, 개인과 기업의 권한 부여
와 문제 해결 방법론의 전문가.

252

마이클 포터
(Michael Porter)

《경쟁 전략》, 《경쟁 우위》의 저자로,
'경쟁 전략'과 '경쟁 우위' 개념의 권위자.

263

리카르도 세믈러
(Ricardo Semler)

브라질 최고 기업 '셈코'의 CEO.
전통적인 고용 규칙을 철폐하여 기업 운영
방식에 대변혁을 일으킴.

274

피터 센게
(Peter Senge)

《제5경영》의 저자이자 조직 개발 전문가.
역동적인 조직이 끊임없이 적응하고
개선하는 방식에 관한 책을 시리즈로
발표함.

284

제임스 서로위키
(James Surowiecki)

집단이 개인보다 더 효과적인 결정을
내리고 평가한다는 '집단 지혜' 또는
'집단 지식'의 권위자.

295

손자
(Sun-Tzu)

인간의 독창적인 정신을 이용해 전술과
전략을 개발하고 원하는 결과를 성취함
으로써 승리를 값진 것으로 만드는 방법
을 다룬 《손자병법》의 저자. 나폴레옹,
콜린 파월, 마오쩌둥 등 많은 사람에게
영향을 끼친 전설적인 존재로 전국 시대
의 인물이다.

305

감수자의 말 315

작가 소개 318

이 책 《비즈니스 구루(Business Gurus)》의 필자들 중 한 사람인 나는 비즈니스를 사랑하고 더 많이 배우고 싶은 마음에 항상 MBA를 꿈꾸었다. 그러나 여느 사람들처럼 고도성장하는 기업에 매인 몸이라 야간·주말 MBA 과정을 고려해볼 겨를조차 없었다. 첫 회사를 창립한 후에 곧바로 다른 회사를 세웠고, 그래서 지금껏 MBA는 시작도 하지 못했다. 해가 바뀔 때마다 비즈니스에 대한 지식은 늘어났으나, 갈수록 알고 싶은 것도 더 많아졌다. 이 책에 실린 많은 경영 이론가들에 관한 자료와 그들이 발표한 자료를 줄곧 읽었지만, 더 많이 읽을 시간이 있으면 좋겠다는 마음이 간절했다. 오늘날 세계에서는 시간이 가장 소중한 일상 용품인 것처럼 보이는데, 어디서든 책을 읽고 싶은 만큼 읽을 시간이 있는 사람은 매우 드물다.

그런 의미에서 《비즈니스 구루》는 내게 멋진 해결책이며, 여러분에게도 그런 책이기를 바란다. 이 책에는 많은 경영 이론가들이 개발한 핵심 이론이 요약되어 있고, 그 기본 요소를 이해할 수 있도록 이론의 전후 관계와 배경이 제공된다. 독자라면 누구나 이 책에서 접한 몇몇 이론가들에 대해 더 알고 싶은 마음이 생길 것이다. 따라서 이 책은 어떤 이론가를 선택할 것인지, 독자들의 선택을 돕는 것도 중대한 목표 중 하나로 삼았다.

디지털 역량의 등장으로 수많은 산업의 기존 비즈니스 모델에 이의가 제기되면서 지난 10년간 비즈니스의 변화 속도는 극적으로 증가했다. 필자들은 나름대로의 기준으로 경영 이론의 고전과 새로이 등장한 디지털 선구자들의 이론 가운데 최고를 정선해 이 책에 담았다. 물론 어쩔 수 없이 제외된 훌륭한 전문가들도 많다.

바라건대 이 책이 경영 학도들과 배움에 굶주린 중간 관리자들부터 자영 사업가에 이르기까지 폭넓은 독자들에게 유익하면 좋겠다. 아울러 독자 여러분이 《비즈니스 구루》를 읽은 소감을 필자들에게 전해준다면 더욱 좋을 것 같다. 필자들은 앞으로 새로운 이론가들을 포함시키고 독자들의 소감과 반응을 종합해 최신판을 발표할 예정이다. businessgurusfeedback@crimsonpublishing.co.uk로 여러분의 소감을 보내주기 바란다.

오늘날 우리는 신기할 만큼 흥미로운 시대에 살고 있다. 비즈니스 세계는 급속도로 변화하며 수많은 기회와 위협이 존재한다. 하지만 이 책에서 다룬 일부 현인들이 언급했듯이 비즈니스의 기본 요소는 변하지 않았다. 그것은 바로 고객에게 원하는 것을 제공하고 그 대가로 합당한 수익을 거두는 일이다. 나는 이 책에 담긴 고전적인 경영 전략이 처음 등장했던 시기에 못지않게 오늘날에도 유용하며, 현대의 최고 이론과 결합한다면 빛나는 성공을 안겨줄 것이라고 굳게 믿는다.

데이비드 레스터(David Lester)

| 감사의 말 |

《비즈니스 구루》가 탄생할 수 있었던 것은 모두 존경하는 기고 작가들 덕분이다. 포켓 MBA 코스를 제공하자는 데이비드 레스터의 아이디어에 따라 세계 최고의 경영 이론가 28인과 그들의 획기적인 이론을 정선해서 한 권의 책에 담았다.

《비즈니스 구루》는 이론가들의 업적을 낱낱이 알고 있는 작가들이 힘을 모아 집필했다는 점에서 독특하다. 다른 유사한 책들과는 달리 기업 실무자의 관점에서 모든 이론가들과 그들의 저서에 접근하여 그들의 이론이 실제 비즈니스 환경에 적용되는 방식을 파악하기 위해 노력했다.

우리는 노련하고 박식한 작가, 특정한 이론가에게 영향을 받은 기업가, 경영 대학원 교수, 비즈니스 프로그램의 지휘자, MBA, 노련한 경영 언론인을 물색했다. 그리하여 총 16명의 작가가 28개의 장을 완성했다. 그들이 각자의 글에 쏟은 시간과 노력에 진심으로 고마움을 전한다.

자신의 글을 완성하는 것은 물론이고 디틀레우 브레달, 도미니크 몽크하우스, 클라이브 리치에게 글을 의뢰했던 Growingbusiness.co.uk의 편집자 케이트 월터스에게도 감사한다. 두 장(章)의 편집을 도운 크림슨 출판사의 가레스 플랫(Gareth Platt)에게도 심심한 감사를 표해야 마땅할 것이다.

아울러 작가와 편집 컨설턴트로 참여해 자신이 선택한 이론가의 저서에 대한 인상적인 지식을 마음껏 활용해준 클라이브 헤밍웨이에게도 고마움을 전한다. 그리고 마지막으로 《비즈니스 구루》가 출판되기까지 지원을 아끼지 않은 크림슨 출판사의 모든 직원들에게 감사한다.

오늘날 기업 경영은 날로 증가하는 시장 경쟁과 불확실한 미래로 인해 믿을 만한 비즈니스 이론이 절대적으로 필요한 상황이다. 그러나 무수히 많은 비즈니스 이론들 속에서 각 기업의 성장과 발전을 위한 최적의 비즈니스 이론을 찾기란 여간 어려운 일이 아니다. 지금도 새로운 비즈니스 이론들이 속속들이 등장하고 있지만, 그중 충분히 검증되어 현재와 미래 기업 경영에 실제적인 영향을 미칠 만한 이론은 그다지 많지 않다.

이러한 때 이 책『비즈니스 구루』는 2천 년 전 지혜의 아이콘인 손자부터 파격적인 행동가 팀 페리스까지 총 28인의 대표적인 비즈니스 구루들을 현직 기업가, 경영학 교수, 비즈니스 컨설턴트들에 의해 선정하여 한 권으로 압축했다. 이 책에 등장하는 비즈니스 이론들은 경영 현장을 통해 역사적으로 검증되었을 뿐만 아니라, 기업 경영의 핵심적 가치를 충분히 담아냈기에 지금도 살아 숨 쉬고 있다.

따라서 이 책을 통해 경영인들은 다양하고 상이한 비즈니스 이론들을 비교·분석함으로써 실제 기업 경영에 적용할 수 있고, 또한 자신만의 비즈니스 이론을 새롭게 재창조할 수 있는 기회를 얻게 될 것이다. 더불어 유명 MBA 과정을 마스터해야 습득할 수 있는 귀한 경영 이론과 사례들 역시 이 책 한 권을 섭렵함으로써 경제적이고도 편리하게 자신의 것으로 만들 수 있다.

영원히 지속 가능한 비즈니스를 원하는 기업 경영인들은 이 책에 담긴 성공한 비즈니스 구루 28인의 핵심 개념, 관련 이론, 사례 및 현재의 유효성을 확실하게 이해하고 수용함으로써, 오늘날의 경영 현실을 점검하고 다가오는 미래에 적극적으로 대응할 수 있으리라 기대한다. 이 책 『비즈니스 구루』가 여러 기업 경영인들에게 반드시 필요한 경영 철학과 경영 능력을 제공하는 나침반이 되어줄 것이라고 확신한다.

김철영 박사
서울대학교 경영대학원 석사
미시간 주립대 MBA · 경영학 박사
한호그룹 회장

Chris Anderson

By Robert Craven

이름 : 크리스 앤더슨

출생 : 1961년

전문 분야 : 기술 저널리즘과 현대 디지털 세계 발전

주요 업적 : 〈와이어드(*Wired*)〉지 편집. 니치 시장(니치란 원래 틈새나 빈틈이라는 뜻이며, 니치 상품이나 시장은 일반 상품군을 세분하여 연령층, 성별, 직업별 또는 특정 상황에 맞춰 소비자를 특화시키고 이들에게 가장 적합한 것을 개발하여 만들어낸 상품이나 시장을 뜻함)에 초점을 맞추어야 한다는 기업 이론 주창

주요 저서 : 《롱 테일 경제학(*Long Tail : Why the Future of Business Is Selling Less of More*)》(2006), 《프리 : 비트 경제와 공짜 가격이 만드는 혁명적 미래(*Free : The Future of a Radical Price*)》(2009)

크리스 앤더슨은 누구인가

연구 물리학자로 사회생활을 시작한 크리스 앤더슨은 〈네이처〉와 〈사이언스〉를 통해 과학 저널리즘 세계에 진출했다. 이후 〈이코노미스트〉의 기술 편집자, 미국 비즈니스 편집자 등 다양한 직책을 거쳐 2001년 〈와이어드〉의 편집자로 부임했다. 그가 발표한 2권의 책은 모두 베스트셀러를 기록했다. 음악과 로봇 공학에도 관심이 많다.

크리스 앤더슨은 왜 유명한가

'롱 테일'이라는 문구는 클레이 셔키(Clay Shirky)의 글에서 유래한 것이다. 앤더슨이 〈와이어드〉에 발표한 에세이들은 2006년에 《롱 테일 경제학》으로 발간되었다. 그는 상품의 제조와 유통, 그리고 보관 과정에 소요되는 비용과 막강해지는 중개업자와 여론 형성자들의 영향력 때문에 전통적인 블록버스터, 베스트셀러, 히트 모델의 입지가 점점 줄어든다는 사실을 입증했다.

아울러 이 주장을 바탕으로 인터넷 시대에 아마존, 넷플릭스(Netflix), 그리고 무수한 기업—흔히 소규모나 개인 소유의 기업—이 성장한 현상을 설명했다. 인터넷은 모든 사람들이 살아가면서 만들어 가는 세상이다. 앞으로 인터넷에서 어떤 대단한 일이 벌어질지, 그리고 그런 일이 일어나는 이유는 무엇인지 아무도 알지 못한다. 이보다 더 중요한 사실은 규모가 크든 작든 모든 참가자들이 어떻게 하면 신기술을 이용해 돈을 벌 수 있을지 알아내려고 혈안이 되어 있다는 사실이다.

《롱 테일 경제학》은 기술이 급변함에 따라 더욱 가까워지는 세계에서 최초로 시장에 진출하면 왜 큰 기회를 얻을 수 있는지 정확히 설명했다.

개념

간단히 말해 《롱 테일 경제학》은 경제와 문화가 수요 곡선의 머리 부분에서 베스트셀러와 멀어지고, 그 결과 비교적 소수인 '히트 상품'과도 점점 멀어져서 꼬리 부분에 이르면 엄청난 수의 니치 쪽으로 가까워지는 현상을 조사했다. 특히 서양 경제와 문화가 대형 시장에서 수백만에 이르는 니치 시장으로 이동하면서 발생하는 결과를 설명했다.

아울러 소비자들이 니치 상품을 손쉽게 발견하고 구입하도록 돕는 기술이 어떤 영향을 미치는지도 다루었다. 이런 일은 모두 '무한 선반 공간 효과(infinite shelfspace effect)'와 전통적인 유통의 병목 현상, 그리고 재래식 소매를 돌파하는 새로운 유통 메커니즘(디지털 다운로딩부터 피어 투 피어 시장까지)에서 그 원인을 찾을 수 있다.

특히 온라인 세계에서 생산과 유통 비용이 파괴되면 소비자를 동질적인 한 집단으로 취급할 필요성이 줄어든다. 제한된 선반 공간이라는 제약과 유통의 오랜 병목 현상이 없다면 소수를 표적으로 삼은 제품과 서비스가 성공을 거두고, 주류 히트 상품에 못지않게, 또는 한층 더 매력적으로 보일 수 있다.

재고 순환과 판매를 극대화하기 위해 유망 히트 상품과 베스트셀러를 진열하는 탓에 전통적인 소매 경제에서는 대개 제한된 선반 공간에, 제한된 수의 값비싼 제품들만 진열한다. 반면 온라인 소매업체들은 거의 모든 상품을 비축할 수 있고, 따라서 판매가 가능한 니치 상품의 수가 주류 히트 상품을 웃돌 수 있다. 과거에는 수백만에 이르는 이런 롱 테일의 니치 상품이 소수의 히트 상품에 밀려 대개 무시되었다.

이론 요약

1. 진정한 수요의 형태가 소매업자들이 홍보하는 히트 상품이라는 빈약한 숏 테일에 가려져 왔다. 하지만 소비자들의 선택 권한이 무한할 때 진정한 수요 곡선의 형태가 드러나는데, 이는 과거 사람들의 생각과는 달리 히트 상품에 집중되지 않는다. 사람들은 자신의 한정적인 관심사를 충족시키는 니치에 끌리기 마련이다.

2. 니치에 진출하기 위한 비용은 디지털 분포, 검색 기술, 브로드밴드 침투를 포함한 다양한 요인에 힘입어 극적으로 감소하고 있다. 따라서 이제 한층 다양한 종류의 제품을 제공하는 일이 가능해졌다.

3. 한층 다양한 제품을 제공한다고 해서 수요가 변하는 것은 아니다. 소비자들이 자신에게 적합한 니치를 찾을 수 있어야 한다. 흔히 '여과 장치'라고 표현되는 추천과 순위 같은 도구들이 수요를 꼬리 아래로 끌어내릴 수 있다.

4. 일단 다양성이 대폭 확장되면—그리고 여과 장치가 존재하면—수요 곡선이 평평해진다. 히트 상품이 여전히 존재하지만 그 인기는 상대적으로 떨어진다(니치의 인기가 상대적으로 높아지기 때문임).

5. 모든 니치 상품이 제각기 증가하며 힘을 모아 히트 상품과 경쟁한다.

6. 이 시점에서 (병목 현상, 정보의 희귀성, 그리고 제한적인 선반 공간에 의해) 왜곡되지 않은 수요 곡선의 자연스러운 형태가 나타난다.

사실상 모든 시장에는 히트 상품보다 니치 상품이 훨씬 더 많고, 생산 도구가 더욱 저렴해지고 이용하기가 더욱 쉬워지면서 두 상품의 비율은 기하급수적으로 벌어진다.

앤더슨은 롱 테일의 세 가지 힘을 '도달하기, 얻어내기, 그리고 빠져 나오게 돕기'라고 묘사했다.

1. **생산 비용 민주화하기** : 도구 제작자와 생산업자―예를 들면 디지털 비디오, 데스크 탑 음악, 비디오 편집하기, 블로깅 도구들―가 대부분 무료이거나 사실상 무료로 제공한다.

2. **유통 비용 민주화하기** : 정보 집합자(aggregator : 여러 회사의 상품이나 서비스에 대한 정보를 모아 하나의 웹사이트에서 제공하는 인터넷 회사나 사이트)가 등장한다(아마존, 이베이, 아이튠즈, 트립 어드바이저 등).

3. **수요와 공급 연결하기** : 여과 장치(구글, 블로그, 추천과 베스트셀러 목록 등)

앤더슨은 영화, 음악, 서적 분야의 소매업자들을 관찰한 결과 다음과 같은 의문을 제기했다.

1. (오프라인에서 구할 수 없는 재고로 규정되는) 롱 테일의 규모는 얼마 나 되는가?
2. 수많은 니치 상품의 가용성이 수요 형태를 어떤 식으로 변화시키 는가? 히트 상품으로부터 멀어지는가?
3. 어떤 도구와 테크닉이 그 변화를 주도하며, 무엇이 가장 효과적인가?

실제 활용 사례

앤더슨은 브라이뇰프슨(Brynjolfsson), 후(Hu), 스미스(Smith)의 초기 연구를 인용했는데, 이들은 재래식 상점에서 구할 수 없는 알려지지 않 은 책들이 아마존닷컴(Amazon.com) 판매량의 상당 부분을 차지한다는 사실을 입증했다.

히트 상품은 절차 비용이 많이 들고 실패율이 높은 탓에 수익률이 비 교적 적은 경향이 있다. 소매업체들이 소비자를 확보하기 위해 치열하게 경쟁하기 때문에 히트 상품은 대개 할인 가격으로 판매한다. 반면 니치 상품은 정가로 판매할 수 있으며, 이는 니치 상품의 희귀성과 무관하지 않다.

이를테면 소매업자들이 《해리 포터》 최신작을 로스 리더(loss leader : 원가보다 싸게 팔거나 일반 판매가보다 훨씬 싼 가격으로 판매하는 상품)로 판 매하는 반면, 그리 알려지지 않은 책들은 정가로 판매한다. 따라서 손해를 보면서 대히트 상품을 많이 판매할 때보다 비교적 무명인 작가들의 작품을 적게 판매하고도 더 많은 돈을 벌 수 있다.

롱 테일 정보 집합자(넷플릭스, 아마존, 아이튠즈)는 자사가 활약하는 분야를 대개 장악한다. 물론 언론과 연예 분야에는 롱 테일이 존재하지 않는다. 이베이(물리적인 상품의 롱 테일)나 구글(광고의 롱 테일), 그라민 은행(Grameen Bank)을 생각해보라.

관련 이론

앤더슨은 롱 테일이 이른바 파레토 원칙(Pareto principle), 또는 80/20 법칙의 종말을 의미한다고 주장한다. 80/20 법칙에 따르면, 판매 총수입의 80%를 차지하는 20%의 제품에 전적으로 초점을 맞추어야 한다. 하지만 앤더스은 《롱 테일 경제학》에서 롱 테일에 많은 기회, 어쩌면 더 많은 기회가 존재한다고 주장한다.

그렇기 때문에 인터넷 시대를 연구하는 오늘날의 수많은 전문가들이 《롱 테일 경제학》을 인용하는 것이다. 톰 피터스와 세스 고딘은 나심 니콜라스 탈레브(Nassim Nicholas Taleb)의 《블랙 스완(Black Swan)》, 클레이 셔키(Clay Shirky)의 《끌리고 쏠리고 들끓다(Here Comes Everybody)》, 말콤 글래드웰의 《티핑 포인트(The Tipping Point)》에 못지않은 이 책의 열렬한 팬이다. 소규모 니치 플레이어들의 중요성에 왜 초점을 맞추어야 하는지를 설명하고 합리화할 때 이 책을 이용할 수 있다.

오늘날의 유효성

《롱 테일 경제학》은 처음 발표되었을 때나 다름없이 오늘날에도 효과적이다. 사람들이 롱 테일 개념을 흔히 80/20 법칙과 마찬가지로 오해하고 적절치 못한 상황에서 이 개념을 언급하기도 한다. 현재 수많은 신흥 기업들이 등장하고 있고, 정보 집합자와 여과 장치의 위력과 더불어 생산·저장·유통 비용의 몰락 현상을 이용하고 있다. 앤더슨은 이런 새로운 세계를 인식하고 대책을 제시했다. 중소기업은 이런 현상을 이용할 수 있는 반면, 대기업은 자사 전략을 수정해 한때 효과적이었던 과거 모형이 더 이상 효과적이지 않음을 인식해야 한다. 1998년은 영원히 돌아오지 않을 것이다!

Igor Ansoff

By Gerard Burke

이름 : 이고르 앤소프

출생 : 1918년 **사망** : 2002년

전문 분야 : 전략적 경영의 선구자로 칭송받는 앤소프는 경영 전문가로는 처음으로 전략적 계획의 필요성을 인식했다.

주요 업적 : 〈하버드 비즈니스 리뷰(*Harvard Business Review*)〉(1957)의 '다각화 전략(*Strategies for Diversification*)'이라는 글에서 최초로 발표한 '제품–시장 성장 매트릭스'. 마케터들은 이 도구를 이용해 다양한 성장 전략을 고려한다.

주요 저서 : 《전략적 경영 클래식 에디션(*Strategic Management Classic Edition*)》(2007), 《기업 전략(*Corporate Strategy*)》(1965)

이고르 앤소프는 누구인가

러시아계 미국인으로, 응용 수학자이자 업무 관리자인 앤소프는 전략적 경영의 아버지로 알려져 있다. 앤소프가 발표한 120편의 논문과 글은 8개 언어로 번역되었으며, 그는 기업에서 전략적 사고를 적용하는 분야의 선구자로서 이론과 실제의 격차를 좁혔다.

앤소프의 업적은 학문 분야에만 국한되지 않는다. 그는 전 세계 기업이 수익 면에서 성장하도록 돕기 위해 앤소프 어소시에이츠 인터내셔널(Ansoff Associates International)을 설립했다. 이 회사는 필립스, 제너럴 일렉트릭, 걸프(Gulf), IBM, 스털링 유로파(Sterling Europa), 웨스팅하우스(Westinghouse), 그리고 네덜란드의 KBB 등을 포함한 수백 개의 다국적 기업에 자문을 제공했다.

앤소프는 왜 유명한가

앤소프는 구체적으로 세 가지 분야, 즉 환경 격변성, 비상 전략 성공 패러다임, 실시간 전략적 경영 분야의 연구로 인정받았다.

〈하버드 비즈니스 리뷰〉의 '다각화 전략'이라는 글에서 처음으로 발표하고, 1965년 자신의 저서인 《기업 전략》에서 다시금 다룬 그의 '제품-시장 성장 매트릭스'는 훗날 마케팅 사고의 초석이 되었다. 이 매트릭스는 몇 가지 다른 기업 성장 전략을 묘사했으며(26쪽 참조), 성장 활동을 집중해야 할 분야를 결정하기 위한 도구로 이용할 수 있다.

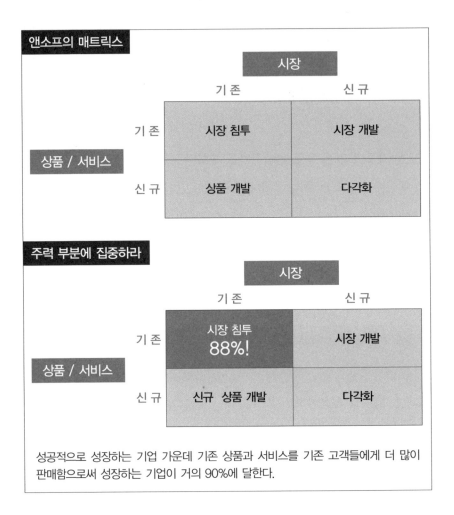

성공적으로 성장하는 기업 가운데 기존 상품과 서비스를 기존 고객들에게 더 많이 판매함으로써 성장하는 기업이 거의 90%에 달한다.

개념

앤소프의 매트릭스는 네 가지 가능한 성장 전략을 제시한다.

1. **시장 침투** : 기존 고객에게 기존 제품이나 상품을 더 많이 판매함으

로써 시장 점유율을 높이는 일

2. **시장 개발** : 새로운 시장에 기존 제품이나 서비스를 판매하는 일

3. **제품 개발** : 기존 고객을 표적으로 새로운 제품이나 서비스를 개발
하는 일

4. **다각화** : 새로운 시장을 위한 새로운 제품이나 서비스를 개발하는 일

성장 전략 선택하기

시장 침투

시장 침투 전략은 회사의 기존 자원이나 능력을 이용하므로 위험률이
가장 낮고 비용이 가장 적게 드는 접근 방식이다. 현재 알고 있는 사실에
서 멀어질수록 위험률은 더욱 커진다.

최근 실시된 몇몇 연구는 이 주장을 확실히 뒷받침한다. 예컨대 한 연
구[1]에 따르면, 수익 면에서 지속적으로 성장하는 고도성장 기업들은 이
미 알고 있는 시장에서 기존 제품과 서비스를 판매하는 일에 주력하는
것으로 나타났다. 간단히 말해 그들은 '핵심 사업에 집중' 한다.

이 전략을 실행에 옮기려면 일반적으로 두 단계의 과정을 거쳐야 한
다. 즉, 기존 고객에게 더 많이 판매한 다음, 경쟁 업체의 고객을 사로잡
기 위해 노력한다.

---

1) 미국 피닉스의 애리조나 주립 대학교, 영국 유어 비즈니스 유어 퓨처(Your Business
Your Future)의 제라드 버크, 그리고 영국 AJM 어소시에이츠의 앤드류 마이어스
(Andrew Myers)가 실시한 '성장 일로에 있는 영국 중소기업의 혁신 유형과 성과'.

이 전략을 레몬 즙을 짜는 과정과 비교해보자. 요리법에 레몬 반 개의 즙을 짜라고 나와 있으면, 사람들은 대부분 레몬을 반으로 잘라서 반 개를 짜고 나머지 반 개는 버린다. 간단히 말해 대부분의 사람들은 레몬에서 되도록 많은 즙을 짜내지 않는다. 고객에게 이와 똑같은 식으로 접근하는 기업들이 무척 많다. 더 많은 고객들과 판매 관계를 맺기 위한 계획, 소량을 구매하는 고객에게 더 많은 양을 구매하도록 권장하기 위한 계획, 새로운 고객을 유치하기 위한 계획을 세우지 않는 것이다.

레몬을 짜려면, 다시 말해 최고의 고객으로부터 최대의 가치를 얻어내려면 고객과 가까워져야 한다. 고객과 고객의 기업을 철저히 파악해 여러분이 제공하는 어떤 제품이나 서비스가 그들에게 필요할지 예상해야 한다.

'레몬 짜기' 전술에는 크로스 셀링(cross-selling), 업 셀링(up-selling), 사용률 높이기, 고객이 여러분의 제품이나 서비스에 돈을 더 많이 쓰게 만들기, 소개 부탁하기 등이 포함된다. 이 모든 전술의 성패는 여러분의 제품이나 서비스가 확실한 혜택을 전달하는 구체적인 고객 집단을 확인하고 정확히 이해하는 것에 달려 있다.

만일 고객이 여러분의 제품이나 서비스에서 다른 사람에게서는 구할 수 없는 특별한 요소를 발견하고 높이 평가한다면 여러분의 제품이나 서비스에 기꺼이 돈을 지불할 것이며, 그러면 여러분은 가격 경쟁을 하지 않고 자사에 유리한 수익률을 유지할 수 있다.

하지만 시장 침투에는 한계가 있으며, 기업이 지속적으로 성장하려면 시장이 포화 상태에 가까워졌을 때 다른 전략을 채택해야 한다.

시장 개발

시장 개발 방안에는 새로운 시장 분야나 지리학적인 지역에 진출하는 일이 포함된다. 어떤 조직의 핵심 능력이 특정 시장 부문의 경험이 아니라 제품과 관련이 있거나 기존 시장을 완벽하게 개발했다면 시장 개발이 훌륭한 전략이 될 것이다.

'핵심 사업에 집중' 함으로써 성공적으로 성장하고, 일단 기존 시장을 완벽하게 활용한 다음 성장 전략으로 시장 개발에 초점을 맞춘 기업의 훌륭한 사례로 숲 속 탐험 코스인 고 에이프(Go Ape)를 들 수 있다.

트리스트람 메이휴(Tristram Mayhew)가 설립한 고 에이프는 가장 빠른 속도로 성장하는 영국 민영 기업의 순위를 매기는 패스트트랙(FastTrack) 100대 기업에 3년 연속으로 선정되었고, 내셔널 비즈니스 어워즈에서 수여하는 올해의 중소기업 상을 포함해 많은 상을 받았다.

메이휴는 2002년 영국 셋퍼드(Thetford)에 최초의 고 에이프를 개장했고, 그 후 7년 동안 영국 전역의 숲에 고난도 모험 코스를 세움으로써 그와 팀원들은 "잠을 자면서도 고 에이프 코스를 만들 수 있다."고 표현할 만한 경지에 이르렀다. 이 공격적인 시장 개발 전략 덕분에 몇몇 경쟁자들이 등장했음에도 고 에이프는 거의 끄떡도 하지 않고 승승장구했다. 2009년 수익은 100만 파운드(약 17억 3,974만 원)에 달했고, 그 후에도 줄곧 7자리 수익을 기록했으며, 직원 수는 450명으로 증가했다.

영국 당국은 당연히 메이휴가 현실적으로 개장할 수 있는 고 에이프의 수를 제한했다. 그래서 메이휴는 2009년 초에 영국에서 얻은 지식과 경험을 토대로 삼아 미국에 고 에이프의 메시지를 전하기 시작했다. 미국의 한 회사와 합작 투자 계약을 맺고 새로운 영역으로 진출하는 모험을 감행했다. 마침내 그해에 미국 최초의 고 에이프가 개장되었으며, 이미 성공을 거두고 있다. 메이휴는 미국에 대여섯 군데를 추가로 개장할 계획이라고 밝혔다.

제품 개발

혁신이나 신제품에 대한 투자가 시장 개발보다 위험률이 높은 전략인 것은 사실이다. 그러나 위험 요소에 대처할 몇 가지 방법이 있다. 위험률이 가장 적은 혁신은 기존 고객이 요구한 새로운 제품이나 서비스일 것이다.

예컨대 고 에이프는 새로운 시장으로 진출한 것은 물론, 우듬지 코스에 참여하기를 원치 않거나 참여할 수 없는 방문객들을 위한 제품을 개발함으로써 핵심 활동인 우듬지 등반 코스 이외의 서비스를 제공하기 시작했다. 메이휴는 방문객들이 임상(林床)을 이용할 수 있도록 세그웨이[2]를 매입했으며, 현재 지상에 머물기를 원하는 사람들에게 산악자전거를 제공하고 있다.

---

2) Segway : 미국의 발명가 딘 카멘이 2001년 12월 공개한 1인용 스쿠터.

고객에게 서비스를 제공하는 더 효과적이고 새로운 방법을 모색하는 일에 지속적으로 초점을 맞추는 기업 활동은 대부분 당연히 고객의 욕구에 대한 깊은 이해가 선행된 점진적인 혁신에 토대를 두고 있다. 자사의 니치에 대한 지식을 바탕으로 고객의 욕구에 재빨리 반응하거나, 심지어 그 욕구를 예측한다. 그 결과 고객이 흡족해할 것이라고 확신할 만한 방향으로 제품과 서비스를 지속적으로 개선한다.

그 외에도 제품 개발 전략이 적절할 만한 몇 가지 다른 상황들이 있다. 한 기업의 장점이 특정 제품이 아니라 특정 고객과 관련이 있다면, 기존 고객을 겨냥한 신제품을 개발함으로써 이 장점을 이용할 수 있을 것이다.

제품 개발 전략을 수립해야 할 또 다른 이유가 있다면, 예컨대 기술 발전으로 말미암아 기업의 핵심 시장이 낙후될 수 있다는 사실이다. 이를테면 〈가디언(Guardian)〉의 발행사인 가디언 뉴스 앤드 미디어(Guardian News & Media)는 최근 '디지털 우선(digital-first)' 조직으로 변모할 계획을 발표하고, 점점 감소하는 출판 판매량에 대처하기 위한 핵심 전략으로 웹 기반 개방 저널리즘을 택했다.

다각화

다각화는 위험률이 높은 전략이다. 사실 매트릭스를 구성하는 이 사분면은 '자살의 방(suicide cell)' 또는 '바보 상자(wally box)'라고 일컬어졌다. 궁극적으로 다각화란 '지금껏 만난 적이 없는 사람들에게 자신도 모르는 물건을 파는 일'로 요약할 수 있으며, 이는 대개 불가능한 일처럼 보인다.

기업가들은 창업가의 사고방식을 가지고 있는 까닭에 다각화의 유혹을 거부하기 어렵다. 다각화는 기업을 전진시킬 가장 역동적인 경로처럼 보일 수 있지만, 경험과 일반 상식으로 판단하건대 이는 대개 위험률이 가장 높은 접근 방식이며 높은 수익을 거두기도 어렵다.

물론 고도로 성장하는 기업은 이따금 다각화를 실시한다. 하지만 급진적인 혁신과 다각화는 일단 핵심 분야의 토대가 탄탄히 마련된 상태에서 전략적으로 신중히 고려한 다음 실시해야 한다.

이를테면 고급 브랜드의 세면 화장품 제품을 제공하는 퍼시픽 디렉트 (Pacific Direct)는 호텔 분야에서 탄탄한 입지를 확보한 후 항공 서비스 분야로 진출했다. 비즈니스 클래스와 일등석을 이용하는 탑승객은 대개 5성급 호텔을 이용하며 같은 종류의 고급 브랜드를 중요하게 여긴다. 퍼시픽 디렉트는 한 분야에서 신뢰를 쌓은 덕분에 인접 분야로 진출할 수 있었으며, 이 회사의 인프라는 이러한 확장을 지탱할 만큼 충분히 탄탄했다.

실제 활용 사례

서리(Surrey)에 본사를 두고 상업용 건물의 에너지 관리 시스템을 설계하는 필링거 컨트롤스(Pillinger Controls)는 최근 '핵심 사업에 집중하기'의 장점을 발견했다. 이 기업은 창립 후 7년 동안 괄목할 만한 성장을 이룩했다. 직원은 4명에서 40명으로 증가했고, 매출액은 300만 파운드

(약 52억 원)에 이르렀다.

하지만 이 회사는 품위 있게 성장하기보다, 마이크 다비 이사의 표현을 빌리자면, '어줍잖은 방식으로 대박을 거두었다'. 매출액은 증가했지만 수익성은 감소했으며, 직원들이 떠나기 시작했다. 그 원인은 필링거가 자사의 고객이 누구인지 파악하지 못한 데 있다.

당시 필링거 컨트롤스가 거래하던 고객은 자사 서비스가 제공하는 혜택을 진정으로 높이 평가할 고객 집단과는 거리가 멀었다. 필링거 컨트롤스는 주로 건축 계약 업체와 거래했는데, 이들은 건축가나 다른 사람들이 난방, 환기, 냉방을 위한 에너지 관리 시스템의 설치를 주도하는 프로젝트를 진행했다. 따라서 이 건축 계약 업체들에 에너지 관리 시스템 설치는 에너지 소비를 최소화하고 건물의 평생 운영비를 줄이기 위한 일이라기보다는 순전히 형식적인 과정에 지나지 않았다.

필링거 컨트롤스는 본질적으로 자사 제품을 중요하게 여기지 않는 고객에게 제품을 판매했으며, 머지않아 그 대가를 치러야 했다. 계약 업체의 지불 관행 때문에 캐시 플로(cash flow)는 그야말로 악몽으로 전락했다. 이는 필링거 컨트롤스의 평판에 전혀 득이 되지 않았으며, 직원들의 사기까지 떨어뜨렸다.

필링거 컨트롤스는 계약 업체들과 거래를 중단하고, 대신 자사 서비스를 진정으로 중요하게 여기는 시장, 즉 회계 회사, 은행, 건물 자산을 많이 소유하고 이용하는 공공 단체에 초점을 맞추기로 결정했다. 이들 조직은 실제로 자사 시스템으로부터 더 큰 가치를 얻는 일을 중요시했으며, 필링거 컨트롤스는 이 일만큼은 자신이 있었다.

자사의 니치를 확인한 필링거 컨트롤스는 현재 '레몬 짜기'로 이 시장을 공략하기 위해, 다시 말해 '노른자위' 고객으로부터 최대의 가치를 끌어내기 위해 노력하고 있다. 이제 계약 업체들과 거래하면서 낭비했던 시간을 소유자-이용자 고객들의 관계를 조성하는 데 투자하고 있다.

관련 이론

일부 연구원들이 앤소프의 성장 전략을 토대로 삼아 계획 격차 분석(planning gap analysis)이라는 개념을 개발했다. 계획 격차 분석은 전략적 성과 목표를 기준으로 각 성장 전략의 예상 결과를 비교한다. 그러면 관리자들은 성과 목표와 특정 전략을 실시해서 거둘 수 있는 결과 사이에 격차가 얼마나 큰지 파악한다. 아울러 이를 바탕으로 격차를 줄이기 위한 과정에 내포된 위험 정도를 확인한다. 전략 지도자들이 생각하기에 격차를 줄이는 과정에서 발생할 위험 정도가 적절치 않다면 계획 격차 분석을 통해 성과 목표를 어느 정도 완화해야 하는 경우도 있다.

적극적인 사업 계획을 위한 또 다른 테크닉은 '시나리오 계획(scenario planning)'이다. 앤소프가 외부 환경과 관련된 요인들을 고려한 반면, 시나리오 계획은 그런 요인들이 어떻게 상호 작용함으로써 전략적 성과에 영향을 미칠 수 있는지에 더욱 초점을 맞추었다.

오늘날의 유효성

앞서 여러 사례를 통해 입증되었듯이 앤소프의 매트릭스와 '핵심 사업에 집중하기'라는 메시지는 50년 전이나 다름없이 오늘날에도 유효하다. 사실 여러모로 이는 매우 중요하다. 현대는 경제사에서 가장 격동적인 시대로 손꼽히며, 모든 기업이 이 폭풍에서 살아남지는 못할 것이다. 현재 상황에서는 가격 경쟁에 뛰어들 기업이 많을 것이다. 이는 대개 그 기업들이 뚜렷한 장점이 없는 탓에 가격을 차별 점으로 삼기 때문이다.

핵심 사업에 집중하려면 무엇보다 자사의 특수성을 확인한 다음, 그 장점을 중요시하고 그것을 얻기 위해 기꺼이 대가를 치를 고객을 표적으로 삼아야 한다. 고객이 기꺼이 대가를 지불할 특수성을 확보한 기업이라면 가격 전쟁에 뛰어들 필요가 없으며, 자사의 이익률을 보호할 수 있을 것이다.

따라서 핵심은 이것이다. 폭을 넓히기 전에 깊이 파고들어라. 물론 새로운 시장에 진출하고 혁신적인 신제품과 서비스를 개발하는 것이 특정 성장 단계에서는 중요한 역할을 하겠지만, 그러기 위해서는 이를 전반적인 전략의 일부로서 적절한 시기에 진행해야 한다.

Richard Bandler and John Grinder

By Jeremy Lazarus

이름 : 리처드 웨인 밴들러와 존 토머스 그라인더

출생 : 밴들러 1950년, 그라인더 1940년

전문 분야 : 신경 언어학 프로그래밍(NLP)

주요 업적 : 밴들러와 그라인더는 함께 NLP를 창시했다.

주요 저서 : 《왕자로 변한 개구리 : 신경 언어학 프로그래밍 입문(*Frogs Into Princes : The Introduction to Neuro-Linguistic Programming*)》(1979), 《마법의 구조 : 언어와 치료에 관한 책 (*The Structure of Magic : A Book About Language & Therapy*)》(1975), 《마법의 구조 Ⅱ : 언어와 치료에 관한 책(*The Structure of Magic II : A Book About Communication and Change*)》(1975)

리처드 밴들러와 존 그라인더는 누구인가

리처드 밴들러와 존 그라인더는 1970년대 신경 언어학 프로그래밍 (NLP)의 공동 창시자로서, 개인 발전과 소질 계발 분야에 중대한 공헌을 했다. 이 두 분야는 전반적인 삶의 영역에서 사람들을 돕는 일을 목표로 삼으며 직장에서 폭넓게 응용된다. 1970년대에 그라인더는 샌타 크루즈의 캘리포니아 대학교 언어학 부교수로 재직했다. 밴들러는 철학과 심리학을 연구했다.

밴들러와 그라인더는 왜 유명한가

밴들러와 그라인더의 초기 저서와 아이디어는 주로 언어학과 커뮤니케이션에 관한 것이었다. 두 사람은 버지니아 사티어(Virginia Satir), 프리츠 펄스(Fritz Perls), 의학 박사 밀턴 에릭슨(Milton Erickson), 놈 촘스키(Noam Chomsky) 같은 당대 치료, 언어학, 인류학의 유명 인사들의 책들을 연구했다. 그리고 그 결과를 바탕으로 특정 상황에 대한 사람들의 사고와 반응을 바꾸고, 효과적인 커뮤니케이션을 통해 '치료사들'이 이 과정을 돕는 방법에 관한 아이디어를 개발했다.

밴들러와 그라인더는 자신들의 연구와 관련된 세미나를 열고 단체를 운영했으며, 1970년 NLP에 대한 독창적인 저서 《왕자로 변한 개구리 : 신경 언어학 프로그래밍 입문》을 발표했다. NLP와 관련된 몇 가지 주제와 테크닉을 다룬 이 책은 크게 세 장과 주제로 구성되어 있다. 그 후 두 사람은 각자 또는 공동으로 다양한 저서를 발표했다.

NLP 분야와 테크닉의 범위가 크게 확대되어, 현재 NLP는 개인 개발 뿐만 아니라 사실상 인간 활동의 모든 분야에서 활용되기에 이르렀다. 각지의 NLP 센터는 사람들이 스스로 원하는 일은 더 많이 하고 원치 않는 일은 적게 할 수 있도록 도움으로써 모든 삶의 영역(직장 포함)에 변화를 일으키고 있다.

NLP의 핵심 분야는 다음과 같다.

1. **커뮤니케이션 개선** : 다른 사람들뿐만 아니라 자신—이를테면 '부정적인' 자신—과 의사소통하는 방법
2. **행동과 사고방식의 변화 지원** : 비교적 피상적일지언정 사업 설명을 할 때 긴장하지 않고 침착함을 유지하며, 청중이 따분해 하지 않고 흥미를 가질 것이라고 생각하는 등 상당히 긍정적인 결과를 얻을 수 있는 깊이 있는 행동과 사고 패턴 이해 지원
3. **우수성의 본보기를 보일 방법론 제공** : (판매 성사시키기, 외환 거래하기 또는 직원들에게 동기 부여하기 등) 어떤 기술을 탁월하게 수행하는 개인의 모습을 복제할 수 있도록 방법론 제공

이런 식으로 직장, 스포츠, 건강 관리, 교육, 코칭과 치료 등 사람들이 활동하면서 관계를 맺는 모든 분야에 NLP를 적용할 수 있다. 사실 NLP라고 표현되지 않더라도 다양한 소프트 스킬(soft-skill) 훈련 과정에 NLP

가 포함된다.

개념

수익, 주주 가치, 시스템, 프로세스, 전략에 초점을 맞추는 고위 관리 자들이 많다. 그런데 이 가운데 어떤 것도 이에 못지않게 중요한 노동력 이 개입하지 않으면 성취할 수 없다. 연례 보고서를 보면 거의 예외 없이 회장이나 CEO의 성명서에 직원들의 중요성이 언급되어 있다. 어떤 기업 에서든 성패를 좌우하는 것은 주로 내·외부의 이해관계자들과 맺는 관 계와 직원들의 개인적인 능력에 달려 있다.

이 장에서는 기업에 NLP를 적용하는 방법과 직장에서 NLP를 활용하 는 방식을 고려할 것이다. 앞서 개설한 NLP의 세 가지 요소는 열다섯 가 지(이 외에도 무궁무진함)의 본질적인 기업 활동에 영향을 미칠 수 있다.

- 판매(selling)

- 조달(procuring)

- 동기 부여(motivation), 업무 참여(engagement), 코칭 등 직원 관리

- 광고(advertising)

- 모집(recruiting)

- 면접(interviewing)

- 협상(negotiating)

- 발표(presenting)

- 팀 구성(team-building)

- 전략적 계획(strategic planning)

- 훈련(training)

- 갈등 예방(conflict prevention)과 해결(resolution)

- 업무 프로세스 개선(business process improvement)

- 제품 창조(product creation)

- 효과적인 회의(effective meetings)

이제 위에 언급한 업무 활동에서 이용하는 몇 가지 구체적인 NLP 개념과 테크닉을 살펴보자. 계속 진행하기 전에 다음 내용을 명확히 파악해야 한다.

- NLP는 본디 우수성을 본받음으로써 개발된 프로그램이다. 따라서 개인이나 단체는 NLP 훈련을 받지 않아도 아래에 나열한 일부 개념을 이용할 수 있다.

- 혹자는 강력한 NLP 커뮤니케이션 기술을 이용하는 것이 적절한지에 의문을 제기한다. 사람들은 어떤 방법으로든 의사소통을 하기 마련이다. 따라서 원하는 결과를 성취할 기회가 많은 방식으로 의사소통한다면 분명 더 유리할 것이다.

- 각 개념은 매우 간단하게 다루었다. 개별 개념을 이용하는 방법은 다양한 책과 훈련을 참고한다.

신념 지지하기 : 성공의 사고방식

NLP 분야의 전문가들은 '전제(pre-suppositions)' 라는 일련의 신념을 이용한다. 전제란, 마치 그것이 사실인 양 행동할 때 더욱 바람직한 결과를 빨리 얻을 수 있다는 가정을 뜻한다. 일반적으로 열다섯 가지 정도의 전제가 존재한다.

그 가운데 한 가지를 들면, '오직 피드백이 존재할 뿐 실패란 존재하지 않는다.' 라는 전제가 있다. 이를테면 판매 활동에서 원하는 결과를 성취하지 못하고 이를 실패로 간주하면, 십중팔구 아무짝에도 쓸모없는 부정적인 태도를 얻을 것이다. 반면 이를 순수하게 피드백으로 여기면 배우고 발전할 수 있는 사고방식을 얻고, 그 결과 앞으로 성공할 가능성이 커질 것이다.

(개인이나 기업이) 융통성을 발휘할수록 성공할 가능성이 더 커진다는 전제도 있다.

라포르

'라포르(rapport)' 는 두 명 이상의 사람들 사이에 존재하는 신뢰와 협력의 정신이라고 정의할 수 있다. '어울리거나' 또는 '따라하는' 보디랭귀지의 과정, 목소리, 특정한 언어적 요소를 통해 라포르를 형성할 수 있다. 라포르는 특히 판매, 관리, 조달, 면접, 발표, 협상 등 앞서 나열한 열다섯 가지 비즈니스 측면을 포함해 사실상 모든 성공적인 인간관계의 기본이다. 사람들은 대부분 친구들과 자동적으로 라포르를 형성한다. NLP

에 관한 책과 훈련 코스는 '라포르'를 빠짐없이 다룬다.

다른 시각

이른바 '지각 위치(perceptual positions)'는 예컨대 만남(판매, 면접, 평가, 협상)이나 발표를 준비하거나 갈등을 겪을 때 등 비즈니스에서 매우 중요하다. 지각 위치란 다른 사람의 입장이 되거나 다른 시각으로 생각할 수 있는 능력을 뜻한다. 이를테면 전략 계획 과정에 지각 위치를 발휘해 다양한 주주의 입장이나 다양한 전략안의 예상 결과를 고려할 수 있다.

언어와 질문

밴들러와 그라인더가 이름을 알린 주된 이유는 분명 지각 위치에 대한 개념 때문일 것이다. 두 사람은 비즈니스에서 이용하는 몇 가지 언어 모형과 측면을 개발했다. 우리가 말이나 글로써 의사소통한다는 사실로 판단하건대, 우리가 선택하는 단어는 미묘하게 상대방에게 영향을 미친다.

한 가지 단순한 예를 들어보자. "동감입니다. 그러나……."라고 말하는 판매원과, "동감입니다. 그리고……."라고 말하는 판매원 가운데 어느 편이 고객과 더 돈독한 관계를 맺을 수 있을까? 좀 더 일반적인 예를 들어보면 우리가 제시하는 질문의 질에 따라 결과의 질이 달라진다. '구체적으로 X라는 임무를 어떻게 수행할 것인가?'라는 질문으로 바람직한 결과를 얻을 수 있다. 하지만 먼저 'X임무의 목적/이점은 무엇인가? 우리의 전반적인 전략에 부합하는가?'라고 질문하지 않으면 그렇지 않을 수도 있다.

일부 NLP 트레이너들의 말처럼, "사다리가 올바른 벽에 걸쳐 있는지 먼저 묻지도 않은 채 최대한 빨리 사다리 꼭대기에 올라가려고 애쓰는 사람들이 많다."

올바른 상태에 존재하기

파블로프(Pavlov)의 연구를 토대로 개발한 NLP의 한 테크닉('닻 내리기(anchoring)')이 있다. 이 테크닉은 사람들이 자원이 풍부한 상태, 이를테면 자신만만하고 침착하며 의욕이 넘치는 최상의 상태라고 스스로 느끼도록 유도한다. 판매나 협상 결과 발표 또는 면담에서 상당히 요긴하게 이용할 수 있는 테크닉이다.

당신에게는 무엇이 중요한가

NLP 분야에서 이 질문은 '가치관'이라고 일컬어진다. 어쩌면 관리와 참여, 사람들로부터 최선의 결과를 얻어내는 NLP 과정에서 가장 유용한 주제일 것이다.

만일 모든 관리자가 전 직원에게 진정으로 중요한 것이 무엇이며, 그들이 직장에서 진심으로 무엇을 얻고 싶어 하는지 파악하고, (기업의 기존 제약을 벗어나지 않는 상태에서) 전 직원이 각자에게 중요한 것을 얻도록 돕는다면 직원들의 소속감이 더욱 커지고, 따라서 그만두고 싶다는 생각이 적어질 것이다.

또한 판매 과정에서는 가망 고객(prospective client)의 욕구를 이해하고 충족시키면 고객이 구매할 가능성이 높아지므로 '가치관'을 통해 잠재적인 혜택을 얻을 수 있다.

실제 활용 사례

개인의 능력, 관리, 리더십 기술, 영향력을 미치는 기술, 또는 판매와 관련된 대부분의 연수 과정에는 NLP라는 이름으로 부르든 부르지 않든 간에 NLP 커뮤니케이션 기술의 중요한 한 가지 요소가 포함되어 있을 것이다. 매년 직원들에게 NLP 강좌에 참석하도록 후원하고 NLP를 기본으로 삼는 사내 연수를 제공하는 영국 기업이 수천은 아닐지라도 수백 군데는 족히 되고도 남는다.

고객의 신념과 사고방식을 변화시키기 위해 NLP 테크닉을 이용하는 전문 비즈니스 코치가 매우 많다. 지금껏 FTSE(Financial Times Security Exchange : 영국 유력 경제지인 〈파이낸셜 타임스〉와 런던 증권 거래소가 공동 소유하고 있는 그룹) 100대 기업 가운데 절반이 넘는 기업들의 고위 관리자들과 중역들을 지도하고 훈련시킨 NLP 전문가도 있다.

예컨대 한 전문가는 제안서에 포함된 표현의 일부를 변경함으로써 대규모 건축 회사가 좀 더 중요한 계약을 성사시키는 데 일조했다. 뿐만 아니라 어떤 우량 제조 회사의 인적 자원 담당자로 근무할 당시 '지각 위치' 테크닉으로 한 이사에게 제기된 성희롱 사건을 해결했는데, 해결 과정에 소요된 시간은 두 시간이 채 되지 않았다. 이 일을 법정까지 끌고 갔다면 얼마나 많은 대가를 치러야 했을지 생각만 해도 끔찍하다.

2008년 영국에서 광고를 시작한 노르웨이의 미네랄워터 생산 업체 이스클라(Isklar)는 광고에서 독자의 감각적 경험과 연관된 언어를 이용했다. NLP에서는 이를 '술어(predicates)'와 '표상 체계(representational systems)'라고 일컫는다. 광고를 만든 사람이 의도적으로 NLP를 이용했는지 여부는 확인하지 못했다.

관련 이론

밴들러와 그라인더는 버지니아 사티어, 프리츠 펄스, 의학 박사 밀턴 에릭슨, 놈 촘스키, 그레고리 베이트슨(Gregory Bateson) 등 여러 사람들의 연구를 모델로 삼아 NLP를 창시했다. 우수성 본받기가 NLP의 중요한 요소라는 사실로 판단하건대, NLP에는 다른 주요 이론과 연관된 요소가 많을 것이다.

예컨대 NLP의 한 가지 전제(pre-supposition)에 따르면, 상대방의 의견에 동의하는지와 상관없이 우선 상대방의 관점을 존중하는 편이 본인에게 유리하다. 이는 스티븐 커비의 성공하는 사람들의 '일곱 가지 습관' 가운데 하나인 '우선 경청한 다음, 이해시켜라.'와 관련이 있는 것처럼 보인다.

또한 목표 수립도 NLP의 한 분야이다. NLP에서는 특정한 기준에 부합하는 목표를 세우면 사람들은 이를 '훌륭하게 세운' 목표라고 표현하며, 따라서 성취할 가능성이 높다고 말한다.

비즈니스 업계의 많은 사람들은 'SMART 목표'[3]라는 머리글자로 구성된 원칙을 알고 있으며, 실제로 '훌륭한' 목표를 세우려면 이 원칙을 더욱 철저하게 따라야 한다.

뿐만 아니라 훌륭한 목표 수립은 나폴리언 힐의 저서인 《놓치고 싶지 않은 나의 꿈 나의 인생(*Think and Grow Rich*)》과도 관련이 있다. 힐은 매력적인 목표를 세우고 이미 성취한 것처럼 마음속에 그려보아야 한다고 강조했다.

힐은 사실상 비즈니스 세계에서 대성공을 거둔 사람들을 본보기로 삼아 지식을 쌓고 자신의 접근 방식을 개발했다. 그의 저서에 영향을 받았는지는 확실치 않지만, 밴들러와 그라인더 역시 본받기 방식을 이용해 인간의 우수성에 관한 이론과 실제 모형을 개발했다.

예컨대 힐이나 코비의 저서와 차별화되는 한 가지 면이 있다면, 밴들러와 그라인더의 저서는 일반적으로 빠른 시간 내에 인간의 사고방식을 변화시키고 지속적인 효과를 거두는 정선된 구체적인 테크닉들을 제공한다.

오늘날의 유효성

앞서 언급했듯이 오늘날 여러 기업과 직장에서는 NLP를 가르치고 활용한다. NLP를 채택하는 훈련 코스와 기업 트레이너들이 많다. NLP는

---

3) 구체적(specific), 측정할 수 있는(measureable), 성취 가능한(achievable), 현실적인 (realistic), 시기적절한(timed)

1970년대 중반부터 계속 발전했으며, 현재 영국의 몇몇 대학교에서는 NLP 훈련을 특정한 코칭에 토대를 둔 석사 과정의 한 강좌로 인정하고 있다.

예상하겠지만 밴들러와 그라인더는 자신들의 이론을 계속 개발하고 있다. 물론 두 사람이 합동으로 연구하지는 않지만, 그라인더와 밴들러는 각각 '뉴 코드(New Code)' NLP와 디자인 휴먼 엔지니어링™을 개발했으며, 이는 모두 자신들의 본래 연구를 바탕으로 범위를 넓힌 것이다.

Ken Blanchard

By Lara Morgan

이름 : 켄 블랜차드

출생 : 1939년

전문 분야 : 리더십, 특히 인재와 기업의 일상적인 관리 분야의 세계적인 권위자. 현재 코넬 대학교 신임 명예 교수이며, 코넬 호텔 경영 대학원의 객원 교수로 활약하고 있다.

주요 업적 : 블랜차드는 세계에서 가장 다작하는 리더십 및 경영 작가로 손꼽히며, 이 주제에 관해 30권이 넘는 책들을 발표했다.

주요 저서 : 《1분 경영(*The One Minute Manager*)》(1982), 《열광하는 팬 : 고객 서비스에 대한 혁명적인 접근 방식(*Raving Fans : A Revolutionary Approach to Customer Service*)》(1993), 《경호! (*Gung Ho! Turn On the People in Any Organization*)》(1998)

켄 블랜차드는 누구인가

뉴저지에서 태어나 뉴욕에서 성장한 블랜차드는 콜게이트 대학교 (Colgate University)와 코넬 대학교에서 각각 석사 학위와 박사 학위를 받았다.

켄 블랜차드만큼 리더십이라는 개념에 시간과 노력을 투자한 사람은 드물다. 훈련과 직장 생산성을 전문으로 연구하는 회사를 운영하며, 전 세계에서 열리는 수많은 행사에서 강연할 뿐만 아니라, 리더십 원칙에 관해 30권이 넘는 책들을 발표했다. 그의 재치 넘치고 간결한 글솜씨는 수백만의 열렬한 독자들을 매료시켰다.

블랜차드는 노사 간의 긍정적이고 인간적인 관계가 모든 조직의 핵심 문제라고 믿으며, 저서를 통해 이 같은 접근 방식을 열렬히 옹호했다. 대표작으로 그의 최고 베스트셀러인《1분 경영》을 들 수 있다.

켄 블랜차드는 왜 유명한가

다른 작가들과 공동으로 수많은 책들을 발표했으나, 블랜차드의 출세작은 '1분' 시리즈[4]이다.

스펜서 존슨(Spencer Johnson)과 공동으로 집필한《1분 경영(The One Minute Manager)》은 1,200만 부 넘게 판매되었으며, 전 세계 독자들이《1분 경영》에서 제시하는 경영의 성공 공식에 매료되었다. 이 성공 공식

---

4) 상업적으로 엄청난 성공을 거둔 간결하고 예리한 경영 바이블 시리즈.

의 기본 토대는 신속하고 선행적(proactive)으로 직원들을 대하는 태도와, 조직의 모든 단계에서 이루어지는 개인적인 커뮤니케이션이다.

한편 《1분 경영 수업(One Minute Entrepreneur)》은 무수한 일상적인 비즈니스 문제에 해결책을 제시하고, 《진실한 사과는 우리를 춤추게 한다(One Minute Apology)》는 솔직함과 개방적인 태도로 비즈니스 관계를 개선할 수 있는 조언을 제시한다.

작가로서 블랜차드가 성공을 거둔 것은 경영에 대한 구체적인 접근 방식 덕분이다. 블랜차드의 책은 간결하고 글자가 크며 비유로써 개념을 단순화했는데, 사람들은 이런 특성에 매료된다. 문체가 간결하고 읽기 쉬워서, 재빨리 행동에 옮겨 즉각적인 결과를 얻을 수 있는 새로운 기술과 습관을 원하는 독자들에게 상당히 매력적이다.

또한 글의 구성이 기술과 리더십 능력을 지속적으로 개발·쇄신하고 싶은 관리자들에게도 이상적이다. 값으로 헤아릴 수 없이 소중한 블랜차드의 이야기는 지친 관리자들에게 에너지와 활력을 불어넣는 한편, 팀원들로부터는 최선의 결과를 얻어낼 방법을 상기시키기에 제격이다.

블랜차드는 편안하게 진행되는 단순한 대화체 접근 방식을 의도적으로 선택했으며, 이런 방식에서 유머가 한몫을 한다. 제대로 배운 교훈을 실제로 적용한다면 실로 놀라운 결과를 얻을 것이다.

《1분 경영》에서 블랜차드가 묘사한 여행은 가상이지만, 끊임없이 배우는 관리자들에게 이 여행은 상당히 현실적이다. 블랜차드는 모든 사람들이 이해하고 인정할 만한, 실제와 똑같은 상황을 창조함으로써 일상적인 대화를 통해 현실성을 높인다.

직장에서 일상적으로 일어나는 시나리오를 토대로 구성한 이런 실제 같은 상황에서 우리의 접근 방식, 즉 우리가 말하는 내용과 방식, 그리고 시간이 직원들에게 어떤 식으로 영향을 미치는지 명확히 파악할 수 있다.

블랜차드는《1분 경영》에서 일련의 핵심적인 사고의 메시지를 이용해 좀 더 포괄적으로 생각하고, 사람을 기업의 핵심 요소로 간주함으로써 이따금 어려운 상황에서도 비범한 결과를 얻을 수 있음을 입증했다. 블랜차드가 쓴 대화에서 우리는 쉽게 적용할 수 있는 단순한 리더십 기술과 대화를 확인하고, 모든 직장 업무를 좀 더 즐겁고 생산적으로 수행한다는 명확한 목표를 품고 실행할 수 있다.

개념

《1분 경영》에서 지지한 블랜차드의 경영 이론은 서번트 리더십(servant leadership) 개념에 토대를 둔다. 서번트 리더십을 실천하는 관리자는 직원들에게 핵심 활동과 결정을 스스로 택하도록 허용함으로써 직원들이 한 집단으로서 자사의 발전에 기여하고, 개별적으로는 개개인의 기술 모음을 구성할 기회를 제공한다.

블랜차드의 접근 방식은 자신이 썼던 가장 유명한 두 문구로 요약될 수 있다.

"오늘날 성공적인 리더십의 핵심은 권위가 아니라 영향력이다."

"리더가 지나치게 많으면 그들의 양—즉, 사람들—은 양치기의 이익을 위해서 존재한다. 이는 양치기가 양을 책임지지 않기 때문이다."

블랜차드는 직원에게 권한을 부여하려면 관리자가 명확하고 일관적인 태도로 직원 개개인을 대해야 한다고 조언했다. 아울러 관리자들에게 명확하게 칭찬과 건설적인 비판을 전달할 것을 요구하는 '당연의 철학(philosophy of no surprises)'을 주장했다.

또한 성공적인 관리에 대한 블랜차드의 공식은 속도와 단순성을 중요시한다. 관리자가 직원들이 거둔 성과에 더욱 신속하고 구체적으로 반응할수록 직원들은 관리자의 의견을 더욱 중요하게 여길 것이다. 사실《1분 경영》에서는 핵심 경영 활동이 1분을 넘지 말아야 한다고 주장한다.

《1분 경영》에서 개설한 핵심 활동은 다음과 같다.

- **1분 목표 설정** : 관리자는 직원들이 앞으로 성과 평가의 기준이 될 일련의 목표를 세우도록 돕는다. 각 목표는 250자 미만으로 설명하며, 전체 목표 목록은 한 페이지를 넘지 않는다. 전체 목록은 누구든 1분 이내에 읽을 수 있는 분량이다.
- **1분 칭찬** : 관리자는 입사한 지 얼마 되지 않은 직원의 업무를 관찰하고, 칭찬할 만한 일이 있으면 그때그때 재빨리 반응을 보인다. 칭찬하는 시간은 1분을 넘지 않으며, 관리자는 직원이 잘한 일을 정확히 설명해 의심의 여지를 남기지 않는다.
- **1분 질책** : 칭찬과 마찬가지로 명확하고 분명하게 전달하며 1분을 넘지 않는다. 직원에게 잘못한 일을 정확히 짚어주고, 정도에서 벗

어났더라도 회사에서 소중한 존재임을 확실히 일깨운다.

이 같은 1분 기술의 목적은, 직원 개개인이 관심과 인정을 받으면서 전반적인 업무에 참여한다는 자부심을 주는 일이다. 블랜차드에 따르면, 직원들도 이 기술을 익혀서 업무 성과와 능력을 제고하고, 그 결과 관리자에게 더 많은 자유 시간을 줄 수 있어야 한다.

뿐만 아니라 블랜차드의 청사진에는 지속적인 자기 관찰과 향상시키겠다는 강한 욕구가 필요하다. 사실 그의 책에는 적극적으로 공유하고 적용하고 검토하면, 조직 전체의 성과를 향상시키고 습관을 변화시킬 훌륭한 점검표가 매우 많다. 궁극적으로 블랜차드는 우리가 주변 사람들과 경험이나 배우려는 노력을 공유하고, 기업 문화의 핵심에 성공의 원동력을 불어넣어 더욱 폭넓게 향상하기를 바란다.

실제 활용 사례

모든 구성원이 팀의 일원으로 기업의 성공에 참여한다고 느끼게 만드는 훌륭한 리더십과 탄탄한 문화적 토대를 갖춘 기업은 매시간 《1분 경영》을 실천한다. 기업 전반의 리더십 활동, 효과, 교류, 대화가 진정으로 의미 있고 즐거우며 주제넘지 않으면서 교육적이다.

《1분 경영》에 담긴 교훈을 지속적으로 적용하면 기업의 모든 계층에서 여유가 느껴지며, 조직이 지속적으로 향상하는 구성원들로부터 얻는 가치는 성과 향상 면에서 값으로 따질 수 없을 만큼 클 것이다.

블랜차드의 컨설팅 회사의 도움을 받아 그의 원칙을 적용한 덕분에 성장한 기업이 매우 많다. 브리티시 텔레커뮤니케이션(British Telecommunication)은 자기 주도 팀을 배치해 고객 서비스를 제공했다. 역시 텔레커뮤니케이션 분야에서 활약하는 에릭슨(Ericsson)은 블랜차드의 교훈을 바탕으로 빠른 성장과 문화 통합 과정에서 발생하는 리더십 관련 문제를 해결했다. 금융 분야의 퍼스트 유니언(First Union)은 리더십 훈련 과정에 블랜차드의 이론을 도입해 직원들의 사기와 보유율을 높였다. 《1분 경영》은 분명 오늘날 미국과 일본 기업 관리자들의 필독서라 할 수 있다.

관련 이론

값으로 따질 수 없이 소중한 블랜차드의 《1분 경영》이 경영 방식에 어떤 영향을 미쳤는지 판단하기란 쉽지 않다. 관리자가 전 직원에게 올바른 행동을 가르친다면 생산성과 업무 환경, 개개인이 느끼는 즐거움의 정도가 크게 달라지겠지만, 사실 그 영향을 측정하기는 어렵다.

스펜서 존슨의 《누가 내 치즈를 옮겼을까?(Who Moved My Cheese?)》는 블랜차드의 영향력을 명확히 보여주는 예라 할 것이다. 이 책은 《1분 경영》과 마찬가지로 쥐의 보금자리를 이용한 우화를 통해 핵심 메시지를 전달한다. 존슨은 쥐들의 모험을 통해 성공은 선험적인 관찰, 변화에 대한 신속한 적응, 그리고 자기 영역을 정기적으로 살피는 일에 좌우된다는 개념을 전했다. 이들은 모두 《1분 경영》에서 간결하게 묘사된 블랜차드의 경영 이론이다.

오늘날의 유효성

비즈니스 세계가 아무리 많이 변한다 하더라도 기업 리더가 직원들을 어느 정도 참여시키고, 그들과 협력하며, 이따금 그들에게 봉사하는지가 성공의 관건이라는 메시지의 유효성은 결코 변하지 않을 것이다.

직원을 진정으로 인정하고 소중히 여기는 기업의 수익성과 융통성은, 직원에게 그다지 주의를 기울이지 않는 경쟁 업체에 비해 훌륭하다는 사실은 지금껏 누차에 걸쳐 증명되었다. 따라서 이런 기업의 업무 모형은 회복력이 훨씬 뛰어나며, 이는 구성원들이 지속적으로 참여함으로써 관심을 기울이기 때문이다. 수익을 창출해야 할 장본인인 직원들에게 동기를 부여하고 용기를 북돋운다면 그들은 기발하고 획기적인 사고와 전문 지식, 에너지의 무한한 원천으로 변모할 것이다.

《1분 경영》이 발표된 것은 1982년이지만 리더십을 통해 교훈을 얻는 이야기는 백 년, 심지어 천 년이 지나도 지금과 변함없이 효과적일 것이다. 현명한 기업 대표라면 언제나 상대를 배려하는 올바른 리더십을 통해 모든 사람들의 뛰어난 재능을 이용하는 일, 즉 《1분 경영》에서 블랜차드가 요약한 접근 방식이 얼마나 중요한지 잊지 않는다.

결국 평범한 제품을 생산하더라도 좋은 기업을 넘어 위대한 기업이 되려면 직원들을 참여시키는 뛰어난 리더십이 필요하다. 비록 이 개념의 창시자는 아닐지언정 가장 명확하고 매력적으로 개념을 제시한 사람은 블랜차드일 것이다.

Edward de Bono

By Chris Fung

이름 : 에드워드 드 보노

출생 : 1933년

전문 분야 : 창조성과 사고 원칙 및 과정의 탁월한 권위자

주요 업적 : 드 보노는 지각과 사고의 정의를 넓히는 데 몇 가지 중대한 공헌을 했다. 수평 사고와 평행 사고라는 개념을 창시했고, 학교에서 의도적으로 사고하는 방법을 가르쳐야 한다는 주장에 열렬히 찬성했다.

주요 저서 : 《수평적 사고의 활용(*The Use of Lateral Thinking*)》(1967), 《생각이 솔솔 여섯 색깔 모자(*Six Thinking Hats*)》(1985), 《나는 옳고 너는 틀렸어(*I Am Right, You Are Wrong*)》(1990), 《*Sur/Petition*》(1992), 《생각하는 법을 배워라(*Teach Yourself How to Think*)》(1995), 《더 즐거워지는 법(*How To Be More Interesting*)》(1998), 《단순함(*Simplicity*)》(1999)

에드워드 드 보노는 누구인가

에드워드 드 보노는 1933년 몰타에서 태어났다. 제2차 세계대전 중에 몰타의 세인트 에드워드 대학에 재학했다가, 이후 몰타 대학교에서 의학 학위를 땄다. 드 보노는 계속해서 로즈 장학생으로 옥스퍼드의 크라이스트처치를 다니면서 심리학과 생리학 명예 학위, 의학 박사 학위를 받았다. 그 외에도 케임브리지 대학교의 철학 박사 학위, 몰타 대학교의 의학 박사 학위를 받았다. 옥스퍼드, 런던, 케임브리지, 그리고 하버드 대학교에서 교수를 역임했다.

드 보노는 왜 유명한가

에드워드 드 보노는 수평 사고 개념의 창시자로 알려져 있으며, 두뇌를 자동 구성 시스템이라고 해석하는 중대한 업적을 달성했다.

드 보노는 생각하는 방법을 창조적 사고와 핵심 기술로 직접 가르치는 분야의 탁월한 권위자로 인정받는다. 연령, 문화, 신념 체계, 직업을 막론하고 모든 사람들에게 생각하는 방법을 가르칠 필요성을 강조했다. 그러면서 생각하는 능력이 모든 사람들에게 필수적인 것임은 물론, 취학 전 아동부터 다국적 기업 CEO에 이르기까지 누구든 배우고 활용할 수 있다고 믿었다.

드 보노가 제시한 여러 가지 방법은 문제에 대해 생각하는 획기적인 방법을 개발하고, 개인과 조직에 잠재된 창조성을 발휘하는 데 공헌했다. 수평 사고의 활용과 평행 사고 개념은 대기업을 비롯해 개인, 정치,

아동 교육에 유용한 체계적 사고 방식을 제공했다.

1985년 드 보노는 문제를 평가하고 해결책을 모색하는 방법으로 '여섯 색깔 생각 모자(six thinking hats)' 라는 개념을 소개했다. 이 개념을 채택하면 체계적인 방식으로 문제를 완벽하게 고려해 집단 사고에서 흔히 나타나는 부정적인 행동의 영향을 줄이는 한편, 건설적인 결과를 얻을 수 있다. 특정한 시점에 모든 참가자들이 같은 방향을 바라보고 생각하는 평행 사고 개념은, 여섯 색깔 생각 모자의 체계적인 과정과 더불어 수많은 기업이나 개인, 심지어 정부에 효과적인 결정을 더욱 신속하게 내릴 수 있는 실용적인 도구 모음을 제공했다.

개념

드 보노는 사고가 일종의 기술로서 중요하며, 소크라테스의 주장과 논쟁에 기초한 서양의 사고방식은 일방적이고 중요한 여타의 사고방식을 고려하지 않는다고 믿었다. 서양의 사고방식은 수년에 걸쳐 동양의 접근 방식이라고 인정되는 창조적 사고의 이론을 등한시하고, 판단과 비판적인 사고를 중요시하는 방향으로 발전했다.

여섯 색깔 생각 모자와 평행 사고의 기본 개념과 목표는 반대가 없는 건설적인 방식으로 특정한 문제의 모든 측면을 고려하는 체계적인 사고 방식을 제공한다.

여섯 색깔 모자의 원리

여섯 색깔 모자 방식에서 각 모자는 다양한 사고 방향을 의미한다. 드 보노는 어떤 집의 네 면을 관찰하는 네 사람의 사례를 예로 들었다. 네 사람은 같은 대상을 보고 있지만 관점은 제각기 다르다. 여섯 색깔 모자 체계를 이용하면 집단이 문제를 모든 관점으로 인식하고 해결책에 합의할 수 있다. 이 방법을 바탕으로 한 집단은 문제에 체계적으로 대처함으로써 자아가 개입되거나 논쟁을 일으키는 일 없이 객관적인 관점으로 성과를 거둘 수 있다.

결과/성과

일단 시스템을 이용하고 정확히 실행하면 복잡한 결정을 더욱 효과적이고 신속하게 내릴 수 있다. 모든 구성원이 같은 방향으로 향하고 있으므로 이런 결과, 즉 서로 동의한 결정에는 집단 전체가 합의한다.

'현재 상태'가 아니라 '잠재력'을 강조한다. 사실 이 과정의 핵심은 옳고 그름을 따지는 것이 아니라 전진할 길을 모색하는 것이다.

과정

드 보노는 여섯 색깔 모자 방식을 사고 과정, 다시 말해 최상의 인간 자원이라고 생각했다. 드 보노의 주장에 따르면, 한꺼번에 지나치게 많은 일을 처리하려고 애쓰는 탓에 사고 과정이 혼란에 의해 크게 방해를 받는다. 감정, 논리, 희망, 창조성이 한꺼번에 밀어닥쳐 초점을 흐린다. 동시에 너무 많은 공으로 묘기를 부리다 결국 공을 떨어뜨리고 마는 셈이다.

여섯 색깔 모자 과정을 이용하면 한 번에 한 가지 유형의 사고를 실행할 수 있다. 생각하는 사람이 논리를 감정과 창조성 그리고 정보와 구분하는 것이다.

색깔이 각기 다른 여섯 가지 생각 모자('생각하는 모자 쓰기(putting on a thinking cap)'에서 유래한 표현)는 특정한 유형의 사고를 의미한다는 것이 기본 개념이다.

하얀 모자 : 사실과 정보	비즈니스 문제에 적용될 수 있는 사례
• 하얀색은 중립적이며 객관적임 : 사실과 수치 • 입증되고 확인된 사실 : 1등급 사실 • 진실이라고 생각되지만 완벽하게 확인되지 않은 사실 : 2등급 사실 • 중립적인 사고 원칙 : 데이터 중심적	• 12개월 미만 이전에 소개된 제품의 총매출액은 파운드×p.a.이다. • 우리의 성장률은 지난 3년 동안 연간 15%이다.

빨간 모자 : 감정과 느낌	비즈니스 문제에 적용될 수 있는 사례
• 빨간색은 노여움과 격노, 감정 • 감정적 관점 • 그 문제에 대해 나는 이런 감정이다. • 정상적인 인간 감정, 호감, 두려움, 반감, 의심 • 복잡한 판단 : 육감, 직감, 취향, 감각, 미학적	• 나는 신제품 출시에 무척 열성적이다! • 나는 국제 시장으로 진출한다는 경영 전략의 방향에 확신하지 못한다.

검은 모자 : 악마의 변호인(Devil's Advocate)과 주의	비즈니스 문제에 적용될 수 있는 사례
• 검은색은 심각하고 조심스럽고 신중하다. 어떤 아이디어의 부정적인 요소, 결함, 약점을 지적한다. • 전형적인 서구식 사고/논리적 : 비난에 민감함/주의(악마의 변호인)	• 그 시장에 진출한다면 치열한 경쟁에 직면할 것이다. • 신입 사원을 고용하지 않으면 그런 대규모 프로젝트를 관리할 기술 자원이 없다.

- 위험 평가
- 약점과 위협을 확인하기 위해 이용할 수 있다.

노란 모자 : 긍정적인 요소와 혜택	비즈니스 문제에 적용될 수 있는 사례
• 노란색은 밝고 긍정적이며 건설적임 : 희망과 긍정적인 사고를 포함한다. • 논리적인 근거의 혜택 : 가능성이 있거나 없는 것으로 증명되었다고 표시된다. • 장점과 기회를 정의하기 위해 이용할 수 있다.	• 이것을 출시하면 시장의 최초 진입자와 혁신가로 인식될 것이다. • 이 일은 어렵겠지만, 우리에게는 결과를 얻어낼 수 있는 노련한 팀이 있다.

초록 모자 : 새로운 아이디어와 창의성	비즈니스 문제에 적용될 수 있는 사례
• 초록색은 풀, 풍부한 성장이며 창의성과 새로운 아이디어를 나타낸다. • 대안 모색 • 가능성을 제시함/창의적 사고에 투자할 공식적인 시간 • 수평 사고(자기 조직적인 사고 패턴 총망라) • 자극과 움직임 이용	• 고객들에게 실시간으로 설계해달라고 부탁하면 어떨까? • 대신 이 대체 방식을 이용해서 같은 결과를 달성할 수 있을까?

파란 모자 : 큰 그림 과정과 조직	비즈니스 문제에 적용될 수 있는 사례
• 파란색은 시원하고, 하늘이며 모든 것 위에 있다. 파란색은 통제, 조직, 다른 모자의 체계적인 이용과 관련이 있다. • 회장과 조력자 역할 : 영구적인 역할/규율을 유지한다. • 파란 모자는 성과와 요약/결론, 결정, 해결책이나 새로운 조치를 요구하면서 회의를 끝낸다. • 파란 모자는 주제에 대한 사고와 무관함 : 이것은 과정에 대한 생각이며 반드시 필요한 생각이다. • 초점을 관리하고 초점을 전환해 두뇌를 자극하도록 돕는다. • 목표, 임무를 결정함 : 방향을 정하도록 돕는다.	• 먼저 목표에 대해 대강 이야기한 다음, 세부 사항을 파헤치자. • 좋아, 이제 초록 모자 생각으로 넘어가자.

요약하면, 집단은 다양한 각도에서 종합적으로 문제를 고려할 수 있고, 그러면 부정적이거나 적대적인 경쟁이 줄어들며, 풍부한 아이디어가 나타날 수 있는 플랫폼이 형성된다. 하얀 모자의 사실, 검은 모자의 위험, 초록 모자의 새로운 아이디어가 사고 과정의 토대를 형성한다.

논쟁의 개념 대 평행 사고

서양의 사고방식과 소크라테스에 따르면, 본질적으로 논쟁은 피상적인 모습 아래에 숨겨진 '진실'을 파헤치는 조각칼과 같다.

평행 사고란 상황의 다양한 측면을 파악해야 한다는 사실을 토대로 건설적으로 생각하고 활동하는 것이다. 모든 측면을 체계적으로 파악하면 대상을 완벽하게 탐구하고 상반되는 측면을 함께 고려할 수 있다. 만일 어느 한쪽을 선택해야 한다면 양쪽 가능성을 모두 고려해야 한다.

평행 사고의 핵심은 특정한 순간에 모든 관련자가 같은 방향을 바라본다는 사실이다. 모든 사람이 동의하면 방향을 바꿀 수도 있다.

실제 활용 사례

드 보노에 따르면, 책이 처음으로 출간되고 14년이 지나서 1999년 개정 증보판을 선보이기까지 대기업, 다국적 기업, 정부, 학교, 국제단체 등에서 여섯 색깔 모자 개념을 효과적으로 활용한 훌륭한 사례들이 많았다.

여섯 색깔 모자 체계의 주된 장점은 복잡한 문제에 실제 해결책을 제시하는 것은 물론, 기업이나 조직에서 신속하게 결정을 내릴 수 있다는 사실이다.

드 보노는 30일 동안 프로젝트 팀 회의를 열었던 ABB(스웨덴의 대기업)의 사례를 설명했다. 여섯 색깔 모자 방식의 평행 사고를 활용했을 때 팀 회의는 이틀로 줄어들었다. 또 다른 사례로 IBM에서는 연구원들의 회의 시간이 과거에 비해 4분의 1로 줄어들었다.

노르웨이 석유 회사인 스타토일(Statoil)은 석유 굴착 장치에 문제가 생겨 하루에 10만 달러를 지출해야 했다. 여섯 색깔 모자의 공인 훈련가가 이 방법을 도입하자, 단 12분 만에 문제가 해결되었다.

관련 이론

1960년대와 1970년대 〈포춘〉지 선정 500대 기업의 자료를 이용해 어떤 집회를 지휘했던 앨버트 험프리(Albert Humphrey)는 비교적 널리 알려지고 자주 회자되는 SWOT 분석을 고안했다. 이 분석은 여섯 색깔 생각 모자의 부분 집합이라고 할 수 있다. 한 기업의 장단점과 기회, 위험을 분석하는 SWOT 분석은 여섯 색깔 모자 가운데 두 가지의 토대가 된다. 노란 모자는 어떤 문제의 장점과 기회를 의미하는 반면, 검은 모자는 당면 과제의 단점과 위험을 위한 토론의 장을 제공한다.

창의성 계발을 위한 체계적 방법으로서 브레인스토밍(brainstorming)은 집단의 창의성을 향상시킨다. 하지만 이 방법은 본질적으로 한계가 있다. 여섯 색깔 모자 방법은 문제에 다각도로 대처함으로써 브레인스토밍의 효과를 개선하고 제고하는 한편, 무엇보다 집단 상황에서 나타나는 인간 행동이라는 문제에 대처하는 데 일조했다.

집단 상황이란 사람들이 아이디어를 제시해야 할 장소에 있다는 사실 때문에 불편해하지 않을 만한 상황이다. 여섯 색깔 모자는 개개인에게 순서대로 생각할 시간을 제공함으로써 생각의 자유를 더욱 풍부하게 허용한다.

토니 부잔(Tony Buzan)의 '마인드 맵'[5]은 드 보노의 여섯 색깔 모자 사고방식과 병행할 수 있는 훌륭한 테크닉이다. 두 가지 방법을 결합하면 상당히 효과적인 결과를 얻을 수 있다.

오늘날의 유효성

수평 사고부터 여섯 색깔 모자 방식으로 평행 사고를 이용하는 방식에 이르기까지 에드워드 드 보노의 방법은 오늘날에도 상당히 효과적이다. 드 보노는 자신이 제시한 방법을 다양한 사고 발전의 핵심 요소라고 믿고, 학교 교과 과정에 포함시켜야 한다고 주장했다.

여섯 색깔 사고방식에는 여러 가지 장점이 있다. 단순하게 말하면, 이 것은 문제를 모든 각도에서 철저하게 고려하는 체계적인 방법이다. 모든 관점을 고려하면서 문제를 파악하고 해결책을 모색하는 활동을 통해 자기중심적인 결정과 논쟁에 기초한 서양의 전형적인 사고방식, 즉 적대적

---

5) mind map: 직사각형 종이와 오른쪽에서 왼쪽으로, 위에서 아래로 써야 한다는 물리적인 특성으로 결정되는 논리적 사고의 일반적인 제약 없이 자유롭게 연상하고 유기적으로 생각하도록 허용함으로써 최대한 창의적인 사고를 이끌어냄.

인 사고 유형을 제거하는 한편, 더욱 철저한 분석을 통해 동의와 합의에 이를 수 있다.

비즈니스 환경에서 일상적인 사고는 일반적으로 검은 모자와 하얀 모자 사고방식에 머물러 있으며, 흔히 건설적인 방식으로 표현되지 않는 숨겨진 빨간 모자 사고가 많다. 사고의 모든 관점을 제시하고 초록색과 노란색 사고를 권장하면 한층 신속하고 효과적이며, 합의를 추구하는 결정을 내리고 긍정적인 결과를 얻을 수 있다.

Warren Buffett

By David Lester

이름 : 워렌 버핏

출생 : 1930년

전문 분야 : 현재 500억 달러(약 54조 4,750억 원)를 투자한 전설적인 투자가이며, 버핏의 회사는 1965년 이후 S&P 500지수보다 2배 높은 성과를 거두었다.

주요 업적 : 재정 투자에 대한 상당히 일관적이고 장기적인 접근 방식. 흔히 '가치 투자 (value investing)' 철학으로 알려져 있다.

관련 저서 : 《스노볼 : 워렌 버핏과 인생 경영(The Snowball : Warren Buffett and the Business of Life)》(앨리스 슈뢰더, 2009), 《워런 버핏의 완벽한 투자 기법(The Warren Buffett Way)》(밀러, 핵스트롬, 피셔, 2005), 《버핏처럼 투자하라(The Essays of Warren Buffett : Lessons for Corporate America)》(L. 커닝엄, 1998)

워렌 버핏은 누구인가

'현자(sage)' 또는 '현인(oracle)' 같은 별칭으로 불리는 워렌 버핏은 세계 최고의 투자가로 유명하고, 수백만 명에 이르는 증권 컨설턴트 희망자들이 그의 명언을 마음에 깊이 새기고 있다. 버핏의 회사인 버크셔 해서웨이(Berkshire Hathaway)는 코카콜라, 마스터카드, 크래프트푸드 같은 다국적 기업을 아우르는 552억 달러가 넘는 주식 포트폴리오를 자랑한다. 버핏은 현재 세계 3대 부자(미국 2대 부자)이며, 최근에는 2008년 최고 부자의 자리를 차지한 경력이 있다.

버핏은 왜 유명한가

버핏은 '가치 투자'로 널리 알려져 있다. 이것은 《현명한 투자가(The Intelligent Investor)》의 작가이자 가치 투자 개념의 창시자인 벤저민 그레이엄(Benjamin Graham)이 최초로 개발한 특별한 접근 방식으로, 흔히 유행을 따르지 않는다.

버핏은 우선 상장 회사인 버크셔 해서웨이를 통해 투자한다. 1965년 버핏이 통수권을 얻었을 때, 버크셔 해서웨이는 비록 규모는 작고 널리 알려지지 않았으나 이미 기반을 잡은 기업이었고, 그가 지휘했던 46년 동안 새로운 제품이나 서비스를 세상에 선보인 적이 없었다.

대신 버핏은 타고난 투자 재능으로 재산을 모았다. 다시 말해 주식 시장에서 제대로 평가되지 못하면서도 정기적으로 상당한 배당금을 지불하는 회사를 찾고, 한 번 투자하면 수년 동안 팔지 않는 방법으로 빈번히 주식을 사고파는 현대의 추세를 무시했다. 1965년 이후 버크셔 해서웨이가 거둔 수익은 S&P 500지수보다 2배나 많았다. 만일 1960년대에 버크셔 해서웨이에 1만 달러를 투자했다면, 현재 배당금은 4,900만 달러(약 533억 원)에 이를 것이다.

다른 수많은 억만장자와는 달리 버핏은 자신을 내세우지 않는 소박한 모습으로 살고 있다. 다른 부자들은 끝을 알 수 없는 저택과 전용 헬리콥터 등에 돈을 퍼붓는다. 하지만 버핏은 1958년부터 줄곧 같은 집에서 살면서 고급 요리보다는 소박하고 간단한 음식을 즐긴다. 들리는 바에 따르면, 그가 가장 좋아하는 음식은 스테이크와 체리 콜라로 씻어낸 감자튀김이라고 한다.

버핏은 고작 11세 때 처음으로 주식을 구입했으며, 그 후 투자에 대한 수백만 사람들의 인식을 바꿔놓았다. 단행본을 발표한 적은 없지만, 매년 버크셔 해서웨이 연례 보고서에 투자에 대한 포괄적인 보고서를 쓰고 있다. 이 보고서는 매우 소중하고 영향력 있는 자료가 되었으며, 전 세계 모든 상장 기업의 연례 보고서 가운데 단연코 가장 널리 읽히는 보고서일 것이다.

개념

버핏이 거둔 믿을 수 없는 성공의 뿌리는 10대 시절로 거슬러 올라간다. 버핏은 생애 처음으로 투자 세계에 진출하는 한편, 컬럼비아 대학교에 진학했다. 이곳에서는 전설적인 투자가 그레이엄을 사사했다.

그레이엄은 확률과 유행을 멀리함으로써 주식 시장의 판도를 완전히 바꾸어 놓은 인물이다. 그는 가격이 비싸지 않고 위험률이 낮으며, 흔히 사람들이 주목하지 않는 투자 대상을 선호해 '성장 기업(growth-companies)'에 투자하는 관행이 널리 확대된다는 사실을 인식했다.

감정적인 거래 업자들이 서로의 뒤를 이어 특정 주식을 사고팔기 때문에 주식 시장은 일반적으로 기업의 가치를 과대평가했다가 곧 과소평가한다는 믿음이 있다. 따라서 단기적인 주가 변동보다는 기업의 '내재적 가치(intrinsic value)'에 초점을 맞추고 투자했다.

어떤 기업의 진정한 가치를 이해하면, 주식 시장의 주가가 진정한 가치보다 밑돌 때 그 기업의 주식을 사들이고 진정한 가치보다 웃돌 때 판매할 수 있다.

그레이엄은 스스로 기업의 내재적 가치와는 거의 무관하게 가격이 오르락내리락하는 단순한 종잇조각(주권(株券))이 아니라 투자 대상 기업의 일부를 소유하고 있다고 생각하는 투자가들을 좋아했다. 그의 교훈은 오늘날까지 버핏의 접근 방식의 핵심을 이룬다. 사실 버핏은 그레이엄을 자기 생애에 부친 다음으로 영향력이 큰 인물이라고 묘사했다.

버핏의 투자 전략에서 한 가지 핵심 요소는 버핏이 '플로트'라고 표현하는 것이다. 그는 매입 대상으로 상당한 캐시플로를 창출하는 기업, 특히 보험 회사를 선호한다. 보험 회사는 흔히 보험료를 몇 년 동안 받은 후에 보험금을 지급하기 때문에 보험 회사를 매입하면 막대한 현금을 얻을 수 있다. 버핏은 지금껏 이 현금을 효과적으로 활용했다. 그의 투자 재정의 주축을 이루는 것은 사실 보험 회사들이었다.

버핏의 철학은 여섯 가지 핵심으로 요약된다.

하나, 규칙 1 : 결코 손해 보지 마라

　　규칙 2 : 규칙 1을 결코 잊지 마라

숨겨진 보석을 찾겠다는 심산으로 다음번에 일어날 시장 현상을 찾기 위해 돌멩이마다 뒤집어보고, 어마어마한 성공을 거둘—그와 동시에 완전히 실패할 수 있는—잠재력이 있는 투자 대상에 눈독을 들이며 평생을 허비하는 투자가들이 많다.

그러나 버핏은 투자 대상 회사를 철저히 조사하고, 신뢰할 만한 캐시 플로 창출과 회사가 소유한 자산의 가치로 판단한다. 자신이 매입하려는 주식의 가격이 그 주식의 기본 가치보다 낮다는 확신이 드는 경우에만 매입을 결정함으로써 되도록 위험률을 최소화하기 위해 노력한다. 그래서 대개 확실히 자리를 잡았지만 사람들에게 그리 인기가 없는 기업에 투자한다.

버핏은 주식 시장에서 거래량이나 수익이 많다고 평가되는 고성장 주식에는 매우 냉소적이다. 수익을 거둔 적이 없는 기업이라면 더욱 냉소적이다.

1999~2000년의 닷컴 붐이 일어나는 동안 버핏은 본인이 온라인 신생 기업의 '비이성적 과열(irrational exuberance)'이라고 일컬었던 현상에 뛰어들지 않고, 대신 에너지와 보험 같은 단순한 산업을 고수했다.

닷컴 거품이 붕괴되자 버핏의 투자 대상들은 오히려 발전했고, 그 결과 사람들은 버핏의 접근 방식에 그 어느 때보다 탄복했다. 이는 모두 닷컴 붐이 이는 동안, 그의 투자 대상이 고공 행진을 계속하는 나스닥 (Nasdaq) 지수에 미치지 못했을 때 비아냥거렸던 비평가들을 무시한 덕분이었다.

버핏은 오늘날까지도 기술 기업에는 냉소적이다. 그는 '이해하지 못하는 대상에 결코 투자하지 마라.'를 자신이 좋아하는 또 다른 좌우명으로 꼽는다.

둘, 인기 상품에 투자해서는 좋은 성과를 거둘 수 없다

유명한 기업을 후원하면서 만족감을 느낄 수도 있겠지만, 버핏은 일반적으로 사람들의 뇌리에서 사라졌거나 사랑받지 못하는 기업을 가장 매력적이라고 여긴다.

그는 파산 직전이던 아메리칸 익스프레스와 게이코(Geico)에 투자했고, 2008년 골드만삭스와 제너럴 일렉트릭(GE)의 주식이 가히 기록적일 만큼 폭락했을 때 두 회사의 주식을 대량으로 매입했다.

버핏은 침체된 시기에 최고의 효과를 거두는 타고난 기회주의자이다. 그는 투자가들에게 "다른 사람들이 욕심을 부릴 때 두려워하고, 다른 사람들이 두려워할 때 욕심을 부려라."라고 권했다.

셋, 가격을 지불하고 가치를 얻는다

버핏은 투자 대상을 평가할 때 현재 주가를 주시하기보다는 기업의 업무 원칙과 잠재력을 조사한다. 아울러 기업의 조직 구조와 업무 관행을 면밀히 검토함으로써 지속적으로 성공할 토대를 갖추었는지 확인한다.

수치 면에서 보면 기업은 지속적인 거래 기록, 적은 부채, 자기 자본 이익률이나 투하 자본 이익률, 매출액 이익률 같은 참고 수치가 담긴 입증된 실적이 있어야 한다. 또한 버핏은 '해자(moat)', 즉 다른 기업과의 장벽이 있는 기업을 찾는다. 흔히 독특한 브랜드와 충성스러운 고객 기반을 갖춘 기업에서 이런 장벽을 발견할 수 있다.

버핏은 유서 깊은 기업에는 합당한 대가를 기꺼이 치른다. 그는 '적당한 회사 주식을 뛰어난 가격에 사는 것보다, 뛰어난 회사의 주식을 적당한 가격에 사는 것이 훨씬 낫다.'를 또 하나의 좌우명으로 삼았다.

넷, 가장 선호하는 주식 보유 기간은 '영원히'이다

버핏은 투자할 때면 언제나 장기 투자를 목표로 삼는다. 사실 투자가로서 그의 확실한 특성은 인내심이다. 그가 이런 태도를 가지게 된 것은 처음으로 진지한 투자를 시작했을 때 40달러에 주식을 매각한 후 200달러까지 치솟는 주가를 망연자실한 채 지켜보아야 했던 경험과, 투자가는 단기적인 주가의 등락에 연연하지 말아야 한다고 가르쳐준 벤저민 그레이엄을 사사한 경험 때문이다. 버핏은 재빨리 매각할 대상을 찾기보다는 몇 년, 심지어 몇십 년을 기다렸다가 주식을 매각하는 방법을 흔쾌히 택한다.

다섯, 기업이 훌륭한 성과를 거두고 있다면 언젠가 주식도 그 뒤를 따를 것이다

버핏은 모든 투자 대상을 파트너라고 생각한다. 투자가들이 어떤 기업의 주식을 살 때면 당연히 그 회사를 매입한다고 느껴야 한다는 것이 그의 신조이다.

그는 이제 90대에 접어들었지만 그 어느 때보다 헌신적이고 적극적이다. 매년 수백 건이 넘는 기업 보고서를 읽는다는 사실을 수줍게 밝히면서 버크셔 해서웨이 운영에 전념한다. 회사로 걸려오는 전화를 직접 받기도 하고, 버크셔 해서웨이가 후원하는 여러 기업에 대한 보고서를 매일 검토하며 자신의 제국에 풍부한 현금을 제공한다. 버크셔 해서웨이는 펀드 매니저가 아니라 사모 펀드 기업으로 운영된다.

여섯, 인생의 성공을 평가하는 잣대는 사랑받고 싶은 사람들로부터 실제로 받는 사랑의 크기이다

물론 투자와 자유로운 업무 윤리에 열정을 쏟지만, 그렇다고 버핏이 비즈니스를 가장 중요하게 여기는 것은 아니다. 헌신적인 박애주의자인 버핏은 자신의 재산 가운데 99%를 자선 사업에 바치기로 약속한 바 있으며, 오랜 친구인 빌 게이츠와 뜻을 모아 재계의 다른 부유한 리더들에게 의미 있는 기부를 하도록 설득했다.

최근 몇 달 동안 버핏은 자신처럼 엄청나게 부유한 사람들이 세금을 더 많이 납부해야 한다고 주장하면서 현행 세금 제도를 비난했다.

실제 활용 사례

버핏의 모든 발언은 투자 세계에 파문 효과를 일으키는 듯하다. 이를 테면 버핏이 기자들에게 미국 전역의 원자재 움직임을 주시하는 '화물 열차 지수(freight train index)'에 관심이 많다고 말했을 때, 이 지수는 거의 순식간에 구글 트렌드 1위에 올랐다.

버핏은 투자 분야에서 수많은 제자를 배출했다. 좋은 예로 세계적인 투자 기업인 렌트롭 투자 회사의 노먼 렌트롭(Norman Rentrop)을 들 수 있다. 노먼은 특히 저평가된 공기업에 투자하고 장기적인 안목으로 사모 펀드를 택함으로써 버핏의 원칙을 발판으로 성공을 거두었다.

버핏의 개념이 미친 영향을 수치로 나타내기는 불가능하다. 얼마나 많은 기업과 투자가들이 버핏의 발언과 경력에서 영감을 얻었는지도 확실히 알 수 없다. 하지만 버핏의 아이디어를 접해본 사람들이 수백만 명에 이른다고 말해도 과언은 아닐 것이다.

버핏은 〈뉴욕 타임스〉 같은 권위 있는 간행물에 기고했으며, 앨리스 슈뢰더가 쓴 《스노볼: 워렌 버핏과 인생 경영》을 통해 어마어마한 수의 독자들에게 자신의 접근 방식을 알리고 있다.

또한 버핏은 현실적이고 소박하며 재치 있는 명언 덕분에 투자 분야에서 가장 감동적인 연사로 손꼽힌다. 버크셔 해서웨이의 연례 주주 총회에는 그의 연설을 듣기 위해 매년 2만 명의 청중이 몰려든다. 혹자는 심지어 이 회의를 '자본주의의 우드스톡(Woodstock of Capitalism)'이라고 일컫는다.

2007년 버핏은 〈타임〉지가 선정하는 세계에서 가장 영향력 있는 100인으로 뽑혔으며, 오늘날 투자 분야에서 영향력 있는 독보적인 인물이다.

관련 이론

버핏의 접근 방식은 유명 기업들의 토대를 제공하며, 이 책에 등장하는 이론가들이 지지하는 여러 이론과 부합된다. 가장 밀접한 관계가 있는 이론은 아마 마이클 포터의 '경쟁 우위(competitive advantage)'와 짐 콜린스의 '초우량 기업의 기본 요건'일 것이다. 반면 세스 고딘이나 '롱 테일' 개념을 제시한 크리스 앤더슨 같은 현대 디지털 사상가와는 여러 모로 대립되는 것처럼 보인다.

하지만 최근 IBM에 투자함으로써 몸소 입증했듯이, 자신의 원칙에 부합된다면 기술 기업에 투자하는 것을 마다하지 않는다. 물론 디지털 시대의 일부 사상가들이 판단하기에 버핏이라면 투자하지 않을 확실한 사례로 꼽을 만한 기업이 무척 많을 것이다. 이를테면 아마존닷컴은 버핏의 투자 대상처럼 보이지는 않는다.

오늘날의 유효성

현재의 경제 환경에서 장기적이고 위험을 피하는 버핏의 접근 방식은 그 어느 때보다 효과적인 것처럼 보인다. 버핏은 새천년이 시작될 무렵 자주 회자되던 파생 상품을 비난했는데, 결국 파생 상품으로 말미암아 재정 분야가 침체기로 접어들자 그의 명성이 드높아졌다. 뿐만 아니라 경기가 하락하는 중에도 계속 수익을 거두자 투자 천재로서 그의 위상은 더욱 빛을 발했다.

한결같고 단도직입적인 버핏의 접근 방식은 이제 한물갔다고 거리낌 없이 말하는 투자가들이 앞으로 줄지어 등장할 것이다. 기술이 지속적으로 발전하면서 도전을 받는 전통적인 기업도 점점 늘어갈 것이다.

하지만 버핏은 쇠퇴하는 시장에서 흔들리지 않는 탄탄한 기업에 투자함으로써 투자 경력을 쌓기 시작했고 훌륭한 성과를 거두었다. 버핏의 접근 방식을 적절한 방식으로 실행한다면 그가 투자를 처음 시작했던 시절 못지않게 오늘날에도 효과적일 것으로 보인다.

Dale Carnegie

By Colin Barrow

이름 : 데일 브레켄리지 카네기

출생 : 1888년 **사망** : 1955년

전문 분야 : 카네기의 핵심 개념은 다른 사람을 대하는 방식을 바꾸고, 그 과정에 자신의 시장 가치를 향상시킴으로써 타인의 행동을 변화시킬 수 있다는 것이다.

주요 업적 : 자신감 확립, 커뮤니케이션 기술, 리더십에 관한 강연과 훈련 프로그램. 그의 개념은 카네기 연구소의 교과 과정으로 활용된다.

주요 저서 : 《데일 카네기 인간관계론(*How to Win Friends and Influence People*)》(1936), 《데일 카네기 자기관리론(*How to Stop Worrying and Start Living*)》(1948), 《카네기 인생과 직업(*How to Enjoy Your Life and Your Job*)》(1970)

데일 카네기는 누구인가

카네기는 여행 상품 판매원으로 사회생활을 시작했고, 잠시 배우로 활동하기도 했다. 그 후 대중 연설 강좌를 실시하면서 참석자들에게 설득력 있는 발표를 하고 건설적인 관계를 맺는 방법을 가르치는 분야로 진로를 바꾸었다.

카네기는 왜 유명한가

1913년 데일 카네기 협회를 설립했으며, 1931년 독창적인 저서인 《데일 카네기 인간관계론》의 자료를 수집하기 시작했다. 카네기의 개념이 지적인 면에서 매우 독창적이라고 주장하기는 어려우나, 자신의 메시지를 사람들에게 전달함으로써 명성을 얻었다. 그의 책은 40개 이상의 언어로 번역되어 2천만 부 넘게 판매되었다.

미국 전역과 80개국이 넘는 나라에서 약 2,700명의 강사들이 카네기 연구소의 프로그램을 실시하고 있다. 크라이슬러 전 회장인 리 아이아코카(Lee Iacocca), 메리 케이 화장품 회장인 메리 케이 애시(Mary Kay Ashe)부터 각지의 판매원, 엔지니어, 구직자 등이 이 프로그램에 참여했다.

1912년 카네기는 24세의 젊은 나이에 훗날 평생의 사명으로 변하는 일에 우연히 뛰어들었다. 뉴욕에서 기업과 전문가들을 위한 대중 연설 강좌를 연 것이다. 처음에는 대중 연설에만 집중해서 성인들이 실제 경험을 바탕으로 스스로 생각하고, 취업 면접에서나 대중 앞에서 본인의 생각을 좀 더 명확하고 효과적으로 표현할 수 있도록 훈련시킬 목적으로 강좌를 실시했다.

또한 카네기는 뉴욕과 필라델피아에서 미국 전기 공학자 협회를 대상으로 강좌를 실시했다. 카네기의 주장에 따르면, 그들이 이 강좌에 참석한 이유는 다음과 같다.

"엔지니어링 분야에서 고소득을 거두는 사람은 대개 엔지니어링에 관한 지식이 가장 많은 사람이 아니라, 전문 지식에다 생각을 표현하고 리더십을 발휘하며 사람들의 열정을 불러일으키는 능력을 갖춘 사람들이라는 사실을 다년간의 관찰과 경험으로 깨달았기 때문이다."

대부분의 수강생들이 대중 연설 기술을 연마하는 것은 물론이고, 직장과 사회에서 일상적으로 만나는 사람들과 좋은 관계를 유지하는 섬세한 기술을 배워야 할 필요가 있다는 사실을 깨달은 카네기는, '친구를 얻고 사람들에게 영향을 미치는 방법(How to Win Friends and Influence People)'이라는 제목으로 짧은 연설을 준비했다. 이 연설은 처음에는 짧았으나 머지않아 90분짜리 강연으로 확대되었다.

당시 사이먼 앤드 슈스터(Simon & Schuster)의 이사였다가 훗날 회장이 된 참석자 레온 심킨(Leon Shimkin)은 깊이 감동한 나머지 카네기에게 강연을 토대로 한 책을 써보라고 제의했다. 카네기는 처음에는 관심이 없었지만 비서에게 사연을 수집하라고 지시하겠다고 일단 동의했다. 그러다 경쟁자가 없다는 사실을 확인하고 용기를 얻었다.

시카고 대학교와 YMCA 학교 연합은 어떤 성인들이 공부하고 싶어하는지 확인하기 위해 조사를 실시했다. 조사 결과, 사람들은 가장 큰 관심사인 건강 문제 다음으로 다른 사람들을 이해하고 좋은 관계를 유지하는 방법과 설득하는 방법에 관심이 많은 것으로 나타났다. 조사를 실시했던 위원회는 얼마 후 강좌 자료로 이용할 책을 물색했으나 전혀 찾지 못했다. 2년 후 심킨과 카네기, 카네기의 비서가 힘을 모아 완성한 《데일 카네기 인간관계론》을 출간했다.

개념

카네기는 자신이 이론을 개발한다고 생각지 않았다. 그래서 '이론'이라는 단어는 그의 책 서문에 단 한 번 언급되었을 뿐이다. 이와 대조적으로 '방법'은 책 전체에서 여러 차례 이용되었다. 그는 "크레용, 연필, 펜, 매직 또는 형광펜을 손에 쥐고" 자신의 책을 읽으면서 "활용할 수 있다고 생각되는 방법이 눈에 띄면 밑줄을 치라."고 조언했다.

카네기의 책은 '사람을 대하는 기본적인 테크닉', '사람들에게 호감을 얻는 여섯 가지 방법', '사람들을 설득하는 방법', '리더가 되어라'의 4부로 구성된다. 각 부분은 다시 카네기가 원칙이라고 일컬었던 간결한 한 문장의 메시지를 전하는 장으로 나뉜다(87쪽 그림 참조).

카네기는 대부분 권위 있는 연구 결과를 언급하면서 한 가지 개념을 소개한 다음, 이어서 그 개념이 어떻게 일상생활에 적용되는지 설명하는 방식을 택했다. 이를테면 첫 번째 원칙 '비판이나 비난, 불평을 하지 마라.'는 하버드 대학교 심리학과 교수인 에드가 피어스(Edgar Pierce)와 B. F. 스키너(B. F. Skinner)를 언급하면서 시작된다.

"이 위대한 현대 심리학자는 실험을 실시한 결과, 훌륭한 행동에 대해 보상을 받은 동물은 나쁜 행동으로 벌을 받은 동물에 비해 훨씬 빨리 배우고 배운 것을 훨씬 더 효과적으로 기억한다는 사실을 입증했다. 훗날 연구에서는 이와 똑같은 원칙이 인간에게도 적용된다는 사실이 밝혀졌다. 비난함으로써 지속적인 변화를 얻을 수 없으며, 비난은 대개 분노를 일으킬 뿐이다."

그 후 오클라호마 주 이니드(Enid)의 조지 B. 존스턴(George B. Johnston)의 사례를 전했다. 엔지니어링 회사의 안전 감독관인 존스턴의 임무 중 하나는 직원들이 현장에 들어갈 때 안전모를 제대로 착용하도록 감시하는 일이었다. 처음에 그는 안전모를 착용하지 않은 직원이 보이면 그때마다 규정을 언급하며 반드시 준수해야 한다고 말했다. 그러면 직원들은 마지못해 그의 말을 따랐지만, 그가 자리를 뜨자마자 안전모를 벗어버렸다.

카네기는 이어서 존스턴이 다른 접근 방식을 시도했을 때 일어난 일을 묘사했다.

"존스턴은 안전모를 착용하지 않은 직원이 보이면 안전모가 불편한지, 아니면 머리에 잘 맞지 않는지 물었다. 그리고는 유쾌한 목소리로 안전모는 부상을 방지하기 위한 것임을 상기시키고 현장에서는 반드시 착용할 것을 권했다. 그 결과 화를 내거나 감정적으로 충돌하는 일이 없이 규정을 따르는 사례가 증가했다."

제2부 '사람들에게 호감을 얻는 여섯 가지 방법'에서 카네기는 로마

시인 푸블릴리우스 시루스(Publilius Syrus)가 말한 "우리는 다른 사람들이 우리에게 관심을 기울일 때에야 비로소 그들에게 관심을 기울인다."는 명언을 인용하면서 자신이 생각하기에 자명한 진리인 사실을 관찰하고, 그 결과를 고대 역사와 연결시켰다.

독자들에게 '세계 역사상 가장 많은 친구를 얻었던 존재의 테크닉을 연구하라.'는 과제를 제시하면서, 개를 '일하지 않고 생계를 유지하는 유일한 동물'이라고 묘사했다.

"암탉은 알을 낳고, 젖소는 우유를 제공하고, 카나리아는 노래를 한다. 그러나 개는 오직 여러분에게 사랑만 주면서 생계를 유지한다."

카네기는 자신의 모든 원칙을 항상 적용할 수 있다고 주장하지는 않았다.

"기분이 나쁠 때면 상대방의 관점을 이해하려고 노력하기보다는 비판하고 비난하기가 훨씬 쉽다. 흔히 칭찬할 거리보다는 흠을 찾기가 더 쉽다. 상대방이 원하는 것보다는 자신이 원하는 것에 대해 이야기하는 것이 더 자연스럽다. 따라서 여러분은 이 책을 읽을 때 단순히 정보를 얻기 위해 노력하는 것이 아님을 기억하라. 여러분은 새로운 습관을 기르기 위해 노력하고 있다. 아, 그렇다. 여러분은 새로운 삶의 방식을 시도하고 있다. 그러려면 시간과 끈기, 그리고 매일 적용하는 습관이 필요하다."

실제 활용 사례
카네기의 방식을 가장 열렬하게 지지한 것은 세계 3대 부자인 워렌 버핏의 찬사일 것이다. 버핏은 1952년 1월 데일 카네기 훈련 강좌에 참석했던 경험을 "내가 받은 가장 중요한 학위"라고 묘사했다. 버핏의 전기 작가 앨리스 슈뢰더는 《데일 카네기 인간관계론》의 교훈 덕분에 발휘할 수 있었던 버핏의 영향력에 대한 이야기와 그 밖에 카네기를 언급한 열세 가지 자료를 버핏의 전기에서 상세히 기록했다.

버핏은 19세 무렵 할아버지의 서가에서 《데일 카네기 인간관계론》을 처음으로 발견했다. 버핏은 사업 방식으로 카네기의 원칙을 따르지만 맹목적으로 받아들이지는 않는다. 슈뢰더는 버핏이 데일 카네기의 원칙을 따를 때와 그렇지 않았을 때 일어나는 일을 통계학적으로 분석했는데, 그 결과 그 규칙들이 효과적인 것으로 나타났다고 밝혔다.

버핏은 카네기의 업적에 영향을 받은 수백만 명 가운데 한 사람에 지나지 않는다. 〈워싱턴 포스트〉의 도서 평론가이자 1985년 퓰리처 비평가상 수상자인 조너선 야들리(Jonathan Yardley)는, '미국인의 특성을 결정한 10대 도서'를 묻는 질문을 받았을 때 소로, 휘트먼, 트웨인, 헤밍웨이와 나란히 카네기의 책을 꼽았다.

만일 카네기가 자신이 전하려는 주제에 도움이 되는 모든 것들을 철저히 조사하지 않았더라면, 그는 일개 범인에 지나지 않았을 것이다. 그는 자신의 책 서문에서 "나는 신문 칼럼, 잡지 기사, 가정 법원의 기록, 고대 철학자와 현대 심리학자의 글 등 이 주제에 관한 것이라면 무엇이든 다 읽었다."고 책을 준비하는 과정에 대해 밝혔다.

카네기는 전문 조사원을 고용했는데, 18개월 동안 여러 도서관을 돌아다니며 심리학 전문 서적을 훑어보고, 수백 편에 이르는 잡지 기사를 탐독하고, 수많은 전기를 뒤져보고, 시대를 막론하고 모든 위대한 지도자들이 어떻게 사람들을 다루었는지 확인했다.

카네기는 마르코니, 에디슨, 프랭클린 D. 루스벨트를 포함해 수십 명의 성공한 사람들과 면담하고, 클라크 게이블, 매리 픽포드 등 영화배우들과 이야기를 나누며 그들이 인간관계에서 사용하는 테크닉을 찾아내기 위해 노력했다.

관련 이론

카네기의 아이디어는 유명한 호손 연구(Hawthorne Studies) 같은 현대의 조사 연구와 잘 맞아떨어진다. 이 연구는 하버드 경영 대학원 교수인 엘턴 메이오(Elton Mayo)가 1927년부터 1932년까지 시카고의 웨스턴 일렉트릭 호손 웍스에서 실시한 것이다.

메이오는 조명이 생산성에 미치는 영향을 확인할 목적으로 조사를 시작해 휴식 시간, 온도, 습도, 업무 시간을 변화시키고, 심지어 한 장소에 무료 식사를 제공함으로써 피로와 단조로움이 어떤 변수로 작용하는지 연구했다. 그는 6명의 여성들로 구성된 팀을 대상으로 업무 시간과 휴식 시간을 증가시키거나 감소시키는 것을 포함해, 자신이 생각해낼 수 있는 모든 요소를 바꾸었다가 다시 원 상태로 돌렸다.

변화를 할 때마다 생산성이 향상되었지만, 아침과 오후에 두 번 10분씩 휴식하던 것을 5분씩 여섯 번으로 바꾸었던 경우만 예외였다. 사람들은 잦은 휴식 때문에 오히려 업무 리듬이 방해를 받는다고 느꼈다. 메이오는 '윗자리의 누군가 신경 쓴다'는 사실을 보여주고, 주인 의식과 책임감을 불러일으키는 것이 경영진이 이용할 수 있는 중요한 동기라고 결론을 내렸다.

메이오가 동기 부여에 관한 다양한 이론을 발표한 후, 윌리엄 맥두걸(William McDougall)은 《인간의 에너지(*The Energies of Men*)》(1932)에서 기본적인 욕구 열여덟 가지―이를테면 호기심, 자기표현, 복종 등―를 나열하면서 이를 본능이라고 표현했다. 하버드 심리 연구소 부소장인 H. A. 머래이(H. A. Murray)는 성취, 동맹, 권력 등 핵심적인 스무 가지 심리적 욕구를 분류했다.

카네기의 업적은 이후 학계 이론가들의 생각에 영향을 미친 것처럼 보인다. 브랜다이스 대학교에서 가르쳤던 에이브러햄 매슬로(Abraham Maslow)는 욕구의 계층 구조를 개발했는데(1943), 이는 대부분의 사람들이 원하는 여덟 가지를 나열한 카네기의 목록과 일부분이 유사하다(87쪽 그림 참조).

클리브랜드에 있는 케이스 웨스턴 리저브 대학교의 심리학 교수 프레드릭 허즈버그는 '인정 : 사람은 누구나 자신의 노력을 인정받고 싶어 한다.'를 직장의 다섯 가지 핵심 동기 가운데 한 가지로 꼽았다. 카네기의 원칙 '조금만 향상해도 칭찬하고, 향상할 때마다 칭찬하라. 진심으로 인정하고 아낌없이 칭찬하라.' 역시 이와 같은 맥락이다.

오늘날의 유효성

카네기의 아이디어는 그가 처음 발표했을 당시에 못지않게 오늘날에도 효과적이다. 그의 미망인 도로시는 1981년《데일 카네기 인간관계론》개정판의 출간을 감독하고, 본뜻을 바꾸지 않고 현대 독자들에게 맞도록 책을 보강하기 위해 일부 표현과 사례를 업데이트했다. 그리고 2011년 10월 두 번째 개정판《디지털 시대의 카네기 인간관계론(*How to Win Friends, and Influence People in the Digital Age*)》이 출간되었다.

이 개정판에서는 디지털 시대에 적합하도록 원본을 재구상하고, 소셜 네트워킹 사이트와 전자우편에 적합하도록 커뮤니케이션, 자기 표현, 리더십에 대한 카네기의 통찰을 업데이트하고 재구성했다. 동영상과 차트, 정보와 '일일 자신감 충전'으로 가득한 원본의 아이폰 앱 버전이 2010년 출시되어 아이튠스 상점에서 비즈니스 앱 부분 베스트셀러가 되었다. 이어 블랙베리 버전이 출시되었다.

카네기와 매슬로 비교

카네기
대부분의 사람들이 원하는 몇 가지 것들

1. 건강과 장수
2. 음식
3. 수면
4. 돈과 돈으로 살 것
5. 내세
6. 성적 만족감
7. 자녀들의 행복
8. 중요한 인물이라는 느낌

매슬로의 욕구 단계

자아실현 욕구
개인의 성장과 실현

존중 욕구
성취와 지위, 명성

사회적 욕구
친구와 교제의 필요성

안전 욕구
안전하고 안정적이며 보호받는다는 느낌의 필요성

생리적 욕구
가장 기본적인 욕구 – 공기, 물, 식량, 수면

대인 관계의 기본 테크닉

- 비판이나 비난, 불평을 하지 마라.
- 거짓 없이 진실하게 인정하라.
- 상대방에게 간절한 욕구를 불러일으켜라.

리더가 되어라
- 칭찬과 진심 어린 인정으로 시작하라.
- 사람들의 실수를 간접적으로 지적하라.
- 상대방을 비판하기에 앞서 자신의 실수를 이야기하라.
- 직접적으로 명령하는 대신 질문하라.
- 상대방의 체면을 세워주어라.
- 조금만 향상해도 칭찬하고 향상할 때마다 칭찬하라. '진심으로 인정하고 아낌없이 칭찬하라.'
- 상대방에게 지키고 싶은 좋은 평판을 주어라.
- 격려하라. 단점을 고치기 쉬운 것처럼 보이게 만들어라.
- 상대방이 즐거운 마음으로 당신이 제시한 일을 하도록 만들어라.

여러분의 의견을 수용하도록 사람들을 설득하는 방법
- 논쟁에서 이길 수 있는 유일한 길은 논쟁을 피하는 것이다.
- 상대방의 의견을 존중하라. 결코 '당신이 틀렸다'고 말하지 마라.
- 잘못했다면 재빨리 진심을 담아 인정하라.
- 우호적인 태도로 시작하라.
- 상대방이 곧바로 "예, 그렇습니다."라고 말하도록 이끌어라.
- 상대방이 이야기를 많이 하도록 기회를 주어라.
- 상대방이 어떤 아이디어를 자신의 것이라고 여기게 내버려두라.
- 다른 사람의 관점으로 상황을 보기 위해 진심으로 노력하라.
- 상대방의 생각과 소망에 공감하라.
- 더 고상한 동기에 호소하라.
- 자신의 생각을 극적으로 표현하라.
- 도전을 제시하라.

사람들에게 호감을 얻는 여섯 가지 방법

- 다른 사람들에게 진심으로 관심을 기울여라.
- 미소를 지어라.
- 이름을 기억하라.
- 말하는 걸 들어주어라.
- 관심사에 대해 이야기하라.
- 상대방에게 인정받는다고 느끼게 하라.

Robert Cialdini

By Clive Rich

이름 : 로버트 B. 치알디니

출생 : 1945년

전문 분야 : 비즈니스 분야의 설득과 영향력 행사

주요 업적 : 영향력 행사와 여섯 가지 '영향력을 행사하는 무기'에 대한 여러 책

주요 저서 : 《설득의 심리학(*Influence : The Psychology of Persuasion*)》(1984), 《설득의 심리학 (*Influence: Science and Practice*)》(5판, 2009), 《설득의 심리학 2(*Yes! : 50 Scientifically Proven Ways to Be Persuasive*)》(N. J. 골드스타인, S. J. 마틴과 공저, 2008)

로버트 치알디니는 누구인가

로버트 치알디니는 영향력의 과학을 연구하는 데 평생을 바쳤다. 《설득의 심리학》은 세계적으로 200만 부 넘게 판매되었으며, 〈포춘〉지의 가장 스마트한 비즈니스 서적 75권 중 하나로 선정되었다. 그는 현재 애리조나 주립 대학교의 심리학과 마케팅 명예 교수이다.

치알디니는 왜 유명한가

로버트 치알디니는 사람들에게 영향을 미치는 방법을 전문으로 연구하는 경험 사회 심리학자이다. 그가 이 분야에 관심을 가지게 된 것은 스스로 인정했듯이 '봉'과 같은 인물이었기 때문이다. 그는 자신을, "내가 기억하는 한 나는 내심 불안할 정도로 장사꾼, 기금 모금원, 판매원의 손쉬운 표적이었다."라고 표현했다.

그래서 치알디니는 '승낙 심리학(psychology of compliance)'을 연구하게 되었다. 처음에는 연구실에서 연구하거나 대학생들을 대상으로 실험을 실시하다가 곧이어 현장으로 나가서, 그의 표현에 따르면, '승낙 전문가(사람들에게 돈을 내놓도록 설득하는 일을 업으로 삼는 사람)'를 연구하기 시작했다. 그 후 거의 3년 동안 판매원, 기금 모금원, 신입 사원 모집 담당자들과 접하면서 변화 주도자(influencer)의 성공 비결을 찾아내기 위해 노력했다. 이런 실질적인 연구를 토대로 《설득의 심리학》이 탄생되었다.

개념

치알디니는 이와 같은 승낙 전문가들이 선호하는 영향력의 여섯 가지 원칙을 확인했으며, 그의 책에서 이 원칙들을 차례로 설명했다.

우선 우리에게는 특정한 자극에 예측이 가능한 방식으로 반응하도록 유도하는 행동 패턴이 존재한다는 사실을 깨달아야 한다. 닭이 병아리가 내는 '삐악삐악' 소리를 들으면 자동적인 모성애로 반응하듯이, 우리에게는 세상을 성공적으로 헤쳐 나가도록 돕는 습관화된 특정한 반응들이 있다. 따라서 본인이 내린 모든 결정을 분류하고 평가하며 조정할 필요가 없는 것이다.

한편 자신에게 유리한 방향으로 이런 반응을 자극하는 판매원들에게 속수무책으로 당하는 것도 바로 이런 자동화된 반응 탓이다. 습관화된 반응의 전형적인 예를 들면, 우리는 대개 '비싸면 품질이 좋을 것'이라고 생각한다. 이는 어린 시절부터 '싼 게 비지떡'이라는 이야기를 들었기 때문이다.

이와 마찬가지로 우리는 대조에 반응을 보이도록 프로그램이 되어 있다. 만일 누군가 두 가지 물건을 차례로 내놓으면 두 물건 사이의 차이에 지나칠 정도로 주목한다. 착취자들은 이런 자동적인 반응을 이용해 우리에게 영향을 미칠 수 있다.

치알디니는, 영향을 미치는 사람들의 목적은 언제나 이런 자동 반응을 이끌어내는 것이라는 사실을 출발점으로 삼아 영향력의 여섯 가지 원칙을 설명했다.

1. '상호성'의 법칙

이 법칙에 따르면, 우리는 상대방이 베풀어준 것을 똑같이 갚아야 한다고 생각한다. 만일 누군가 생일 선물을 사주면 우리도 그 사람에게 생일 선물을 사주어야 한다는 강박관념을 느낀다. 교환을 먼저 시작한 사람을 그리 좋아하지 않는 경우에도 상호성의 원칙이 작용한다. 이는 다른 사람들의 '양보'에 반응할 때 특히 효과적인 원칙이다.

따라서 노련한 변화 주도자는 먼저 무리한 가격의 제안을 한 다음에 어느 정도 합당한 제안으로 후퇴한다. 양보하는 행위는 고객에게 무언가를 구입함으로써 다시 양보해야 한다는 강박관념을 이끌어내기 마련이다.

2. '일관성'의 법칙

우리에게는 일단 특정한 행동 노선을 택하기로 소박한 약속을 하면 원래의 결정을 합리화하기 위해 일관적으로 그 행동 노선을 유지하려는 내면의 욕구가 있다. 뿐만 아니라 공개적으로 한 약속이라면 체면을 잃지 않기 위해서 약속을 지키는 경향이 있다.

영향력을 행사하고 싶어 하는 착취자들은 우리가 이런 작은 약속을 한 다음에는 더 큰 약속이 따를 것이라는 원칙을 잘 알고 있다. 이를테면 소매업자들은 특정 상품을 선전하기 위한 서명 운동에 참여해달라고 부탁한다. 그들은 일단 우리가 그 부탁을 받아들이면 그 '약속'을 지킨 다음에 제품을 구입하고 싶어 할 것임을 알고 있다.

특히 음흉스러운 변화 주도자들은 낮은 가격의 제품을 사겠다는 약속을 받아낸 다음, 실수를 했다고 둘러대면서 그 가격을 취소한다. 그러나 우리는 일단 결심한 다음에는 마음을 쉽게 바꾸지 않는다.

3. '사회적 증거'의 법칙

우리는 다른 사람들이 무엇을 옳다고 생각하는지를 확인함으로써 옳고 그름의 여부를 결정한다. 이를테면 여러 집단의 사람들이 함께 범죄나 사고를 목격한 경우처럼 애매모호한 상황에서는 더욱 그렇다. 일반적으로 한 사람이 희생자를 도우러 나서지 않으면 아무도 나서지 않을 것이다. 다른 방관자들이 보여주는 동요하지 않는 무관심을 '기준'이라고 생각하기 때문이다. 하지만 누군가 개입하겠다고 결심하면 많은 다른 사람들 역시 개입해도 무방하다고 느낀다.

사람은 누구나 이런 변명을 찾고 있으며 일상생활에서 이런 변명을 둘러대는 것이 당연하다. 다른 사람들이 어떤 행동을 하면 그것이 옳은 일일 것이라고 여긴다. 그러나 이런 자동화된 반응 때문에 방향 감각을 잃을 수도 있다. 예컨대 자살 사건에 대한 뉴스가 보도되면 이로 말미암아 갑작스러운 모방 자살이 일어나는 것처럼 보인다.

4. '호감'의 법칙

우리는 대개 좋아하지 않는 사람보다는 좋아하는 사람에게 영향을 더 많이 받는다. 안타깝게도 '호감'을 결정할 때 흔히 피상적인 요인에 의존한다. 못생긴 사람보다는 잘생긴 사람들을 좋아한다. 관심사와 열정을 느끼는 대상이 비슷하다는 이유로 '자신과 비슷한' 사람들을 좋아한다. 칭찬과 듣기 좋은 말을 하는 사람을 좋아한다. 협력 활동에 함께 참여한 사람들을 좋아한다.

회사에서 직원들을 외부 출장을 보내는 이유를 생각해보라. 출장을 가면 직원들은 협력이 필요한 팀 활동을 수행하면서 유대 관계를 맺어야 한다. 뿐만 아니라 우리는 자신이 좋아하는 사람들을 '연상시키는' 대상을 좋아한다. 그들을 연상시키는 제품과 서비스에는 반드시 그 사람들과 똑같은 긍정적인 특성이 있을 것이라고 생각한다. 그리고 나아가 그 특성과 자신을 연결하려고 노력하는데, 그러면 자신감이 커지기 때문이다.

변화 주도자에게 우리의 이런 경향은 옥토나 다름없다. 우리에게 호감을 얻어서 부정한 이익을 얻으려는 승낙 전문가들에게는 더욱 그렇다.

5. '권위'의 법칙

사람은 누구나 권위에 대한 일종의 뿌리 깊은 의무감을 느낀다. 부모, 교사, 성직자 등 권위를 가진 사람들은 어린 시절부터 우리의 삶에 큰 비중을 차지하며 이후 지속적으로 영향을 미치는 듯하다.

따라서 사기꾼들은 흔히 권위 있는 사람들, 이를테면 의사, 판사, 교수, 또는 '직함을 가진' 사람들을 사칭한다. 제복 역시 일종의 권위를 전달한다. 고급 양복 같은 일반인들의 '제복'도 예외가 아니다.

변화 주도자들은—가짜든 아니든 상관없이—이 원칙을 이용해 자신이 제시하는 대상에 일종의 '권위'를 부여함으로써 사고픈 마음을 불러일으킨다.

6. '희소성'의 법칙

앞으로 손해를 볼지 모른다는 생각이 인간의 결정에 큰 영향을 미친다. 가치가 동일하더라도 무언가를 얻는 것보다는 잃는다는 사실이 사람들에게 더 큰 동기로 작용하는 듯하다.

희소성이 동기로 작용하는 이유는 우리가 이미 확보한 선택의 자유를 잃기 싫어한다는 점과 무관하지 않다. 따라서 희소성의 효과는 이전에는 풍부하게 이용할 수 있었던 무언가 희귀해질 때 더욱 뚜렷이 나타난다.

희소성 전술이 효과적임을 입증하는 사례로 '마감 시한' 전술을 들수 있다. 사람들은 시간이 줄어든다는 생각에서 평상시에는 하지 않았을 행동을 한다. 사실이든 거짓이든 또 다른 잠재 고객이 있다는 사실을 밝힐 경우에도 희소성의 법칙이 작용한다.

실제 활용 사례

치알디니는 다양한 사례를 이용해 기업이 각 원칙을 차례로 활용할 수 있는 방법을 설명했다.

자동화된 행동

치알디니는 한 보석상을 예로 들어 가격 인상이 판매하기 어려운 품목을 처분할 최선의 방법임을 입증했다. 이 방법은 '비싼 물건이라면 반드시 좋을 것'이라는 자동화된 반응을 불러일으킨다.

치알디니에 따르면, 의류 판매원들은 흔히 비싼 정장을 먼저 판매한 다음, 이어서 액세서리를 판매하도록 훈련을 받는다. 고객이 정장에 돈을 이미 많이 쓴 뒤라, 비교적 비싸 보이지 않는 액세서리는 쉽게 구매할 가능성이 크기 때문이다.

상호성의 법칙

치알디니는 공항에서 사람들에게 꽃을 공짜로 건넨 다음, 기부금을 부탁하는 방침을 채택한 이후에 크리슈나(Krishna) 운동이 성공했다고 설명했다. 사람들에게 무료 '샘플'을 제공하는 기업이 무척 많다. 이런 샘플은 보답으로 무언가를 사야 한다는 무의식적인 의무감을 조성한다.

일관성의 법칙

장난감 제조업체들은 12월에 고객들을 매장으로 불러들인 후, 유명 장난감을 의도적으로 충분히 공급하지 않음으로써 1, 2월 판매를 증대하는 방법을 쓴다. 유명 장난감을 사려던 계획을 무산시키면 고객이 원하는 제품을 사려고 1, 2월에 매장을 다시 찾기 때문이다.

사회적 증거의 법칙

광고주들은 자사 광고를 뒷받침하는 사람들의 증언을 언급한다.

"실험 결과, 개 주인 10명 가운데 8명이 자신의 개가 'X' 사료를 더 좋아한다고 말했답니다."

이따금 배우를 고용하거나 실제 '행인'들이 자사 제품을 선전하는 모습을 촬영하기도 한다. 이는 또래 집단의 사회적 증거라는 인상을 창출해 제품을 구매하도록 영향을 미치기 위한 전술이다.

호감의 법칙

기업과 소매업체는 사람들이 아름다운 여성 판매원에게 제품을 구매할 가능성이 더 높다는 사실을 알고 있다. 남자들은 자신이 사려는 자동차가 자동차 모델만큼 멋질 것이라고 생각한다. 판매원들이 우리의 배경과 관심사를 조사한 다음, 자신도 우리와 비슷하다고 말한다면 영향을 받지 않을 수 없다. 놀랍게도 판매원들은 우리처럼 스포츠에 관심이 많고 우리 고향에 대해 잘 알고 있다.

그 밖에 다른 면에서도 우리와 비슷한 모습을 보인다. 이를테면 우리가 쓰는 말이나 우리의 기분 또는 자세를 그대로 따라할 수 있다. 그들은 이런 식으로 판매하는 제품에 우리가 호감을 가지도록 만드는 것처럼 보인다.

권위의 법칙

치알디니는 승낙 전문가들이 이 전술을 무분별하게 이용한다는 사실을 입증했다. 이를테면 권위 있는 인물들을 광고에 등장시킴으로써 우리에게 무언가를 구매하도록 권한다.

치알디니는 로버트 영(Robert Young : TV 시리즈에서 의사 역을 맡았던 배우)을 광고에 등장시켜 생커(Sanka) 커피 광고에 그의 권위를 이용한 사례를 들어 이 법칙을 설명했다.

희소성의 법칙

제조업체들이 '한정판'을 생산하거나 판매원들이 "창고에 제품이 딱 하나 남았다."고 말한다. 아니면 금방 재고가 없다고 말했는데, 우리가 사겠다고 약속하면 기적적으로 제품이 나타난다. 제품을 구할 가능성이 지극히 적어서 가장 절실하게 바라게 될 때 고객에게 구매를 약속하도록 요구하는 이런 방식은 희소성의 법칙을 특히 기발하게 적용한 사례라 할 수 있다.

관련 이론

치알디니는 의식적이든 아니든 간에 이 분야의 다른 전문가들에게 영향을 미쳤다. 글래드웰의 《티핑 포인트(The Tipping Point)》는 치알디니가 묘사한 사회적 증거의 법칙을 이용했다. 뿐만 아니라 글래드웰은 《블링크(Blink)》에서 우리의 본능적인 반응이 대개 옳다고 주장했는데, 이는 우리가 자동화된 신호를 토대로 움직인다는 치알디니의 원칙과 일맥상통한다. 이 신호를 건드려 보라. 그러면 치알디니가 영향력의 도구로 활용할 수 있다고 설명했던 '클릭하면 획'이라는 자동화된 반응을 얻을 것이다.

제임스 서로위키의 《대중의 지혜(*Wisdom of Crowds*)》와의 연관성은 상당히 직접적인 것처럼 보인다. 치알디니의 사회적 증거의 법칙이 대중을 기준으로 결정을 내리는 토대이기 때문이다. 리처드 H. 탈러(Richard H. Thaler)와 캐스 R. 선스타인(Cass R. Sunstein)의 《넛지(*Nudge : Improving Decisions about Health, Wealth, and Happiness*)》 같은 현대 이론가들의 저서와도 연관성이 있다.

《넛지》는 작은 동기로 사람들을 움직이는 것이 영향력을 행사하는 최선의 방법이라고 주장했다. 작은 동기가 작은 약속을 얻어내며, 치알디니가 주장하듯이 작은 약속에 영향을 미치면 더 큰 약속을 얻을 수 있다.

오늘날의 유효성

치알디니의 원칙은 아직도 효과적인 듯하며, 그는 현재 영향력의 과학에 대해 활발하게 강의를 하고 있다. 이를테면 탈러와 선스타인이 지지한 '넛지' 이론은 지난 2, 3년 동안 정치계의 뜨거운 논점이었다.

이 이론에 따르면, 주변 사람들에게 명령하기보다는 그들이 무언가를 선택하는 이유를 파악하고, 현명하게 선택할 작은 동기를 제공함으로써 올바른 일을 하도록 유도할 수 있다. 이는 치알디니의 영역과 일맥상통한다.

오바마 대통령은 선거 운동 과정에서 이 이론에 주의를 기울이고 비밀 '행동 과학자 단체'를 이용해 '넛지' 이론을 실행에 옮겼다. 탈러와 선스타인은 이후 백악관에서 영향력 있는 인물이 되었다.

2008년 탈러는 데이비드 캐머런(David Cameron : 2010년 영국 국무총리가 됨)을 만났으며, 현재 영국 총리 관저에는 '행동 통찰(behavioral insight)' 또는 '넛지' 팀이 구성되어 있다.

같은 해 캐머런은 토리 당 의원들의 여름 독서 목록에 《넛지》를 포함시켰다. 그 밖에 어떤 책이 이 목록에 올라 있을까? 일례로 치알디니의 《설득의 심리학》도 목록에 포함된다.

Jim Collins

By Dominic Monkhouse

이름 : 제임스 C. '짐' 콜린스 3세

출생 : 1958년

전문 분야 : 기업을 성장시키는 일반적인 특성

주요 업적 : 그저 '훌륭한' 수준에 머무르는 다른 조직과는 달리, 모든 유형의 조직이 훌륭한 조직에서 위대한 조직으로 도약할 수 있도록 만드는 근본적인 요인 정의

주요 저서 : 《성공하는 기업들의 8가지 습관(*Built to Last : Successful Habits of Visionary Companies*)》(1994), 《좋은 기업을 넘어 위대한 기업으로(*Good to Great : Why Some Companies Make the Leap…… And Others Don't*)》(2001), 《강한 기업은 어떻게 무너지는가(*How the Mighty Fall : And Why Some Companies Never Give In*)》(2009)

짐 콜린스는 누구인가

짐 콜린스는 기업이 위대한 기업으로 성장해서 독보적인 존재로 자리 잡는 요인을 연구하는 비즈니스 컨설턴트, 연구원, 작가이다. 콜린스의 작품이 미친 영향력은 〈포춘〉, 〈월 스트리트 저널〉, 〈뉴욕 타임스〉, 〈비즈니스 위크〉, 〈하버드 비즈니스 리뷰〉, 〈패스트 컴퍼니(Fast Company)〉로부터 인정을 받았다.

콜린스는 왜 유명한가

콜린스의 첫 번째 저서인 《성공하는 기업들의 8가지 습관》은 6년 넘도록 〈비즈니스 위크〉 베스트셀러를 기록했다. 이 책에서 콜린스는 일부 기업이 성공을 거두고 여러 차례 리더가 바뀌는 동안에도 꾸준히 성공을 유지하는 이유를 분석했다.

콜린스와 공동 저자인 제리 포라스(Jerry Porras)는 미래 지향적인 기업의 공통적인 특성을 확인함으로써 경영자들에게 미래 지향적인 통찰력을 제공해 경쟁 업체들을 물리칠 방법을 모색하는 방식에 영향을 미쳤다.

콜린스의 두 번째 저서인 《좋은 기업을 넘어 위대한 기업으로》는 300만 부 이상 판매되었다. 이 책은 '좋은 기업이 위대해질 수 있는가? 만일 그렇다면 그 방법은 무엇인가?'라는 한 가지 문제를 다루었다. 5년 동안의 힘겨운 연구 끝에 콜린스는 위대한 기업으로 성장하고 그 과정에서 15년이 넘도록 시장 성과보다 평균 6배가 넘는 주가 지수 수익률을 성취하도록 이끈 핵심 개념을 확인했다.

콜린스의 세 번째 저서인 《강한 기업은 어떻게 무너지는가》는 리더들에게 하향세를 피하고 역전할 수 있다는 희망을 제시했다. 아울러 기업의 운명은 환경이나 역사가 결정하기보다 스스로 개척한다는 사실을 입증했다.

개념

콜린스의 표현을 빌리면, 《좋은 기업을 넘어 위대한 기업으로》의 핵심 메시지는 '위대함은 환경의 문제가 아니다. 의식적인 선택과 훈련의 문제'라는 점이다. 훌륭함은 위대함의 적이다. 조직은 A플러스가 아니라 B급 성과에 안주하면서 기껏해야 평범해질 수 있는 경로, 심지어 폐품 더미로 향하는 경로를 택한다.

콜린스는 기업 리더들에게 '좋은 기업'이 되기 위해 노력하며 배웠던 법칙은 모두 잊고, 만사가 갑자기 순조로워지고 사업이 그야말로 승승장구하는 '기적적인 순간'을 목표로 삼아 시간을 낭비하지 말라는 도전을 제시했다.

플라이휠 효과

콜린스는 '플라이휠 효과(flywheel effect)'를 이용해서 어떻게 훌륭함에서 위대함으로의 변화가 일어나는지를 설명했다. 플라이휠은 기업을 의미하며, 경영진은 플라이휠이 움직이면서 원동력을 일으켜 수익을 창출할 방법에 집중한다.

플라이휠을 움직이려면 노력이 필요하다. 플라이휠을 계속 밀면 약간 빨리 움직이며, 꾸준히 밀다 보면 좀 더 빨리 움직인다. 이 초점을 유지하면 플라이휠이 계속 회전하면서 힘들여 밀지 않더라도 저절로 속도가 빨라질 때 결국 기업이 획기적으로 발전하는 단계에 이른다. 콜린스는 홀륭함과 위대함의 경계를 초월하는 기업에서는 플라이휠 효과를 몸소 느낀다는 사실을 입증했다.

콜린스와 그의 연구원에 따르면, 홀륭함을 위대함으로 바꾸는 공식은 혁신이 아니며, 비결은 현실적이고 지속적이고 실용적인 접근 방식이다. 콜린스는 세 가지 핵심 단계, 즉 '규율 있는 사람', '규율 있는 사고', '규율 있는 행동'을 토대로 기업을 위한 지침을 제시했다. 각 단계에는 실용적인 교훈과 조언을 제시하는 두 가지 핵심 개념이 포함되어 있다.

규율 있는 사람

콜린스의 연구에서 한 가지 일반적인 경험적 진리가 발견되었다. 위대한 기업은 과도기 동안 하나같이 '단계5 리더십'을 발휘했다는 사실이다. '단계5 리더'는 개인적인 욕구를 자신이 아니라 더욱 위대한 회사를 건설한다는 큰 목표로 향하게 만들 수 있다.

이런 리더들은 흔히 품성 면에서 내성적이고 겸손하며 예의바른 한편, 저돌적이고 집중력이 강하며 자신이 아니라 회사에 큰 야심을 품고 있다. 무엇보다 겉만 번지르르한 전략이나 계획보다 자신만의 기준으로 직원들에게 영감을 불어넣는다.

5단계는 경영 능력 계층 구조에서 정상에 위치한다. 콜린스는 이런 기술 수준을 단계별로 발전하며 습득할 필요는 없다고 말했지만, 단계5 리더는 누구나 다섯 가지 핵심 리더십 특성을 모두 갖추고 있다.

사람들은 훌륭함을 넘어 위대한 리더라면 새로운 비전과 전략을 출발점으로 삼는다고 생각할지 모른다. 하지만 이런 리더들은 무엇보다 적임자들을 '버스에' 태워야 한다. 사람들에게 기회를 제시하는 한편, 위대함의 문화를 실천할 수 없는 직원들은 솎아내고, 적절한 자리에 적절한 사람을 앉히기 위해 노력해야 한다. 그러면 사람을 보는 안목을 터득하고 적임자를 적극적으로 고용하는 일에 아낌없이 투자하는 관행이 선순환으로 자리 잡는다.

적재적소에 적임자를 기용했다면 동기를 부여하는 일 따위는 걱정할 필요가 없다. 적임자들은 스스로 동기를 불러일으키니 말이다. 여러분을 목적지에 도착하도록 도울 수 있는 사람들을 선발하지 않고서 무작정 목적지를 향해 떠난다면 방향을 바꾸어야 할 시점에 팀원들이 그 결정을 따르지 않을 것이다.

콜린스의 주장에 따르면, 의도한 길을 따라가고 있다고 하더라도 적절한 사람들을 확보하지 못했다면 위대함을 성취할 수 없다. 평범한 사람들로 위대한 비전을 구현하려 한다면 평범한 결과밖에 얻지 못할 것이다.

규율 있는 사고

콜린스는 리더들에게 '냉혹한 현실을 직시하라.(그러나 결코 믿음을 잃지 마라)'라고 권한다. 위대한 리더는 아무리 상황이 나빠진다고 해도 냉혹한 진리 뒤에 숨지 않고 미래에 대한 믿음을 잃지 않는다.

경쟁 업체들과 어깨를 나란히 할 수 없다면 경로를 바꾸어야 한다. 자사의 원가 기준이 지나칠 정도로 높다고 판단되면 잉여 인력을 해고해야 한다. 어떤 상황에서든 역경에 맞서 평가하고 귀를 기울이며 행동해야 위대해질 수 있다.

콜린스는 성공할 경우에는 팀 전체가 인정받는 반면, 실패할 경우에는 리더들이 책임을 지는 개방과 정직의 문화를 옹호했다. 이런 문화를 조성하기 위해서는 리더가 정면으로 도전에 맞서는 규율을 갖추어야 한다.

결국 위대한 리더는 현실이 아무리 냉혹하더라도 반드시 승리할 것이라는 흔들리지 않는 믿음을 잃지 않는다. 희망과 팀워크는 위대함의 필수 요건이며, 또한 상황이 어려워질 때 믿고 의지할 수 있는, 흔들리지 않는 고무적인 리더들도 반드시 필요하다.

고슴도치 개념

콜린스에 따르면, 위대한 리더들은 누구나 '고슴도치'이다. 이 '고슴도치 개념(hedgehog concept)'을 갖춘 위대한 리더는 무수한 작은 것보다는 한 가지 큰 것을 알고 있으며, 복잡한 세계를 체계적이고 활기를 북돋우는 단 한 가지의 개념으로 구체화시킬 수 있다.

그렇다고 위대한 리더가 단순하다는 의미가 아니다. 오히려 사물을 꿰뚫어보는 통찰력과 앞으로 가야 할 길을 깊이 이해하는 사고력의 소유자이다.

다음과 같은 질문을 제시하는 세 가지 원을 서로 교차하도록 배열하면 조직을 위한 '고슴도치 개념'을 발견할 수 있다.

- 우리는 어떤 일에서 세계 제일이 될 수 있는가?
- 우리 회사의 경제를 움직이는 원동력은 무엇인가?
- 우리의 핵심 인력이 깊은 열정을 느끼는 일은 무엇인가?

여기에서 요점은 열 가지를 잘하려고 노력하기보다 다른 누구보다 잘할 수 있는 한 가지를 찾아 꾸준히 실행하는 것이다.

규율 있는 행동

그냥 '아니요'라고 말하라. 모든 성장이 긍정적인 것은 아니다. 위대함으로 향하는 길로 들어서려면, 핵심 초점에서 벗어나는 때에는 '아니요'라고 말할 수 있는 규율이 요구된다.

콜린스는 기업 리더들이 '해야 할 일' 목록은 물론이고 '그만두어야할 일' 목록을 가지고 있어야 한다고 주장했다. 훌륭함을 넘어 위대한 리더는 고슴도치 개념에 적합하지 않는 것이면 무엇이든 그만두는 강철 같은 규율을 갖추고 있다는 점에서 독보적이다.

규율 문화는 규율 있는 사고를 실천하는 규율 있는 사람들이 일구어낸 부산물이다. 이들은 합심해서 계층 구조 따위는 필요하지 않고 관료주의가 발을 붙일 수 없는 문화를 창조한다. 이 같은 규율 문화는 기업가 정신의 윤리와 더불어 위대한 성과라는 마법 같은 결합을 창조한다.

훌륭함을 넘어 위대한 기업은 기술을 다른 시각으로 생각한다. 기술을 이용해 변화를 일으키기보다는 플라이휠 효과를 가속화하기 위해 기술을 적절히 이용한다. 콜린스는 기술 자체는 위대함이나 쇠퇴의 근본 원인이 아니라고 단언했다.

실제 활용 사례

콜린스는 위대해진 기업의 일례로 세계 일류의 종이류 소비 제품 회사인 킴벌리 클라크(Kimberley Clark)를 꼽았다. 이 회사는 냉혹한 현실을 받아들이고 고슴도치 개념을 찾음으로써 위대한 기업으로 거듭났다.

이 '구닥다리 종이 회사'는 10년 전에 비해 주가가 36% 하락하자 1971년부터 대대적인 변혁을 시작했다. 당시 CEO였던 다윈 스미스(Darwin Smith)는 공장을 팔고, 회사 창립 후 계속하던 일을 그만두겠다는 과감한 결정을 내렸다.

스미스는 '성공하지 못하면 죽는다.'는 태도로 클리넥스(Kleenex)와 하기스(Huggies) 같은 브랜드로써 소비제품 시장에 진출해 프록터 앤드 갬블(Procter & Gamble/P&G)과 정면으로 맞섰다. 20년 동안 소신을 잃지 않은 끝에, 마침내 경쟁 라인 가운데 4분의 3에서 P&G를 물리치고 회사의 시가 총액을 4배 이상 높이는 쾌거를 이룩했다.

관련 이론

콜린스는 《좋은 기업을 넘어 위대한 기업으로》를 《성공하는 기업들의 8가지 습관》의 프리퀄(prequel : 예전에 개봉된 영화의 내용보다 앞서 일어난 일을 다룬 속편)이라고 묘사했다. 그는 위대함과 평범함을 체계적으로 구분했다. 위대함을 지속적으로 유지하려면 일련의 핵심 가치가 전제되어야 한다. 따라서 콜린스는 이 기업들이 애초에 어떻게 위대해졌는지 생각하게 되었다.

'고슴도치 개념'에 대한 콜린스의 연구는 김위찬(W. Chan Kim)과 르네 모보르뉴(Renée Mauborgne)의 《블루 오션 전략(Blue Ocean Strategy)》(2005)과 유사성을 보인다. 이 책에서는 네 가지 핵심 전략 가운데 첫 번째 전략으로 경쟁이 없는 시장 공간을 창출하는 일을 꼽았다. 기업의 단일성을 규정한다는 점에서 고슴도치의 단일 초점과 맥락이 같다.

《세상을 바꾸는 사람들의 성공 법칙(Rules for Revolutionaries)》을 포함해 몇 권의 책을 발표한 가이 가와사키(Guy Kawasaki)는 "A급 플레이어는 A플러스 플레이어를 고용하고, B급 플레이어는 C급 플레이어를 고용한다."는 말로 '사람 먼저(first who)'라는 개념을 요약했다.

그는 콜린스와 마찬가지로 위대한 사람들이 위대한 사람들을 고용한다고 믿었다. 반면 평범한 사람들은 그들에게 못 미치는 사람들을 고용한다. Z 플레이어를 고용하는 미끄러운 비탈길, 또는 가와사키의 '멍청이 효과(bozo effect)'는 이와 유사하게 유능한 사람들을 고용하는 능력을 성공적인 기업을 건설하는 중대한 첫 단계로 보았다.

오늘날의 유효성

《좋은 기업을 넘어 위대한 기업으로》의 개념은 오늘날까지도 상당히 효과적이지만, 콜린스의 이론의 바탕이 되었던 기본 연구는 줄곧 비판을 받았다.

이 연구는 미국 기업에만 초점을 맞추고 있다. 미국 문화는 '고독한 영웅'의 신화를 무척 좋아하며 위대한 기업이라는 대업적을 이룩한 CEO들을 미화시킨다. 하지만 세계 다른 나라에서는 개인이 아니라 집단이 성공적인 문화를 결정한다. 위대한 리더십이 조직 전체에 긍정적인 영향을 미치는 것은 사실이지만, 위대한 업적을 성취하려면 결국 팀의 노력이 필요하다고 생각하는 것이다.

콜린스가 실시한 연구의 범위에도 격차가 존재한다. 그가 연구한 1,435개 기업 가운데 기술 기업은 전혀 없었다. 이 기업들은 대개 역사가 훨씬 짧고 상당히 남다른 성장 궤도를 따른다. 하지만 수많은 사람들의 눈에 비치는 인텔(Intel)은 언제나 위대한 기업이었다.

플라이휠 효과는 지금도 영향을 미치지만, 오늘날의 비즈니스 세계에서 휠이 돌아가는 속도는 훨씬 빠르다. 세계적인 소셜 네트워킹 사이트 페이스북(Facebook)은 위대해지는 속도가 더욱 빨라졌다는 사실을 입증하는 훌륭한 예이다. 페이스북의 역사는 5년밖에 되지 않았지만 창출한 주식 성과는 실로 어마어마했다.

기업이 위대해지려면 시간이 필요하며 몇 년 동안 꾸준히 노력해야 한다는 콜린스의 주장도 전환이 필요해지는 대목이다. 위대함은 나이와 비례하지 않는다.

Stephen Covey

이름 : 스티븐 R. 코비

출생 : 1932년 **사망** : 2012년

전문 분야 : 리더십 테크닉과 개인의 효과성 분야의 국제적인 전문가. 최근까지 유타 주립 대학교 존 M. 헌츠먼 경영 대학원의 교수로 재직했다.

주요 업적 : 종교 생활의 원칙을 관리 법칙에 적용해 관리자들을 위한 자기 훈련 접근 방식 권장

주요 저서 : 《성공하는 사람들의 7가지 습관(*The 7 Habits of Highly Effective People*)》(1989), 《인간관계의 영적 뿌리(*Spiritual Roots of Human Relations*)》(1970), 《거룩한 중심(*The Divine Center*)》(1982), 《원칙 중심의 리더십(*Principle Centered Leadership*)》(1992), 《소중한 것을 먼저 하라(*First Things First*)》(로저 메릴, 레베카 메릴과 공저, 1994), 《7가지 습관 실천하기(*Living the Seven Habits*)》(2000), 《성공하는 사람들의 여덟 번째 습관(*The 8th Habit : From Effectiveness to Greatness*)》(2004), 《내 안의 리더─전 세계 학교와 부모들은 어떻게 한 번에 한 아이에게 위대함을 불어넣는가(*The Leader in Me─How Schools and Parents Around the World are Inspiring Greatness, One Child at a Time*)》(2008)

스티븐 코비는 누구인가

코비는 유타 대학교, 하버드 대학교, 브리검 영 대학교(Brigham Young University)에서 각각 경영관리학 학사, 석사, 그리고 종교교육학 박사 학위를 받았다. 브리검 영 대학교에서는 경영 관리학과 조직행동학 교수를 역임했다. 《성공하는 사람들의 7가지 습관》은 38개 언어로 번역되어 2천만 부 이상 판매되었다.

코비는 왜 유명한가

예수 그리스도 후기 성도 교회(모르몬교)의 신자인 코비는 하버드 대학원 재학 당시 보스턴 코먼(Boston Common) 공원에서 이따금 설교를 하던 시절에 독창적인 연구를 시작했다. 훗날 자신의 교회에서 교육 선교를 담당하는 동안 《거룩한 중심》을 쓰기 위한 토대를 마련했다.

이 책에서 그는 어휘를 좀 더 익숙한 아이디어와 개념으로 바꿈으로써 비모르몬 교도들에게 모르몬교의 진리를 전달했다. 《거룩한 중심》은 7년 후에 발표되는 《성공하는 사람들의 7가지 습관》을 위한 예행연습이나 다름없었다. 《성공하는 사람들의 7가지 습관》은 예수님을 삶의 중심으로 삼는 원칙을 보여주고, '안전', '인도', '지혜', '힘' 같은 열두 가지 중심을 검토하는 대신, 우리가 발전할 수 있는 방법을 세속적인 관점에서 살펴보았다.

이런 개념을 통해 코비는 〈타임〉지가 선정한 미국에서 가장 영향력 있는 25인 가운데 한 명으로 뽑혔으며, 《성공하는 사람들의 7가지 습관》

은 〈포브스〉의 가장 영향력 있는 20세기 비즈니스 도서로 선정되었다. 2010년 코비는 유타 주립 대학교 존 M. 헌츠먼 경영 대학원의 종신 교수로 임명되어 '원칙 중심적인 리더십'을 발휘해 학생들을 가르쳤다.

개념

《성공하는 사람들의 7가지 습관》은 다음과 같은 아리스토텔레스의 명언으로 시작한다.

"우리가 반복적으로 행하는 일이 우리의 모습을 결정한다. 따라서 탁월함은 행동이 아니라 습관이다."

코비의 핵심 개념은 흔히 지지부진하고 고통스러운 과정이지만 우리가 특정한 습관들을 바꿈으로써 효과성을 높일 수 있다는 것이다.

코비가 묘사한 효과성을 위한 일곱 가지 습관을 기르려면 성격 발전의 단계를 거쳐야 한다. 습관 1에서 습관 3까지는 '개인의 승리'를 구성하며, 이 단계에서 우리는 자기 삶에 책임을 지면서 의존에서 독립으로 발전한다. 습관 4에서 습관 6까지는 '대인 관계의 승리'를 얻는 단계이다. 일단 독립적인 존재가 된 다음, 우리는 다른 사람들과 서로 의존하며 더불어 성공하는 법을 배운다. 일곱 번째 습관은 정기적으로 우리의 몸과 마음, 영혼을 쇄신하면서 이 모든 일을 성취한다.

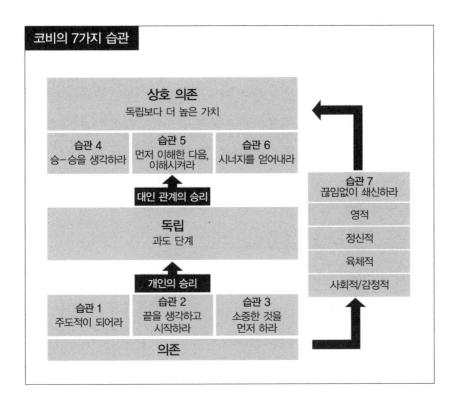

습관 1 : 주도적이 되어라

이 습관은 환경의 희생자가 되기보다는 사건들을 통제하는 방법을 탐구하는 일과 관련이 있다. 코비는 다음과 같은 표현을 얼마나 자주 이용하는지 주목함으로써 주도적인 습관이 있는지 스스로 시험하라고 제안했다.

'나는 원래 그래.' = 내가 할 수 있는 일은 아무것도 없다.
'저 사람 때문에 미치겠어!' = 나의 감정적인 생활을 통제할 수가 없다.
'그 일을 해야 해.' = 내게는 자신의 행동을 선택할 자유가 없다.

습관 2 : 끝을 생각하고 시작하라

코비는 이 단계에서 환경이 변화하더라도 올바른 방향으로 계속 전진할 수 있도록 사명 선언문을 작성하고, 자신을 리드하는 습관을 기르라고 조언했다. 이 습관을 기르면 최종 목표와 관련된 활동에 대부분의 에너지를 집중하고 주의가 산만해지는 일을 피하면서 좀 더 주도적으로 행동하고 성공할 수 있다.

습관 3 : 소중한 것을 먼저 하라

습관 2는 자기 리더십에 관한 것인 반면, 이 습관은 자기 관리와 관련이 있다. 코비의 표현을 빌리면, 리더십이란 "소중한 것을 결정하는 일이며, 관리란 맡은 프로그램을 실행하는 원칙이다". 또한 코비는 '시간 관리'는 잘못된 표현이라고 지적한 피터 드러커의 말을 인용했다.

우리가 무슨 일을 하든지 간에 우리가 가진 시간은 무궁무진하다. 우리의 도전은 자신을 관리하는 일이다. 유능한 관리자가 되려면 우선순위를 체계화하고 실천해야 한다.

코비는 '중요함'과 '긴급함'을 기준으로 나눈 '네 사분면의 임무'라는 개념을 도입했다.

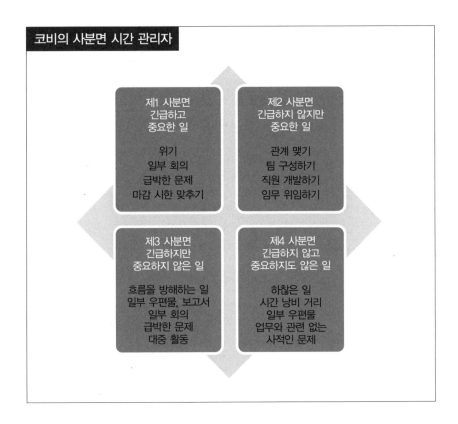

코비의 사분면 시간 관리자

제1 사분면
긴급하고
중요한 일

위기
일부 회의
급박한 문제
마감 시한 맞추기

제2 사분면
긴급하지 않지만
중요한 일

관계 맺기
팀 구성하기
직원 개발하기
임무 위임하기

제3 사분면
긴급하지만
중요하지 않은 일

흐름을 방해하는 일
일부 우편물, 보고서
일부 회의
급박한 문제
대중 활동

제4 사분면
긴급하지 않고
중요하지도 않은 일

하찮은 일
시간 낭비 거리
일부 우편물
업무와 관련 없는
사적인 문제

보고서, 회의, 전화, 흐름을 방해하는 일, 그리고 이따금 발생하는 진정한 위기는 제1 사분면과 제3 사분면에 속한다. 제4 사분면 활동에 시간을 낭비하는 사람이 있다면, 그는 기필코 실패하겠다고 작정한 사람이다. (제4 사분면과 습관에서 추천한 활동을 혼동하지 마라. 이들은 모두 삶의 계획표에 포함시켜야 할 제2 사분면의 임무들이다.)

코비는 제2 사분면의 임무에 시간을 할애할 방법을 추천했다. 다음 일주일 동안 반드시 달성해야 할 두세 가지 중요한 결과를 적는다. 이 목표 가운데 적어도 몇 가지는 제2 사분면 활동이어야 한다.

목표를 마음에 새기고 다음 한 주를 내다보며 매일 목표를 달성하기 위한 시간을 계획하라. 핵심 목표를 위한 시간을 할애한 다음, 다른 모든 일에 투자할 시간이 얼마나 남았는지 확인하라. 여러분의 성공 여부는 얼마나 적극적이고 단호하게 자신의 가장 중요한 우선순위를 지키는지에 달려 있다.

습관 4 : 승-승을 생각하라

코비의 표현을 그대로 옮기면, "승-승이 아니면 거래하지 마라". 이는 그가 '인간 상호 작용의 패러다임' 이라고 일컬었던 한 가지 요소이다. 다른 요소들(승-패, 패-승, 패-패)은 모두 피해야 한다.

그는 다음과 같은 태도를 취해야 한다고 조언했다.

"나는 승리하기를 원하고, 당신도 승리하기를 원한다. 만일 우리가 이런 상황에서 무언가 얻어내지 못한다면 이번에는 거래하지 말기로 합의하자. 후일을 도모할 수 있을 것이다."

승-승은 모든 사람이 많은 것을 얻을 수 있으며, 승-패의 대립이 아니라 협력적인 접근 방식에 더욱 자연스럽게 성공이 따를 것이라는 가정을 토대로 삼는다. 간단히 말해 삶에 대한, 반쯤 찬 유리잔이나 반쯤 빈 유리잔을 대하는 태도를 미묘하게 변화시킨 것이다.

습관 5 : 먼저 이해한 다음, 이해시켜라

이 습관을 기르는 과정에서 핵심 단어는 '경청'이다. 동료, 가족, 친구, 고객의 말을 경청하라. 그러나 코비가 밝혔듯이, '대꾸하거나 설득하거나 조종하겠다는 의도가 없어야 한다. 단지 상대방을 이해하고 그가 사물을 보는 방식을 알기 위해 경청하라'.

코비는 이 과정에서 감정 이입이라는 기술을 강조했다.

"감정 이입은 동정과는 다르다. 동정은 일종의 합의, 즉 판단이다. 감정을 이입하는 경청의 핵심은 여러분이 상대방에게 동의한다는 사실이 아니라, 그를 감정적·지적으로 완전히 이해한다는 사실이다."

습관 6 : 시너지를 얻어내라

시너지는 과대평가된 인수 전략으로 이용되면서 혹평을 받았다. 사람들은 로이즈(Lloyds)가 HBOS를 인수하면 '재원 조달 비용에서 중대한 장점과 시너지'를 얻을 수 있으며, 따라서 로이즈를 위해 확실히 합리적인 전략이라고 주장했다. 2008년 9월 당시의 견해는 그러했다. 그러나 3년이 지난 다음에도 이런 장점은 그리 뚜렷이 나타나지 않았다.

하지만 코비는 창조적인 협력 —전체가 부분의 합보다 더 크다는 원칙— 을 통해 '다른 사람의 공헌에서 좋은 점과 잠재력을 볼 수 있다.'는 의미로 시너지를 이용했다. 이 습관을 기르면 2 더하기 2는 5보다 많다는 식의 결과를 꾸준히 얻을 수 있다.

습관 7 : 끊임없이 쇄신하라

코비는 숲속에서 나무를 베고 있는 한 남자를 만났다고 상상하라는 이야기로써 이 습관을 설명했다.

여러분이 이렇게 소리친다.

"무척 피곤해 보이시는군요. 얼마나 오랫동안 나무를 베고 계신 겁니까?"

남자는 이렇게 대답한다.

"다섯 시간이 넘었네요. 정말 지쳤습니다. 힘들어요."

"몇 분 쉬면서 톱을 갈면 어떨까요? 그러면 일이 더 빨라질 텐데요."

여러분이 말하자, 남자가 안타까워하며 대답했다.

"시간이 없어요. 톱질하느라 너무 바쁘거든요."

습관 7은 톱을 갈 시간을 내는 것이다. (여러분이 톱이다) 이는 다른 모든 일을 이룰 수 있는 자기 쇄신의 습관이다. 코비는 자아를 영적, 정신적, 육체적, 그리고 사회적·감정적 자아 등 네 부분으로 해석했다. 모두 자양분을 제공하고 발전시켜야 한다.

실제 활용 사례

일곱 가지 습관의 기본 개념은 탁월하고 기발한 시간 관리 전략처럼 보인다. 그런 까닭에 1997년 코비는 시간 관리 연수 세미나와 상품을 제공하는 일류 기업 프랭클린 퀘스트 사(Franklin Quest Co)에 합류했다.

신생 기업인 프랭클린 퀘스트 사는 뉴욕 증권 거래소에서 주목을 받으며, 〈포춘〉지 선정 100대 기업 가운데 82개 기업, 그리고 500대 기업 가운데 3분의 2가 넘는 기업, 그 밖에도 수천에 이르는 다른 기업과 모든 단계의 정부 단체를 고객으로 확보하고 있다. 몇 가지 예를 들면, AT&T, 딜로이트 앤드 투셰, 새턴, 포드, 메리어트, 제록스, 머크, 다우 케미컬, 공병단 그리고 에너지부 같은 조직이 '일곱 가지 습관' 접근 방식에 매료되었다.

이 책의 지배적인 전제는 효과성을 높이려면 어떤 사건을 대하는 태도를 바꾸어야 한다는 것이다. 인생에서 만나게 되는 마음에 들지 않는 대상을 두고 불평할 수도 있지만, 그것을 바꾸기로 결심할 수도 있다. 이 책이 개인 재정과 결혼 상담에 이르기까지 모든 주제를 위한 포괄적인 모형으로 채택된 것은 그리 새삼스럽지 않다.

관련 이론

코비는 《성공하는 사람들의 7가지 습관》을 쓰기 위해 준비하는 과정에서 자기 계발과 민중 심리에 관한 수백 권에 이르는 책, 기사, 에세이 등, 1776년 이후 미국에서 출간된 성공 관련 자료를 모조리 읽었다.

그는 '건국 이후 약 150년 동안 미국을 건설하는 데 일조한 거의 모든 글에서 품성을 성공의 토대로 꼽았다.'는 사실에 주목했다. '품성 윤리 (character ethic)'라고 부를 수 있는 자료가 미국인들이 성실함, 겸손함, 충실함, 절제, 용기, 정의, 인내심, 근면성을 기르도록 도운 것이다.

초창기의 자기 계발 도서에 비하면 사회적 이미지 의식, 테크닉, 임시

해결책이 넘치는, 지난 50년 동안의 책들이 피상적으로 보일 수도 있다. 이 책들에서는 품성 윤리가 아니라 개성 윤리로부터 해결책을 얻어낸다.

코비가 남달리 주목을 받은 이유는, 그의 저서가 쉽게 접할 수 있는 통합적인 방식으로 습관을 더 바람직하게 변화시키는 난공불락의 분야에 접근했기 때문이다. 코비는 전문가들이 폭넓은 분야의 관련 개념을 위해 개발한 접근 방식을 토대로 자신의 개념을 제시했다.

'시간을 제외한 거의 모든 자원은 더욱 효과적으로 이용할 방법이 존재한다는 근거에 따라 시간을 할당하는 방법'에 초점을 맞춘 피터 드러커의 《자기 경영 노트(The Effective Executive)》(1966)는 습관 3과 관련이 있다.

1955년 미국 심리학자 조지프 루프트(Joseph Luft)와 해리 잉엄(Harry Ingham)이 고안한 것으로 일명 '자기 인식의 노출/피드백 모형'으로 불리는 조해리 창(Johari Window) 모형은 습관 5에 대한 코비의 개념에 적용된다.

독일 태생의 MIT 교수인 쿠르트 레빈(Kurt Lewin)은 집단 역학과 조직에서 변화를 일으킬 수 있는 최선의 방법에 대한 자신의 연구를 이용해 습관 6에 대한 코비의 개념을 지지했다.

1943년 〈심리학 리뷰(Psychological Review)〉에 발표된 '특정한 시점의 장(場) 정의하기(Defining the Field at a Given Time)'에서 레빈은 현재 '역장(力場) 분석'이라고 알려진 이론을 설명했다. 코비는 이를 '억제 요인(부정적, 감정적, 비논리적, 무의식적, 사회적·심리적 요인)'과 '추동 요인

(긍정적, 합리적, 논리적, 의식적, 경제적 요인)' 으로 나누었다.

오늘날의 유효성

코비의 개념은 시대의 검증을 이겨냈다. 그는 어떤 상황에서도 다음과 같이 말하며, 자신이 제시한 개념이 특별히 옳다고 주장하지 않는다.

"사실 나는 일곱 가지 습관을 창조하지 않았다. 그것은 보편적인 원칙이며, 내가 쓴 내용은 대부분 그저 일반 상식일 뿐이다. 그래서 이론가처럼 대접받는 것을 그리 좋아하지 않는다."

코비는 여덟 번째 습관을 추가해서 온전히 '효과적인 것을 넘어 위대해지기' 라는 주제만 다룬 책을 발표했다. 코비는 이 책에서, '위대함을 개발하는 일은 인간의 네 가지 특성, 즉 재능과 욕구, 양심과 열정의 적절한 균형을 찾음으로써' 효과적인 것을 넘어 위대함의 영역으로 진입하는 것이라고 주장한다.

코비의 저서는 분명 어려운 전문 서적이 아니다. 그는 다만 사람들이 습관을 바꿈으로써 삶을 향상시키는 일상적인 사례를 바탕으로 성공으로 향하는 지도를 제공한다.

Peter Drucker

By Colin Barrow

이름 : 피터 F. 드러커

출생 : 1909년 사망 : 2005년

전문 분야 : 경영 컨설팅

주요 업적 : 목표 관리 개념

주요 저서 : 《경영의 실제(*The Practice of Management*)》(1954)

피터 드러커는 누구인가

드러커는 경영자를 과학자나 의사와 비슷한 전문직으로 바꾼 인물로 인정받는다. 오스트리아와 영국에서 수학한 드러커는 1929년 〈프랑크푸르트 게네랄 안차이거(*Frankfurter General-Anzeiger*)〉에서 재정 담당 기자로 일하기 시작했다. 언제나 아웃사이더, 다시 말해 학자보다는 작가로 생각되는 드러커의 책은, 기자로서 갈고닦은 그의 재능 덕분에 일반적인 경영 대학원 학술 도서에 비해 접근하기가 수월하다.

1933년 독일을 떠난 드러커는 영국을 거쳐 1937년 미국으로 이주했고, 그곳에서 영국의 한 신문사 연합의 특파원으로 일했다. 1939년 뉴욕 사라 로렌스 대학에서 시간 강사로 일하며 생애 처음으로 학생들을 가르쳤다. 그 후 2002년 봄, 마지막 강의를 할 때까지 평생 교직에 몸담았다. 1942년에는 정치학과 철학 교수로 버몬트의 베닝턴 대학 교수진에 합류했다. 이곳에서 2년 동안 제너럴 모터스(GM)의 경영 구조를 연구할 기회를 얻었다.

《경제인의 종말(*The End of Economic Man*)》(1939)부터 조지프 A. 마시아리엘로와 공동 집필해 2006년 유작으로 발표된《행동하는 유능한 경영인(*The Effective Executive in Action*)》에 이르기까지 그의 저서 39권은 30개 이상의 언어로 번역, 발표되었다.

드러커는 왜 유명한가

드러커는 GM을 연구한 경험을 바탕으로《법인의 개념(*Concept of the*

Corporation)》을 발표했다. 그는 이 책에서 명령과 통제가 아니라 위임을 이용해 기업을 경영하는 분권화된 조직의 개념을 소개했다. 이 책은 미국과 일본에서 모두 베스트셀러가 되었지만, GM은 대체로 이 책에 실린 교훈을 무시했고, 심지어 이 책을 읽는 것이 경력을 향상시킬 전략은 아니라는 뜻을 암시하기도 했다. 하지만 드러커는 이 책을 발판으로 탁월한 경영 컨설턴트로서 첫발을 내디뎠다.

1950년 드러커는 뉴욕 대학교 경영 대학원에서 강의를 맡아 1971년까지 가르치면서 스스로 판단하기에 최고의 성과를 거두었다. 수많은 매력적인 저서들 가운데 첫 번째 꼽을 책은 1954년에 발표한《경영의 실제》이다. '비즈니스란 무엇인가'와 '성장 관리하기' 같은 장으로 구성된 이 책은 현역 경영인들을 대상으로 발표한 저서이다.

이 책에서 드러커는 실제로 용어를 쓰지는 않았지만, '목표 관리 (management by objectives/MBO)'라는 개념을 소개하고 널리 알렸다. 드러커의 전기 작가 존 태런트에 따르면, 드러커는《제너럴 모터스와 함께한 나의 삶(*My Years with General Motors*)》의 작가 앨프리드 슬론에게서 MBO라는 용어를 처음 들었다.《제너럴 모터스와 함께한 나의 삶》은 드러커의 작품이 발표되고 10년이 훨씬 넘은 1963년에 출간되었다.

슬론은 MBO 과정을 '목표 관리와 자기 통제'라고 설명했고, 그의 제자였던 조지 S. 오디온은 1969년에《목표 관리 결정(*Management Decisions by Objectives*)》이라는 책을 발표했다. 하지만 이 무렵 MBO는 이미 핵심 개념으로 확고하게 자리를 잡아 수많은 모방작과 아류가 양산되어 있었다.

드러커는 조직하기, 동기 부여하기, 의사 전달하기, 성과 평가 수단 결정하기, 인재 개발하기 등을 관리의 다섯 가지 기본 원칙으로 꼽았다.

개념

MBO를 뒷받침하기 위해 제시한 여러 개념들과 드러커의 다른 저서들은 다음과 같은 믿음을 토대로 삼았다.

1. 기업의 일차적인 책임은 수익을 얻는 것이 아니라 자사 고객에게 봉사하는 것이다. 그렇지만 기업이 살아남으려면 반드시 수익을 거두어야 한다. 따라서 한 가지 가치가 아니라 다양한 욕구와 목표의 균형을 맞춤으로써 기업을 관리해야 한다.
2. 드러커는 직원을 비용이 아니라 자산으로 생각하고, 직원이 조직의 가장 소중한 자원이라고 주장했다. 그는 직원을 진보적인 경제에서 성공을 거두는 핵심 요소라고 판단하고, 최초로 '지식 근로자(knowledge worker)'라는 용어를 사용한 사람으로 손꼽힌다. 관리자의 임무는 사람들에게 업무를 수행할 도구를 제공하는 것이다. 드러커는 '위대한 기업은 인류의 가장 고귀한 발명품에 속한다.'고 믿었다. 하지만 위대한 기업이 되려면 직원들과 그들이 활동하는 지역 사회의 소망, 욕구 그리고 책임을 이해해야 한다.
3. 드러커는 명령 사슬을 따라 명령을 하달하는 구태의연한 명령과

통제 모형이 아니라, 분권화가 조직을 운영하는 더 효과적인 방법
이라고 믿었다. 그는 직계 간소화 조직의 초창기 옹호자였다.

4. 드러커는 간소화를 장점이라고 보았으나 이 장점을 잃어버린 기업
이 많다고 생각했다. 기업은 대체로 지나치게 많은 제품을 생산하
고 부서를 확대해 어쩔 수 없이 아웃소싱을 하며, 확실히 이해하지
못하는 분야로 확장한다. 드러커는 세 가지 질문을 제시했는데, 조
직이 흔들리지 않고 올바른 방향으로 나아가려면 이 질문에 대한
해답을 얻어야 한다. 이 질문들은 현재 경영 컨설턴트의 첫 번째 고
객 회의에서 일반적으로 가장 먼저 의논하는 문제이며 모든 목표의
척도이다.

a. 우리는 어떤 회사인가?
b. 우리의 고객은 누구인가?
c. 우리의 고객은 무엇을 소중하게 여기는가?

5. '계획된 폐기(planned abandonment)'의 필요성. 어떤 기업이든 어
제의 업적을 무용지물로 여기고 폐기하기보다는 떠벌리고 싶어 하
는 낙오자들이 있다. 드러커는 조직이 정기적으로, 예를 들면 3년
에 한 번씩 모든 기능, 제품, 서비스, 프로세스, 기술, 시장을 철저
하게 검토하고, 더 이상 쓸모없는 말라죽은 가지라면 과감히 잘라
내라고 조언했다.

6. 드러커는 생각하지 않고 행동하는 것이 모든 실패의 원인이라고 지적하면서 생각하기를 리더의 역할로 꼽았다. 관리는 일을 올바르게 수행하는 것인 반면, 리더십은 올바른 일을 수행하는 것이다.

7. 드러커는 적절한 질문을 제시하는 것을 위대한 관리자의 중대한 기술이라고 보았다. 다음의 짧은 인용구에서 그의 견해를 일목요연하게 확인할 수 있다. "중요하고 어려운 임무는 정답을 찾는 일이 아니라 올바른 질문을 찾는 일이다. 잘못된 질문에 대한 올바른 해답만큼 (위험하지는 않을지언정) 쓸데없는 것은 드물다."

드러커는 128쪽 그림에서 설명하듯이 목표 관리(MBO)가 다섯 가지 핵심 단계로 구성된다고 생각했다.

첫 번째는, 직원들에게 그들이 거두어야 할 성과는 물론이고 역할과 책임을 명확히 전달하는 단계이다. 드러커는 리더의 주된 임무를 조직의 사명과 비전을 정의하는 일이라고 보았다. 이 단계를 명확하게 수행하지 못하는 조직이라면 조직에서 일하는 사람도 명확하지 않을 것이다. 드러커는 이런 식으로 프로세스를 시작할 때 조직이 얻을 수 있는 세 가지 중대한 장점을 밝혔다.

· 목표 수립 과정에 직원들을 참여시키면 직원들의 권한, 업무 만족도, 목표를 성취하려는 헌신도가 증가한다.
· 자신의 활동이 조직의 목표 성취와 어떤 식으로 연결이 되는지 이해하면,

사람들이 어디에서, 왜 협력해야 하는지 파악하기가 더 쉬워진다.

• 더 높은 단계의 관리자들은 부하 직원들이 합의된 방향으로 모두 줄지어 가고 있다는 사실을 확인할 수 있다.

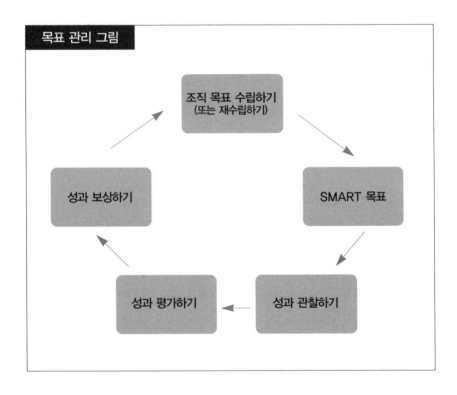

목표 관리 그림

MBO의 두 번째 단계는, 책임지고 목표를 성취해야 할 사람들에게 조직의 목표를 폭포처럼 떨어뜨리는 일이다. 비록 '폭포처럼 떨어뜨린다.'는 표현을 썼지만, 사실 이것은 이 과정에는 어울리지 않는다. 어쨌든 조직의 사명을 달성하기 위해서는 전 직원이 목표를 위해 어떤 식으로든 노력해야 한다는 것은 자명한 사실이다. 그러나 드러커는 이 과정을 효과적으로 진행하기 위해 책임을 지고 성취할 수 있는 목표에 합의해야 한다고 판단했다. 비록 SMART를 《경영의 실제》에서 구체적으로 언급하지는 않았지만 그 개념은 확실히 다루었다. 그는 다음 요소들을 포함해 그 폭포가 실제로 움직여야 한다고 말했다.

- **구체적인 목표**(Specific) : 드러커는 불확실한 목표를 반대했다. 명확한 목표만이 발전 과정을 관찰할 수 있는 유일하게 신뢰할 만한 방법이기 때문이다.
- **측정할 수 있는 목표**(Measurable) : 구체성이 떨어지는 목표보다는 판매 목표처럼 측정이 가능한 활동을 성취할 가능성이 더 높다. 드러커는 측정이 가능한 일이 성취된다는 개념을 채택한 선두 주자이다.
- **성취할 수 있는 목표**(Achievable) : 성취할 수 있는 목표를 세우면 책임자가 목표를 성취하는 과정에 지원을 받기가 더 쉬워진다.
- **현실적인 목표**(Realistic) : 현실적인 목표를 세우면 지나치게 열정적인 직원이나 무모할 정도로 야심만만한 상사에게 한계를 정해줄 수 있다.
- **기한을 정한 목표**(Time related) : 이는 목표를 계획 순환의 기간과 연결함으로써 중대한 제약을 부가한다.

세 번째는, 합의된 목표를 기준으로 성과를 관찰하는 단계이다. 이 단계에서 측정이 가능한 목표를 세우고, 이를 기준으로 보고할 시스템을 마련해야 할 필요성이 더욱 절실해진다.

네 번째 단계에서는, 합의된 목표를 기준으로 성과를 평가한다. 아무리 유능하고 헌신적인 사람이라도 원하는 성과를 100% 달성할 수 없으므로 매우 중요한 단계이다. 이 단계에서 목표의 토대가 되는 가정을 고려해야 한다. 예컨대 조직이, 경제가 성장할 것이라고 가정했으나 신용경색으로 말미암아 세계 경제가 침체된다면 원래 목표는 당연히 현실성 시험을 통과하지 못할 것이다.

다섯 번째 단계의 토대는, 측정이 가능한 일을 성취한 뒤 보상을 받으면 그 일을 다시 성취한다는 개념이다. 그러면 조직은 한 주기를 끝내고 원점으로 돌아가 다음 기간을 위해 새로운 목표를 수립한다.

실제 활용 사례

전 세계 기업들이 MBO를 성공적으로 활용했다. 비록 드러커는 제너럴 모터스의 기피 대상이었지만, MBO는 미국의 수백 개의 대기업을 비롯해 수만에 이르는 세계 각지의 기업에서 상당히 중대한 문화의 요소가 되었다.

드러커는 일본에서 큰 인기를 누렸는데, 일본은 기업이 단순한 수익 창출자가 아니라 직원들의 신뢰와 존중을 토대로 세워진 공동체라는 드러커의 기업관에 매료되었다.

1957년 MBO는 널리 찬사를 받은 휴렛 패커드(HP)의 경영 철학인 'HP 방식'의 핵심 부분으로 알려지면서 대세가 되었다. 휴렛 패커드의

2010년 순수입은 2009년 1,150억 달러에서 1,260억 달러로 상승했다.

빌 휴렛과 함께 HP를 창립한 데이브 패커드는 1995년 《빌 휴렛과 나는 어떻게 HP를 세웠는가(*How Bill Hewlett and I Built the Company*)》에서 MBO에 대해 다음과 같이 말했다.

HP의 성공에 이보다 더 큰 공헌을 한 운영 방침은 없다. (중략) MBO는 통제 관리에 상반되는 개념이다. 후자는 엄격히 통제된 군대 방식의 경영 시스템을 뜻한다. (중략) 반면 목표 관리는 전체 목표를 명확히 설명하고 합의하는 시스템으로, 각자 맡은 책임 영역에 가장 적합하다고 판단되는 방식으로 일할 수 있는 융통성을 직원들에게 제공한다.

목표 관리의 영향에 대해 30년 동안 실시한 연구를 포괄적으로 검토한 한 조사('조직 생산성에 목표 관리가 미친 영향', R. 로저스, J. E. 헌터, 〈응용 심리학 저널(*Journal of Applied Psychology*)〉, 76(2), 1991년 4월호, 322~336쪽)에서 70건 가운데 68건의 연구가 목표 관리를 통해 생산성이 증가했다고 입증한 반면, 감소했다는 연구는 2건에 지나지 않았다. 두 저자들은, CEO가 MBO를 전적으로 믿고 채택한 기업은 평균 생산성이 56% 증가했다고 결론을 내렸다. CEO가 MBO를 미온적으로 실시했던 기업조차도 생산성이 6% 상승했다.

관련 이론

드러커는 목표 관리가 자신이 창조한 개념이 아니며, 미국 엔지니어인 프레드릭 윈슬로 테일러(Frederick Winslow Taylor)와 다른 사람들의 연구를 많이 활용했다고 솔직하게 인정했다.

테일러는 '시간이 돈'이라는 문구를 처음 사용한 인물이며, 기본 경영 활동을 실행하는 '한 가지 최선의 방법'으로 선발, 장려, 보상, 훈련, 생산을 제시한 선구자였다.

테일러의 뒤를 이어 프랑스 광산 회사의 유능한 전무 이사인 앙리 파욜(Henri Fayol)은 경영의 열네 가지 원칙을 개발하고, 관리자의 다섯 가지 주된 역할을 제시했다. 그러나 자신이 제시한 열네 가지 원칙이 완벽하거나 보편적으로 적용할 수 있는 목록은 아니라고 인정했다.

거의 10년이 지난 후 미국 출신의 루터 굴릭(Luther Gulick)과 영국의 경영 컨설턴트 분야를 개척한 린달 어윅(Lyndall Urwick)은 파욜의 목록을 확대해 일곱 가지 경영 활동을 제시하고, POSDCORB라는 머리글자로 요약했다.

- **계획**(Planning)
- **체계화**(Organizing)
- **직원 채용**(Staffing)
- **지휘**(Directing)
- **조정**(Co-ordinating)

- **보고**(Reporting)

- **예산 편성**(Budgeting)

드러커는 이런 개념을 수립해서 관리자들이 쉽게 이해하고 활용할 수 있는 언어와 절차로 바꾸는 재능의 소유자였다.

오늘날의 유효성

오늘날 관리자들은 대부분 MBO를 목표 관리보다는 관리 매수 (management buy-out)라는 의미로 이해한다. 드러커는 이런 현상에 그리 달가워하지 않을 것이다. 그는 인수 재벌이 판을 치던 시기에 무모한 합병에 반대하는 운동을 추진했다. 하지만 드러커 자신도 다음과 같은 말로써 MBO를 만병통치약이라고 생각지 않는다는 뜻을 밝혔다.

"여러분이 목표를 안다면 목표 관리가 효과적이다. 하지만 90%의 경우 여러분은 목표를 모른다."

오늘날의 관리자들은 예전과 똑같은 일을 하면서 훨씬 더 복잡한 비즈니스 도구를 이용하는 데 익숙할 것이다. MBO의 가장 확실한 후계자는 로버트 캐플런(Robert Kaplan)과 데이비드 노튼(David Norton)이 개발한 균형 성과 기록표(balanced scorecard)이다. 1992년 〈하버드 비즈니스 리뷰〉는 균형 성과 기록표를, '업무 활동을 조직의 비전이나 전략과 조율하고, 내·외부 커뮤니케이션을 개선하며, 전략적 목표를 토대로 조직의 성과를 관찰하기 위한 관리 과정'이라고 소개했다.

드러커도 이 견해에 이의가 없을 것이다. 드러커의 철학에 따르면, 경영은 인문학이다.

"경영은 사람들, 그들의 가치관과 성장과 발전, 사회 구조, 지역 사회, 심지어 영적 관심사…… 인간, 그리고 선과 악의 본질까지 다룬다."

이런 문제들에 대해서는 한동안 논의가 계속될 것으로 보인다.

Tim Ferriss

By Robert Craven

이름 : 티모시 페리스

출생 : 1977년

전문 분야 : 기업가 정신, 글쓰기, 대중 연설, 투자

주요 업적 : 《4시간(The 4-Hour Workweek)》 발표, 기술 기업과 건강 관련 분야에 대한 투자 활동

주요 저서 : 《4시간(The 4-Hour Workweek : Escape 9-5, Live Anywhere and Join the New Rich)》 (2007), 《포 아워 바디(The 4-Hour Body)》(2010)

팀 페리스는 누구인가

팀 페리스는 미국 기업가, 대중 연설가 겸 작가이다. 자신의 교훈을 '라이프스타일 디자인(lifestyle design)'이라고 표현하며, 파레토 원칙(Pareto principle)과 파킨슨 법칙(Parkinson's Law)을 직장 생활과 개인 생활에 적용했다.

《4시간》을 발표하기 전에 페리스는 대중에게 거의 알려지지 않았으나 이 책 한 권으로 상황은 완전히 바뀌었다. 이 책은 생활 방식에 대한 사람들의 기본적인 가정에 도전을 제시했다. 페리스는 살아 있는 사례 연구나 다름없다. 그는 《4시간》에 담긴 원칙과 테크닉을 자신에게 적용함으로써 〈뉴욕 타임스〉와 〈월 스트리트 저널〉의 베스트셀러 작가 반열에 올랐다.

페리스는 왜 유명한가

페리스는 자신의 이론을 스스로에게 적용해 '호화로운 라이프스타일'을 누리는 인물로 알려져 있으며, 독자들도 단계별 과정을 거쳐 자신과 똑같은 성과를 거둘 수 있다고 주장했다. 그는 23세에 스포츠 영양제 기업인 브레인 퀴큰(Brain-Quicken)을 설립했고, 2009년 런던에 본사를 둔 사모 펀드 회사에 매각했다.

또한 그는 1분 내에 최다 연속 탱고 회전을 한 기록으로 〈기네스북〉에 올랐다. 1999년 USAWKF 샌드슈(중국 킥복싱)에서 전국 챔피언이 되기도 했다. 2008년에는 〈와이어드〉지에서 선정하는 '역사상 가장 위대한 자기 홍보가'로 뽑혔고, 〈패스트 컴퍼니〉의 '2007 가장 혁신적인 사업가'로 선정되었다.

2007년에는 《4시간》을 출간하였는데, 이 책은 라이프스타일 변화를 위한 성명서였으며, 페리스 자신이 바로 이 변화를 이룩한 이상적인 증거였다. 그는 기술이 점점 복잡해지는 세상에서 손에 넣을 수 있는 도구를 이용해 효율성을 높이고, 자신이 진정으로 원하는 일에 시간을 투자해야 한다고 주장했다. 실제 세계에서 현실적인 목표를 시간 관리와 더불어 효과성과 결합시킨 셈이다.

개념

《4시간》은 '호화로운 라이프스타일'을 위한 단계별 지침을 제시한다. 이 책의 뒤표지에는 이렇게 쓰여 있다.

"직장을 그만두고 싶은 사람이 아니라면 이 책을 읽지 마라. 은퇴와 뒤로 미루어둔 인생 계획이라는 구태의연한 개념 따위는 잊어라. 기다릴 필요도, 하지 않을 이유도 없다."

페리스는 DEAL이라는 머리글자를 이용해서 다음을 의미하는 네 장을 설명했다.

- **정의**(Definition)
- **제거**(Elimination)
- **자동화**(Automation)
- **해방**(Liberation)

정의(Definition)의 'D'

페리스는 잘못 알려진 일반 상식을 뒤엎고 새로운 게임의 규칙과 목표를 도입했다. 그는 부정적인 추측을 대체하고 상대적 부와 유스트레스(eustress : 이로운 스트레스) 같은 개념을 설명했다. 정의의 핵심은 자신이 진정으로 원하는 것을 이해하고 두려움을 극복하며, 사회가 제시한 과거의 '기대'를 초월하고 진정으로 원하는 곳에 도달하기 위해 치러야 할 대가를 파악하는 것이다. 이 부분에서는 아래의 세 요소를 덧붙이기에 앞서 라이프스타일의 구성 방안을 설명한다.

제거(Elimination)의 'E'

페리스는 시간 관리라는 진부한 개념을 깨뜨린다. 파레토 원칙(80/20 법칙)을 적용해 대다수 성과에 도움이 되는 업무에 초점을 맞춘다. 즉, 선택적으로 무시하는 습관을 기르거나, 정보 다이어트를 진행하거나, 중요하지 않은 일은 전반적으로 무시하는 등 언뜻 보면 상식에 어긋나는 테크닉으로 시간당 성과를 10배 정도 높인다. 파킨슨 법칙을 이용해 한 임무에 투자하는 시간의 실제 양을 제한한다. 문제는 효율성과 효과성의 차이를 명확히 밝히는 일이며, 그런 까닭에 《4시간》에서 효과성을 전적으로 다루었다. 이 책에서 효과성을 다루는 부분에서는 호화로운 라이프스타일 설계의 세 요소 가운데 첫 번째 요소인 '시간'을 다룬다.

자동화(Automation)의 'A'

지속적이고 자동적인 수입의 원천을 창조하고 개발한다. 완성품 인도 방식의 반복이 가능한 시스템이다. 페리스는 지리학적인 중재, 아웃소싱, 무결정 규칙 등을 이용해 캐시플로를 자동 조종 장치에 맡긴다. 관련 테크닉으로는 드롭 쇼핑, 자동화, 구글 애드워즈(Google Adwords), 애드센스(Adsense) 그리고 아웃소싱을 꼽을 수 있다. 이 부분에서는 호화로운 라이프스타일 설계의 두 번째 요소인 '수입'을 다룬다.

해방(Liberation)의 'L'

삶의 성공적인 자동화와 지리적인 위치와 일로부터의 해방이다. '뒤로 미루어둔 삶'의 경로에 대한 대안으로 '미니 은퇴'라는 개념을 장려한다. '뒤로 미루어둔 삶'의 경로에서 사람들은 60대에 은퇴하기까지 9시부터 5시까지 일한다. 은퇴할 때쯤이면 너무 노쇠해 세상이 제공하는 모든 것을 누리지 못하며 야망과 열정은 식어버린다. 이것이 변화 선언이다. 흠잡을 것 없는 리모트 컨트롤과 상사 피하기 같은 개념이 소개된다. 해방은 값싼 여행이 아니라 한 장소에 사람을 구속하는 굴레를 깨뜨리는 일이다(정규직을 가진 독자라면 DELA의 순으로 단계를 진행해야 함). 이 부분은 호화로운 라이프스타일 설계의 세 번째이자 마지막 요소인 '이동성'을 제시한다.

페리스는 전자우편, 인스턴트 메시지, 인터넷 접속이 가능한 PDAs, 그 밖의 핸드헬드 모바일 도구 같은 기술이 실제로 생활을 단순화하기보다는 복잡하게 만든다고 주장했다. '시간을 절약하는' 최신 기술에 열광하던 당시로서는 획기적인 주장이었다. 그는 대신 실질적인 조력자를 고용해 개인 시간을 확보하는 방법을 제안했다.

페리스는 자신의 개념에 대해 다음과 같이 인정했다.

"내가 추천한 방식이 대부분 불가능하고, 심지어 기본적인 일반 상식에 어긋나는 것처럼 보인다. 나는 그럴 것이라고 예상한다."

"인기 있는 모든 것은 그릇되고……, 불합리하다……. 선택적으로 무시하는 태도를 기르고, 방해 요소를 차단하고, 부재 경영, 공백을 메운다. 일을 뺀 다음에 삶을 더한다."

어떤 사람은 이런 모든 것들을 두려운 도전이라고 여긴다.

페리스는 원하는 것은 무엇이든 성취할 수 있지만 사람들은 대부분 자신이 진정으로 원하는 것을 모른다고 주장했다. 이런 그의 주장은 일부 독자들을 해방시켰으나 다른 사람들이 줄곧 가졌던 추측을 위협했다. 그의 라이프스타일이나 주장이 모든 사람의 취향에 맞지는 않는다.

페리스의 주제는 프리랜서, 그리고 독립적인 사고와 생활 방식의 청사진이라 할 수 있다.

실제 활용 사례

페리스는 그 자신이 최고의 사례 연구이다. 그는 자신이 제시한 기술로 보상을 받은 스스로도 인정하는 자기 홍보가이다. 책과 블로그를 통해 다른 사람들에게 권하는 도구를 몸소 이용함으로써 성공한 자신의 경험담을 자랑한다.

《4시간》은 책과 블로그, 관련 웹사이트에서 다음과 같은 수많은 사례들과 간단한 사례 연구를 소개한다.

- 1만 달러의 광고로 70만 달러를 버는 방법
- 3개월 만에 어떤 언어든 한 가지를 배우는 방법

아울러 템플릿과 온라인 세계 일주 계획표를 제공한다. 그는 해야 할 일은 물론이고 하는 방법까지 보여준다.

이 책에서 페리스는 1주일에 80시간 일하고 1년에 4만 달러를 벌던 사람이 1주일에 4시간 일하고 1개월에 4만 달러를 버는 방법, 유명한 탈출 곡예사들이 일을 그만두지 않고 세계를 여행하는 방법, 그리고 48시간 후에 업무를 50%로 줄이는 방법을 밝혔다.

프리랜서와 자영업자에게 《4시간》 선언은 사실 거버의 전자 신화(E-Myth) 확장판이다. 페리스는 누구든지 사업에 뛰어들어 자신이 진정으로 원하는 것을 얻어낼 더욱 단순하고 효과적인 테크닉이 있는지를 모색하도록 자극했다. 이 책은 풍파를 일으켜 사람들을 혼란스럽게 만들었고, 사람들은 결국 자유를 향한 소망을 무시하거나 페리스의 몇 가지 핵심 개념을 실천해보기로 결심한다.

관련 이론

페리스는 마이클 거버(중소기업 설계와 자동화에 관한 이론)와 스티븐 코비(목표와 효과성에 관한 이론)를 결합해 강화한 인물인 듯하다.

페리스는 데이비드 슈워츠(《크게 생각할수록 크게 이룬다》)와 댄 S. 케네디(《아이디어로 백만장자 되는 법》), 마이클 E. 거버(《내 회사 차리는 법》), 그리고 랄프 포츠(Ralph Potts,《방랑》)로부터 큰 영향을 받았다고 공공연히 인정했다. 그의 저서는 다시 최근 수많은 작가들에게 영향을 미쳤다. 무엇보다 페리스는 구태의연한 추측에 도전을 제시했으며, 따라서 페리스의 영향력은 그가 세상을 떠난 다음에도 오래도록 남을 것이다.

오늘날의 유효성

최근 등장한 작가인 탓에 페리스가 '소리만 요란한 빈 수레'가 아닌지, 그의 저서가 본질보다는 문체로 주목받았는지를 둘러싸고 의견이 분분하다. 경영 대학원에서는 뻔뻔스러운 자기 계발 서적을 좀처럼 칭송하지 않는다. 페리스의 비과학적인 접근 방식은 그의 열정과 충실함 덕분에 용서를 받았다. 태도가 그렇게 중요한 특성이라면 《4시간》은 분명 사람들의 행동 방식에 도전을 제시했다고 할 것이다. 그의 두 번째 저서인 《포 아워 바디》(2010)도 베스트셀러가 되었으나, 이 책에 대한 견해는 전작보다 더더욱 분분했다.

페리스는 자기 홍보가라는 사실을 결코 부인하지 않았고 오히려 기꺼이 인정했다. 《4시간》은 대부분의 현대 서적이 단순한 아이디어를 지나치리만큼 어렵고 복잡하게 다루던 시기에 마치 신선한 바람과도 같이 등장했다. 그는 흥미진진한 개인의 경험담을 전하면서 그의 청사진이 효과적일 수 있다는 증거와 증명을 제시했다. 《4시간》과 관련 자료들은 라이프스타일의 한 가지 선택 방안이 되었다.

Michael George

이름 : 마이클 L. 조지

출생 : 1963년

전문 분야 : 린 식스 시그마, 획기적인 경영 방법론

주요 업적 : 기업, 정부, 최근에는 군사 활동의 운영과 관련된 비용 삭감 문제, 린 식스 시그마(LSS) 프로세스의 선두 주자이다.

주요 저서 : 《린 식스 시그마 : 식스 시그마 품질과 린 생산 속도 결합하기》(*Lean Six Sigma : Combining Six Sigma Quality with Lean Production Speed*)(2002), 《서비스 분야를 위한 린 식스 시그마 : 린 스피드와 식스 시그마 품질을 이용해 서비스와 거래를 개선하는 방법》(*Lean Six Sigma for Service : How to Use Lean Speed and Six Sigma Quality to Improve Services and Transactions*)(2003), 《신속한 혁신 : 탁월한 차별화, 시장 진출 속도, 생산성 향상 성취하기》(*Fast Innovation : Achieving Superior Differentiation, Speed to Market, and Increased Profitability*)(2005)

마이클 조지는 누구인가

마이클 조지는 캘리포니아 대학교와 일리노이 대학교에서 각각 물리학 학사와 석사 학위를 받았고, 폐기물 감량 분야에서 미국의 여러 특허권을 보유하고 있다. 첫 번째 저서인 《미국은 경쟁할 수 있다(*America Can Compete*)》로 미국과 일본의 대결에 대한 전문가로 입지를 굳혔다. 그 후 그의 아이디어는 애벗 래버러토리스부터 애플, 포드, GE와 마이크로소프트를 거쳐 제록스에 이르기까지 말 그대로 A부터 Z에 이르는 미국 기업에 영감을 불어넣었다.

조지는 1964년 텍사스 인스트루먼츠(Texas Instruments)에서 사회생활을 시작했다. 1969년 신생 벤처 기업 인터내셔널 파워 머(International Power Machines)을 설립해 상장한 후, 롤스로이스의 한 계열사에 매각했다. 이로써 1986년 직접 도요타 생산 시스템과 TQM을 연구할 재원을 확보했다. 일본에서 일본 제조업의 성공 비결을 발견하고, 미국 기업이 원가, 품질, 생산부터 배송까지 사이클 타임[6] 면에서 일본과 경쟁하도록 돕겠다는 사명으로 시작했다.

조지는 왜 유명한가

마이클 조지는 이미 확립된 '린 생산'과 '식스 시그마'를 한 가지 통합 프로그램으로 결합함으로써 '린 식스 시그마(LSS)'를 개발했다(147쪽

---

6) 건설 기계가 작업할 때 반복 작업으로 시공할 경우 1사이클, 즉 1공정에 필요한 시간.

그림 참조). 전자는 도요타가 개발한 접근 방식으로, 부가가치를 창출하지 못하는 폐기물을 제거하거나 지속적으로 감소시킨다. 도요타는 린 생산을 통해 1933년 주요 산업인 제직용 직기 제조업체의 자동차 부서로 설립된 이후, 세계 최대의 자동차 제조업체로 부상했다. 식스 시그마는 1970년대 모토롤라의 연구 결과로 탄생한 개념이다. 모토롤라는 과거의 개념과는 반대로 품질을 개선하면 비용이 증가하기보다 오히려 감소하다는 사실을 발견했다. 품질을 개선하자 수리, 환불, 기업 이미지 추락과 관련된 비용이 줄어들었고, 절감된 비용은 품질 향상에 수반되는 제반 비용을 충당하고도 남았다. 식스 시그마를 통해 모토롤라가 절감한 비용은 160억 달러가 넘었다.

조지는 컨설팅 회사인 조지 그룹(George Group)을 설립해 본인의 아이디어를 널리 알렸다. 아울러 책을 통해 린과 식스 시그마에서 가장 효과적인 요소로부터 수익을 거두는 단계별 지침을 제조 분야부터 시작해 훗날 서비스 분야까지 제공했다. 그 후 조지 그룹을 직원 300명에, 연간 총수입이 1억 2천만 달러에 이르는 기업으로 성장시켰고, 2007년 액센추어(Accenture)에 매각했다. 한편으로는 미국의 증가하는 국가 부채의 위험성을 일깨우는 비영리 단체인 스트롱 아메리카(Strong America)의 창립 회원으로 참여했다. 그의 새로운 임무는 재정적인 재난으로부터 미국을 구하는 일이며, 최근작《구조 요청! 우리 경제가 침몰하고 있다!(SOS! Our Economy is Sinking!)》에서 이 새로운 임무를 주제로 다루었다.

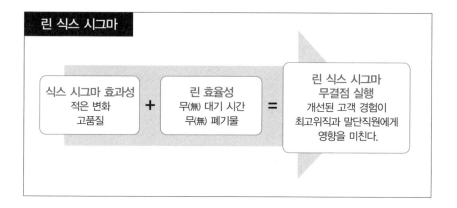

린 식스 시그마

식스 시그마 효과성
적은 변화
고품질

+

린 효율성
무(無) 대기 시간
무(無) 폐기물

=

린 식스 시그마
무결점 실행
개선된 고객 경험이
최고위직과 말단직원에게
영향을 미친다.

개념

린 식스 시그마는 린의 속도와 효과를 식스 시그마의 품질과 변화 통제와 결합한다. LSS는 간단히 말해 99.99966%의 정확도를 뜻하는 식스 시그마의 기본 개념에서 유래했다. 이 개념을 파악하려면 먼저 중심 극한 정리를 이해해야 하는데, 이 정리에 따르면 대규모 집단의 표본 평균은 표본이 클수록 '정상'에 가깝다. 여기에서 가장 중대한 특성은 아주 작은 표본이라도 정상적인 형태를 보인다는 사실이다. 요한 가우스(Johann Gauss : 1777~1855)의 이름을 따서 일명 '가우스 분포선'이라고 일컬어지는 종형 곡선을 보면 가치가 데이터의 중심점인 평균으로부터 얼마나 멀리 분포되어 있는지 확인할 수 있다. 분포는 표준 편차, 다시 말해 평균과의 거리로 측정되며, 이를 기준으로 표본의 정확성을 가늠한다. 작게는 1,000명으로 구성된 표본을 기준으로 선거 결과를 예측하는 여론 조사는 대개 4%p 범위에서, 다시 말해 20번에 19번 정도 신뢰할 수 있다.

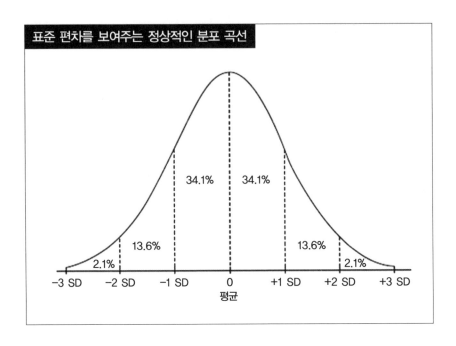

표준 편차를 보여주는 정상적인 분포 곡선

34.1% 34.1%

13.6% 13.6%

2.1% 2.1%

−3 SD −2 SD −1 SD 0 +1 SD +2 SD +3 SD
평균

　위의 그림은 정상적인 분포도이며, 이 분포도에서는 정상적인 관찰 집단의 68.2%가 평균의 1표준 편차(일명 그리스어로 's'를 뜻하는 시그마) 내에 존재하고, 2표준 편차와 3표준 편차 내에 각각 95.5%와 99.7%가 존재한다. 따라서 관찰 집단의 거의 100%가 6표준 편차, 다시 말해 평균 위아래로 각각 세 편차, 즉 '식스 시그마'의 범위에 존재한다. 모토롤라의 경영진은 자사의 분포도가 품질 명세의 한계 내에서 평균으로부터 시그마 여섯 개를 가지고 있다면 품질 기준으로 인한 불량품은 사실상 없을 것이라고 판단했다(149쪽 표 참조).

식스 시그마의 불량품 확률

성공적인 결과나 운영의 비율	백만 기회 당 결함 수(DPMO) (DPMO, Defects per million opportunities)	프로세스 시그마 process sigma
99.99966	3.4	6
99.98	233	5
99.4	6,210	4
93.3	66,807	3
69.1	308,538	2
30.9	691,462	1

조지의 LSS 모형은 두 가지 관련 프로세스를 이용해 시그마와 린 원소를 결합했다. 시그마 원소는 DMAICT로 확장된 모토롤라의 DMAIC 머리 글자로 표현됐다. 마지막 원소는 식스 시그마 팀 리더(검은 띠)와 '녹색 띠(승인의 기본 단계)'인 팀원들의 협력을 도모해 정해진 기회의 범위에서 성과를 측정하고, 분석하고, 개선하고, 통제함으로써 최대 가치를 확보한다.

- 기회 정의하기(Define Opportunity)

- 성과 측정하기(Measure Performance)

- 기회 분석하기(Analyse Opportunity)

- 성과 개선하기(Improve Performance)

- 성과 통제하기(Control Performance)

- 모범 관행을 다른 분야로 전달하기(Transfer best practice to other areas)

린의 핵심 개념은 리드 타임(일명 사이클 타임), 즉 조직이 필수 기준에 맞는 상품이나 서비스를 고객에게 전달하는 데 필요한 시간을 관리하는 일이다. 이 리드/사이클 타임이 짧을수록 비용이 적어지는데, 이는 지불을 기다리는 기간과 다른 비(非)부가가치 비용이 제거되기 때문이다. 리드 타임은 두 가지 방법으로 줄일 수 있다.

- 프로세스의 단계 수를 줄인다.
- 품목의 평균 완성률을 높인다.

조지는 프로세스의 폐기물을 제거하고 리드 타임을 줄일 수 있는 세 가지 핵심 린 도구를 제시했다.

1. **가치 부가 대 비부가가치 분석** : 일단 기본적으로 고객이 무엇을 얻는 대가로 돈을 치르는지 물어야 한다. 이 분석의 목적은 제품이나 서비스의 원가를 상승시키는 폐기물을 확인하고, 제거하며, 프로세스를 간소화함으로써 실수를 줄이고 추가 능력을 창조하는 일이다. 이를테면 쿠리어 서비스[7]는 배송 추적 시스템을 운영하면 물품이 도착할 시간을 고객에게 한 시간 전에 알릴 수 있다. 그러나 고객이 몇 시간 동

---

7) courier service: 고객이 원하는 물품을 발송인으로부터 직접 받아 수취인의 집이나 사무실까지 신속 · 정확하게 배달해주는 것.

안 집을 비우는 경우라면 이 서비스는 결국 비부가가치 비용을 초래
한다.

2. **프로그램 55**: 분류하고(stands for sort), 정리하고(set in order), 빛내고
(shine), 표준화하고(standardize), 유지하는(sustain) 과정을 뜻한다. 다
시 말해 생산 업무 환경을 체계화하고, 청결히 하고, 발전시키고, 유지
한다. 안전성을 개선하고 직장의 주인 의식을 개발하며 생산성과 정비
를 향상시킨다. 기본적으로 이 과정은 업무 팀에 권한을 부여하여 효
율성을 높인다.

3. **가치 흐름 지도** : 이는 제품과 서비스가 완성되기까지 재료와 수반되
는 정보의 흐름을 관찰하고 이해하는 도표 방식의 도구이다. 기본적
으로 CPA(critical path analysis : 임계 질량 분석법)(152쪽 그림 참조)를
적용한다. 이 프로세스의 단계는 다음과 같다.

- 사건을 확인한다.
- 사건이 진행되어야 할 순서를 결정한다.
- 네트워크를 그린다. 각 사건의 완성 시간을 계산한다.
- 가장 길고 중대한 경로를 확인한다.
- 사건이 진행될 때 차트를 업데이트한다.

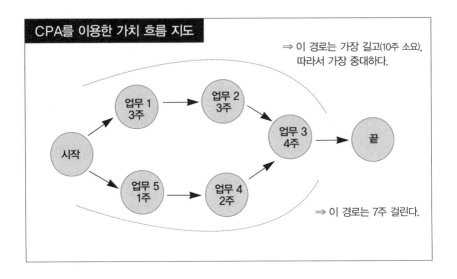

CPA를 이용한 가치 흐름 지도

⇒ 이 경로는 가장 길고(10주 소요),
따라서 가장 중대하다.

업무 1
3주

업무 2
3주

업무 3
4주

끝

시작

업무 5
1주

업무 4
2주

⇒ 이 경로는 7주 걸린다.

'CPA를 이용한 가치 흐름 지도'의 사례에서 업무 4와 5는 중대한 경로에 속하지 않으므로 이들 업무의 속도를 높이는 일과 관련된 비용은 가치가 없을 것이다.

실제 활용 사례

조지의 책이 많이 판매되었다면 이는 거의 모든 대기업이 린 식스 시그마를 어느 정도 접했다는 뜻이다. 오늘날 전 세계적으로 유명한 기업의 도구가 된 LSS는 측정 기준 또는 방법론일 뿐만 아니라 철학이자 비전이다. 캐터필러, 제록스, 허니웰/얼라이드 시그널, ITT 그리고 유나이티드 테크놀로지스 등이 조지 그룹의 고객이었다.

2004년 미국 해군은 조지 그룹을 선택해 린 식스 시그마 방식을 이용함으로써 품질을 향상시키는 한편, 비용과 사이클 타임을 줄였다. 미국 육군도 뒤를 이어 폐기물을 제거하고 140억 달러의 비용을 절감했다.

2001년 〈포춘〉지 선정 1000대 기업 중 하나인 허벨 주식회사는 대표 겸 CEO인 티모시 H. 파워스의 지휘 하에 린 식스 시그마 프로그램을 시작했다. 1905년에 창립된 허벨의 핵심 사업은 다양한 건축, 산업 및 전력 계통 애플리케이션의 설계, 제조 및 판매이다. 이 회사의 제품은 미국, 캐나다, 스위스, 푸에르토리코, 멕시코, 중국, 이탈리아, 영국, 브라질, 오스트레일리아의 자회사에서 완벽하게 공급되거나 제조되거나 조립된다. 비록 탄탄하고 성공적인 기업이었지만, 당시 이 회사의 주요 수치는 잘못된 방향으로 진행되고 있었다. 그 후 이 추세는 역전되었다.

- 순판매실적 : 이전 해 8% 감소에서 35% 상승
- 순수입 : 이전 해 65% 감소에서 138% 상승
- 주당 순이익 : 이전 해 64% 감소에서 132% 상승
- 재고 : 판매량이 3분의 1 이상 상승했음에도 1억 7천만 달러 감소

파워스는 2003년 연례 보고서에서 LSS의 가치를 인정했다.

"우리는 자사와 문화의 이른바 '린 변화'를 시작했다. LSS가 아니었다면 기대하지 못했을 발전이 거의 순식간에 일어났다."

또한 2010년 연례 보고서에는 LSS의 기본 원칙들을 계속 준수하고 있음을 밝혔다.

"몇 년 동안 허벨의 생산성은 장족의 발전을 했고, 이 추세는 계속되었

으며 앞으로도 그럴 것이다. 우리 회사는 지속적으로 원가를 절감하기 위해 노력하는 한편, 고객 서비스와 만족도를 향상시키고 있다."

2010년 12월까지 열두 달 동안 허벨의 순매출액과 수익, 그리고 주당 순이익은 각각 8%, 21%, 14% 상승했다.

관련 이론

LSS는 프레드릭 W. 테일러의 업적을 필두로 해서 다양한 기존 이론을 토대로 삼고 있다. 흔히 '과학적 관리의 아버지'라고 일컬어지는 테일러는 사람들의 업무 방식을 연구하고 평가함으로써 생산성을 향상시킬 방법을 모색했다. 그의 저서인 《과학적 관리법(*The Principles of Scientific Management*)》(1911)는 과학이 도제 교육을 대신해 업무 수행 방식에 관한 지식을 전수할 방법이 될 수 있음을 입증했다.

이 분야는 제2차 세계대전 동안 부족한 자원을 최대한 활용할 목적으로 이용했던 수학적 모형을 도입하면서 다시 한번 진일보했다. 이를테면 탱크 생산의 병목을 제거하는 업무를 통해 생산량이 극적으로 증가했다.

기계 공학자이자 관리 컨설턴트이며 프레드릭 테일러의 동료이기도 했던 헨리 간트(Henry Gantt)는 전체 프로세스를 수행 과정에 필요한 업무와 시간 면에서 표현할 수 있음을 입증했다. 그가 개발한 간트 차트는 업무와 시간의 흐름을 두 축으로 그린 격자에 정보를 배치하는 방법을 이용했고, 이로써 전체 생산 계획과 잠재적인 병목을 한눈에 파악하는 것이 가능해졌다.

현대 품질 관리의 창시자로 인정받는 미국 통계학자 W. 에드워즈 데밍 (W. Edwards Deming)은 통계 확률 테크닉을 도입함으로써 품질 관리 조사 분야를 향상시켰다. 품질을 제품과 프로세스의 일부로 계획해야 하며, 관리 차트를 이용하는 통계 표본 추출이 프로세스가 통제 불능으로 변하는 시기를 나타내므로 대량 검사는 불필요하다는 견해를 제시했다.

또한 데밍은 열네 가지로 구성된 '심오한 지식 체계'에서 품질 지향적인 조직이 되려면 최고 경영진부터 모든 사람이 참여해 "관련자 전원에게 더 많은 이익을 제공하고 지속적으로 향상하겠다는 새로운 사고방식을 완전히 수용해야 한다."고 설명했다.

제2차 세계대전이 끝난 후에 일본에서 데밍의 개념을 채택했다. 미국 산업계는 일본 자동차 산업이 자국 시장에 깊이 침투한 다음에야 비로소 데밍의 품질 이론에 주목했다. 그 후 미국 산업, 나아가 서구 산업에 다시금 활력을 불어넣기 위한 계획이 대거 등장했다. JIT(just in time : 적시 관리), TQM(total quality management : 전사적 품질 관리), 품질 관리 서클, 식스 시그마가 도입되었으며, LSS가 가장 최근에 등장했는데 아마도 이것이 가장 성공적인 변형 이론이었을 것이다.

오늘날의 유효성

린 식스 시그마를 둘러싼 세계적인 관심에 대한 구글 트렌드의 평가를 기준으로 삼자면, 이 개념에 대한 관심은 과거 어느 때보다도 뜨겁다(156쪽 그림 참조). LSS는 2004년 세계의 이목을 집중시켰고, 그 후 LSS에 대한 관심은 여전히 지대하다. 특히 큰 관심을 보이는 나라는 싱가포르와 인도이며, 미국과 영국은 각각 5위와 8위를 기록했다.

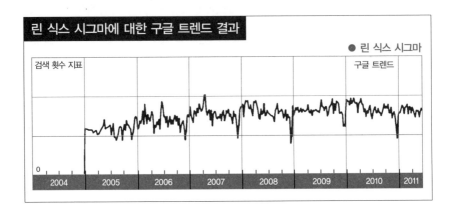

Michael Gerber

By Gerard Burke

이름 : 마이클 E. 거버

출생 : 1936년

전문 분야 : 중소기업 성장과 기업가 정신

주요 업적 : 회사 '안'에서 일하기보다는 회사 '위'에서 일하는 기업가라는 개념

주요 저서 :《내 회사 차리는 법(*The E-Myth Revisited : Why Most Small Businesses Don't Work and What to Do About It*)》(1995),《내면의 기업가 본능을 일깨워라 : 평범한 사람이 비범한 기업을 창조하는 방법(*Awakening the Entrepreneur Within : How Ordinary People Can Create Extraordinary Companies*)》(2008),《전자 신화 엔터프라이즈 : 대단한 아이디어를 번창하는 사업으로 바꾸는 방법(*The E-Myth Enterprise : How to Turn a Great Idea into a Thriving Business*)》,《세상에서 가장 성공한 중소기업(*The Most Successful Small Business in the World*)》(2010)

마이클 거버는 누구인가

마이클 E. 거버는 중소기업 전문 이론가라고 일컬어졌다. 그는 1977년 중소기업의 발전에 일조하기 위해 코칭, 트레이닝, 교육 회사인 전자신화 월드와이드(E-Myth Worldwide)를 창립했다. 그는 중소기업 소유주에게 회사 '안'에서 일하기보다는 회사 '위'에서 일하라고 가르치며, 누구든 기업을 성공시키는 방법을 배울 수 있다고 믿었다.

거버는 왜 유명한가

거버는 베스트셀러를 기록한 전자 신화 시리즈를 포함해 13권의 비즈니스 서적을 발표한 작가이다. 이 책들에서 그는 기업가가 아니라 '기업가 병'에 걸린 '기술자'가 대부분의 중소기업을 창업한다고 주장했다. 기술자들은 본인의 과거 직업과 유사해 보이는 기업을 설립한다. 이들은 전문 기술을 갖추고 있지만 비즈니스에는 문외한이다. 거버는 이런 기술자들에게 비즈니스 기술과 일상적인 사업 운영에서 한 걸음 물러나 전반적인 전략에 더 초점을 맞추는 방법을 제시했다.

최근 들어서는 창립 단계에 기업가들이 가지는 특별한 욕구에 초점을 맞추었다. 거버는 누구나 기업가로 변신해 기업을 성공시킬 수 있다고 주장한다. 그의 주장은 기업가가 타고나는지, 만들어지는지 여부에 관한 통념과 사뭇 동떨어진 것이다. 거버는 드리밍 룸(Dreaming Room)이라고 명명한 프레임워크를 이용해 기업가의 성격을 구성하는 네 가지 차원을 확인하고, 중소기업을 창업하고 발전시키는 16단계의 경로를 추천했다.

개념

회사 '안'에서 일하기보다는 회사 '위'에서 일한다는 개념은 자영 사업가가 사업을 성장시킬 수 있는 거의 모든 개발 프로그램이나 코칭 방식의 핵심 강령이었다. 항상 회사 '안'에서 일하는 단계에서 이따금 회사 '위'에서 일하는 단계로 변화하기란 여간 어렵지 않다.

하지만 전략가로 거듭나는 과정의 핵심은 버리는 것이다. 기업의 발전에 가장 큰 한 가지 장애물은 버리지 못하는 기업 소유주의 태도라 할 수 있다. 모든 권한과 결정, 리더십이 오직 소유주에서 비롯된다면 기업은 결코 소유주의 능력을 넘는 수준으로 성장할 수 없다. 소유주들이 깨달아야 할 것이 바로 이 사실이다. 장기적인 발전을 위한 발사대를 제공할 팀이 존재해야 한다. 그렇지만 소유주가 다른 사람들에게 권한을 위임하기에 앞서 감정적으로 버틸 수 있다는 자신감을 가져야 한다.

전자 신화

사업을 시작하는 사람들이라고 해서 항상 기업가는 아니다. 거버는 그들을 '기업가 병'에 걸린 기술자라고 부른다. 이 '기업가 희망자'는 거버의 표현을 빌리면, '치명적인 가정'을 한다. 본인이 기술 업무를 처리하는 방법을 알고 있으니 회사를 설립하는 방법을 안다고 가정하는 것이다.

컨설턴트는 컨설팅 회사를 차린다. 배관공은 배관 회사를 차리고, 변호사는 법률 회사를 설립한다. 그러나 거버의 주장에 따르면 이런 중소기업은 소유주들이 기업가의 임무를 수행하기보다는, 즉 회사 '위'에서 일하기보다 회사 '안'에서 일하는 탓에 성장하지 못한다. 소유주는 회사를 일자리로 보는 반면, 기업가는 제품으로 본다. 거버는 기업가 희망자들이 자사의 잠재력을 완벽하게 실현하지 못한다는 중대한 사실을 깨달았다. 자신이 없어도 저절로 굴러가는 회사를 만들 방법을 제대로 이해하지 못하기 때문이다.

거버는 자신의 모든 책에서 모든 사람—확대하자면 모든 기업—에게는 기업가, 관리자 그리고 기술자라는 세 가지 인격이 존재한다는 기본 주제를 설명했다. 기업가와 관리자, 기술자는 각각 기업 단계, 업무 단계, 실용적인 단계에서 일한다. 이 세 인격이 균형을 이루는 사람은 소수에 불과하다. 기술자가 지배적으로 나타나며 관리자와 기업가의 인격은 개발되지 않은 상태로 남아 있다. 거버는 이 같은 지배적인 기술자 인격이 대다수 중소기업의 성장을 가로막고 있다고 믿었다. 기술자의 시간과 지식은 유한하다. 따라서 기술자가 사업을 확장하려면 시간당 보수를 올리는 길밖에 없다. 거버는 이런 상황을 '전문가의 독재'라고 표현했다. 하지만 시간이 지나면 기술자는 결국 한계에 도달하고 더 이상 전진하지 못한다.

기술자가 운영하는 기업은 이용이 가능한 시간 동안 수행할 수 있는 일에 제한을 받는다. 보조원을 고용하면 도움이 되겠지만 그러면 총수입이 줄어든다. 총수입이 줄어드는 것은 대체로 무척 싫어한다. 마침내 기업가 희망자는 스스로 만든 감옥에 갇히게 된다. 독립과 자신이 좋아하는 일을 할 기회를 원했지만 자유롭다고 느끼지 못하는 것이다. 예전보다 더 피곤해지고 더 많이 일해야 한다.

한편 진정한 기업가는 회사 '위'에서 일한다는 개념의 절대적인 중요성을 이해한다. 그래야만 회사를 복제가 가능한 '턴키 방식(turnkey practice)'에 맞춰 넣을 수 있다. 바로 이 시점부터 비로소 기업가는 회사를 창조하기 시작한다. 기업가가 관리자로 변화한다. 관리자는 성장하는 회사의 네트워크를 위한 관리 시스템을 구축한다. 이런 방식은 복제가 가능하다. 턴키 시스템을 구축하면 기업가보다 기술이 크게 부족한 사람이라도 기업가에 못지않은 성과를 거둘 수 있다. 회사의 업무가 8배, 10배 또는 12배까지 증가할 수 있다. 거버는 그것이 기업이며 그런 방식으로 성장을 성취한다고 말했다.

드리밍 룸™

거버는 누구나 창조력을 가지고 있다고 믿었다. 창조력은 인간의 타고난 본능이지만, 우리는 이 본능을 그다지 개발하지 않는다. 거버는 자신이 접하는 모든 사람의 내면에 존재하는 기업가 본능을 일깨우는 것이 자신의 사명이라고 밝혔다. 일반적인 문제를 극복하면 누구든 기업을 성공적으로 성장시키는 올바른 방법을 터득할 수 있다고 설명했다. 시장과 고객을 이해하고 자본을 확보하며 재무를 준비하는 일, 이 모든 것은 배워서 익힐 수 있다.

항상 효과적인 업무 계획을 세우려면 무엇보다 업무 계획이 기업을 창업하는 과정에서 가장 중요한 요소가 아님을 명심해야 한다. 이 과정의 핵심은 기업가의 소망이다. 소망이 우선이 된다면 업무 계획을 세우는 과정은 목표를 수립하는 연습이 된다. 거버는 기업가들에게 이 문제를 깊이 고려할 것을 권하면서, 그렇지 않으면 본인이 그다지 원하지 않았던 일에 성공하는 결과를 초래할 것이라고 말했다.

거버는 기업가들에게 서둘러 배우려고 애쓰기보다는 끊임없이 열정적으로 확신을 가지고 꿈을 꾸라고 조언했다. 지난 30년 동안 수많은 기업과 협력한 그는 진정한 발명과 창조력, 즉 '상상하는 사람'이나 발명가라 할 수 있는 기업가가 부족하다고 판단했다.

2005년 12월 거버는 세계 일류 기업을 꿈꾸는 기업가들을 위해 벤처 회사를 창업했다. 그는 2박 3일의 집중 강좌를 실시함으로써 미국, 캐나다, 영국 전역의 기업가들에게 꿈을 일깨운다. 그리고 드리밍 룸™ 행사에서 기업가들과 협력한 자신의 경험을 토대로 2008년《내면의 기업가 본능을 일깨워라 : 평범한 사람이 비범한 기업을 창조하는 방법》을 출간했다.

기업가 본능 일깨우기™(The Awakening Entrepreneur™)는 주요 변화 주도 집단(고객, 직원, 공급업자, 그리고 채무자와 주주)의 삶과 깊이와 의미 있는 방식으로 관계를 맺어야 기업이 진정으로 번창한다는 믿음에서 영감을 얻었다. '본능을 깨달은 기업가'는 단순히 돈을 벌거나 제품을 팔거나 시장을 점유하는 일보다 더욱 고상하고 감동적인 의미가 있는 길을 찾는다.

실제 활용 사례

회사 '위' 보다는 회사 '안'에서 일하는 기업가의 문제는 매우 흔하므로 대다수 기업가가 스스로 문제를 인식하고 있을 것이다. 벤 힐슨(Ben Hillson)은 '기술자' 문제의 좋은 예이다. 행복한 기술공이었던 힐슨은 이사인 사이먼 킹 클라인(Simon King-Cline)과 함께 런던에서 행사 관리 회사 애스펙트(Aspect)를 창립했다. 창립 초기에 두 사람은 고객을 유치하고, 광고를 제작하며, 행사를 진행하는 창조 활동과 홍보 활동에 적극적으로 참여했다.

몇 년 동안 회사는 급성장했다. 벤과 사이먼을 원하는 기업 고객이 매우 많았고, 두 사람은 대부분 행사에 참석해 감독하면서 연설할 CEO와 이사들을 직접 지도했다.

그러나 2009년 말부터 만사가 순조롭게 진행되지 않았다. 벤은 그때를 이렇게 회상했다.

"정말 열심히 일하면서 대단한 성과를 거두었지만, 그때까지와는 달리 규모가 작은 프로젝트만 들어오면서 판매 투자 수익률이 그리 좋지 않았죠."

엎친 데 덮친 격으로 개인적으로도 예전에 비해 일하는 것이 그다지 즐겁지 않았다.

"예전만큼 일하고 싶지 않았습니다. 새로운 회사를 차리고, 고객 회의에 참석하고, 행사를 조직하고, 남는 시간에 회사를 운영하기 위해 엄청나게 열심히 일했죠. 간단히 말하면, 난 무엇이든지 다 할 수 있었지만 뛰어난 재주가 없는 사람이었답니다."

문제의 원인은 벤과 사이먼의 '간섭'과 무관하지 않았다.

"우리 회사의 팀원들은 언뜻 보기에는 자율권이 있었지만, 우리가 업무 처리 방식을 지시하고 사사건건 보고하도록 요구하면서 우리도 모르는 사이에 피해를 주고 있었죠."

벤과 사이먼은 이런 방식을 철저하게 재고한 다음, 애스펙트의 다른 리더들에게 단기 업무 전략을 개발해 추진하도록 지시하고, 그동안 두 사람은 회사의 장기적인 미래에 초점을 맞추었다.

벤은 다음과 같이 말했다.

"사이먼과 나는 운영 단계에는 이제 개입하지 않습니다. 대신 고객이나 공급 업체와 더욱 돈독한 파트너십을 쌓고 앞으로 인수할 대상을 확인하는 등 다음 성장 단계를 준비하죠. 그리고 마지막으로 판매나 MBO를 위해 회사를 훈련시키는 방안도 고려합니다."

다른 자영 사업가와 자영 사업가를 교육하는 사람들이 드리밍 룸™ 프로세스를 채택했다. 이는 자신이 원하는 미래를 창조할 시간을 확보해야 할 자영 사업가가 많다는 의미이다. 어떤 사람은 전략가가 되어 제2의 리처드 브랜슨(Richard Branson)이나 앨런 슈거(Alan Sugar)가 되는 일을 목표로 삼는다. 그런가 하면 대기업으로 성장하기보다는 자신이 좋아하는 일을 하기로 결정한 사람도 있다. 어느 쪽이든 간에 자사와 자신을 위해 원하는 미래를 창조할 수 있으니 모두 훌륭한 선택이다.

관련 이론

맥클리랜드(McClelland)는 사람들에게 성취, 권력, 관계의 세 가지 욕구가 있다고 말했다. 맥클리랜드에 따르면, 기업가들은 성취 욕구가 가장 강하며, 그들의 동기는 돈이 아니다. 이는 기업가들이 회사에서 열심히 일하는 기술자이지만, 기업이 발전하기 위해 필요한 결정을 내릴 능력이나 의지가 없는 것처럼 보인다는 거버의 연구 결과와 일치하는 듯하다.

오늘날의 유효성

거버의 개념에 영향을 받지 않은 사상가, 작가, 비즈니스 코치, 훈련가는 거의 없다. 전자 신화는 지금까지도 자영 사업가들과 기업가들을 도와 회사를 성장시키는 도전에 대처하는 가장 강력한 개념으로 손꼽힌다. '회사 '안'이 아니라 '위'에서 일한다.'는 문구는 거버가 처음으로 썼을 때와 다름없이 오늘날에도 널리 인용되며 그 영향력도 지대하다.

세월이 흐르면서 이 개념은 기술공-영웅-간섭자-전략가 모형처럼 다양한 성장 단계의 모형으로 발전했다. 따라서 자영 사업가들은 더욱 정교한 프로그램과 프로세스를 활용해 다음 단계로 올라갈 수 있다.

Malcolm Gladwell

By Ditlev Breadahl

이름 : 말콤 글래드웰

출생 : 1963년

전문 분야 : 비즈니스 저널리즘, 개인과 사회적 영향의 관계

주요 업적 : 소규모 사회적 행사의 의미가 확산되면서 진정한 변화가 일어날 수 있다는 개념을 제시했다. 예상치 못한 변화가 빠른 속도로 일어나는 이유를 이해할 수 있도록 사회적 현상의 원인을 설명했다.

주요 저서 : 《티핑 포인트(*The Tipping Point*)》(2000), 《블링크(*Blink*)》(2005), 《아웃라이어 (*Outliers*)》(2008), 《그 개는 무엇을 보았는가 : 그리고 다른 모험들(*What the Dog Saw : And Other Adventures*)》(2009)

말콤 글래드웰은 누구인가

말콤 글래드웰은 국제적으로 찬사를 받은 4권의 베스트셀러를 발표했다. 〈아메리칸 스펙테이터(*The American Spectator*)〉의 비즈니스 담당 기자로 사회생활을 시작해 〈워싱턴 포스트〉를 거쳐 1996년부터는 〈뉴요커〉의 전속 작가로 일했다. 글래드웰이 발표한 책의 영향력은 〈타임〉지와 〈뉴스위크〉로부터 인정을 받았다.

글래드웰은 왜 유명한가

글래드웰의 처녀작 《티핑 포인트》는 2000년 출판된 후 200만 부가 넘게 판매되었고, 지금까지도 영향력 있는 출판물로 손꼽힌다. 이 책은 비즈니스나 기업과 관련해 사회 현상을 분석하고, 어떤 트렌드가 유행병처럼 확산되는 원인을 확인했다. 《티핑 포인트》는 비즈니스 리더들에게 사람들의 역할과 사회적 트렌드가 시작되는 전제 조건들을 인식할 수 있는 일련의 규칙을 제시했다. 마지막으로 판매를 기하급수적으로 증가시킬 첫 번째 지도를 제공했다.

글래드웰의 두 번째 베스트셀러인 《블링크》에서는 의사 결정 과정을 개선할 청사진을 제시했다. 《블링크》는 적응 무의식의 개념과 방대한 양의 정보를 처리해 현명한 결정을 내리는 능력을 탐구했다. 수많은 경영자가 거둔 성공의 'X 요인'은 훌륭한 판단력 또는 직관이다. 글래드웰은 '얇은 슬라이스' 같은 무의식적인 정보를 바탕으로 내린 무의식적인 결정이, 흔히 방대한 양의 데이터와 계획을 바탕으로 내린 결정 못지않게 훌륭하다고 주장했다.

글래드웰은 세 번째 저서인《아웃라이어》에서는 '1만 시간' 개념을 빌 게이츠부터 비틀즈까지 수많은 사람들의 성공 법칙으로 이론화했다.

개념

《티핑 포인트》의 핵심 개념은 사람과 환경을 올바르게 결합할 때 사회적 유행병을 촉발시킬 '임계 질량의 순간, 문턱, 끓는점'에 도달하는 특정한 트렌드에 영향을 미칠 수 있다는 점이다.《티핑 포인트》모형에 따르면, 세 가지 주요 법칙에 따라 적절한 환경을 조성함으로써 아이디어, 제품, 메시지 그리고 행동을 바이러스처럼 확산시킬 수 있다. 이 책은 극소량일지언정 적절한 종류의 투입이 이루어졌을 때 사람들이 스스로 긍정적인 확산을 시작할 수 있는 방법을 제시한다.

규칙 1 : 소수의 법칙

글래드웰은 소수의 특이한 사람들로 말미암아 사회적 유행병이 확산된다는 사실을 강조했다. 이들은 커넥터(connector), 메이븐(maven), 세일즈맨(salesman) 등의 성격을 띤다. 사교성, 지식, 그리고 동료들에게 행사하는 영향력의 정도 등의 특성이나 사회적 재능을 그들의 성공 요인으로 꼽을 수 있다.

커넥터

커넥터는 친구와 지인의 큰 네트워크를 형성할 수 있는 사람들이다. 이들은 메시지를 다른 사람들에게 전달하는 사회적 접착제이다. 어떤 트렌드를 널리 알리는 능력은 있지만, 항상 최초로 무언가를 발견하는 혁신가는 아니다.

메이븐

정보 제공자는 메이븐이라고 일컬어진다. 이들은 다른 사람과 정보를 공유하기를 좋아하는 정보 수집가이다. 대개 다른 사람들에게도 지식을 전달하고픈 동기에서 정보를 탐구하는데, 글래드웰은 이런 성향을 누군가의 관심을 끄는 효과적인 방법이라고 지적했다. 메이븐은 믿을 만한 정보의 원천으로서 다른 사람들이 각자의 의견을 형성할 수 있는 정보를 제공한다.

세일즈맨

세일즈맨은 다른 사람들이 정보를 받아들이도록 설득한다. 그들은 호감을 주는 사람들로 협상 능력이 뛰어나며, 전염성이 있거나 거부할 수 없는 개성의 소유자이다. 처음에는 세일즈맨이 제시하는 정보를 확신하지 못한 사람이라도 세일즈맨의 의견에 기꺼이 동의한다.

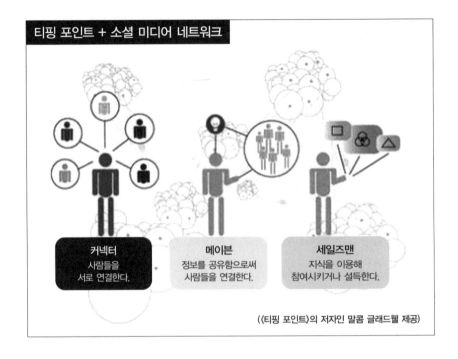

규칙 2 : 고착성의 요소

'고착성의 요소'는 정보를 기억하게 만든다. 메시지, 아이디어, 제품
이 변화를 창조하고 누군가를 행동하게 만들려면 기억에 남아야 한다.
글래드웰은 정보의 시대로 말미암아 고착성에 적신호가 켜졌다고 지적
했다. 과도한 정보의 혼란 상태가 일어나고, 그 결과 우리가 접하는 정보
가운데 기억할 만큼 실용적이거나 개인적인 정보는 지극히 드물어졌다.
고착성을 확인하는 과정의 핵심은 예산이나 어떤 아이디어의 독창성이
아니라, 이미 두뇌에 새겨진 기존 아이디어나 전통적인 아이디어에 부가
한 작은 변화이다.

규칙 3 : 상황의 힘

'상황의 힘'은 티핑 포인트에 도달하는 데 환경이 미치는 영향을 다룬다. 어떤 트렌드가 '변화를 일으킬' 가능성은 독특한 개인이 담당하는 역할과 트렌드 자체의 본질뿐만 아니라, 트렌드가 일어나는 상황과 환경에 따라 달라진다.

글래드웰은 '깨진 유리창' 이론을 인용해 언뜻 보기에 사소한 환경의 변화가 특정한 트렌드의 성공에 중대한 영향을 미칠 수 있다는 사실을 설명했다. 이 이론에 따르면, 깨진 유리창과 같은 직접적인 환경의 사소한 요소를 고치는 조치로 낙후된 지역의 범죄나 부정적인 사회적 유행병이 역전될 수 있다. 간단히 말해, 깨진 유리창은 그 지역에 대한 주민과 관계 당국의 관심이 부족하다는 사실을 명백히 드러내면서 더 많은 유리창을 깨도 괜찮다는 빌미를 제공하고, 이것은 다시 더욱 심각한 비행과 범죄를 초래한다.

글래드웰은 집단행동을 사회 환경의 한 가지 기능으로 보고, 사소한 변화가 트렌드가 시작될 만한 긍정적인 전체 환경에 영향을 미칠 수 있다고 생각했다. 깨진 유리창은 정상적인 수준의 범죄를 유행병으로 변화시킬 수 있다. 유리창을 수리하면 긍정적인 유행병이 시작되고 범죄가 감소한다.

글래드웰은 1980년대와 1990년대에 뉴욕의 범죄율이 급격히 변화한 사례를 제시했다. 당국은 기차에 그려진 낙서, 무임승차, 공격적인 구걸 행위 같은, 겉보기에는 사소한 문제에 초점을 맞춤으로써 범죄라는 훨씬 더 큰 그림에 상당히 긍정적인 영향을 미쳤다.

또한 청중도 상황에 영향을 받는다. 사람 수가 많으면 트렌드에 빠른 속도로 가속이 붙으면서 더욱 효과적으로 티핑 포인트가 형성된다. 그러나 단순히 '다다익선'인 것은 아니다. 필요한 사람의 상한선이 존재한다. 글래드웰은 이를 '150의 법칙'이라고 불렀다. 간단히 말해 진정한 사회적 관계를 맺을 수 있는 사람은 최대 150명이다.

인류학 연구에 따르면, 이 법칙은 역사상 무수한 사회에 적용되며 군대와 여러 조직에서도 같은 현상을 확인할 수 있다. 적절한 수의 사람들이 트렌드가 일어날 수 있는 적절한 사회 환경을 조성한다. 티핑 포인트는 대인 관계의 효율성과 친밀함에 좌우되기 때문이다.

커넥터와 메이븐, 세일즈맨은 번역가 역할을 담당하면서 아이디어와 정보를 나머지 사람들이 '이해할 수 있는' 언어로 각색한다. 이런 트렌드세터들은 자기의 네트워크와 집단 영향력을 이용해 다른 집단에서 연쇄반응을 일으킨다. 즉, 유행병의 유발점이 되는 것이다.

실제 활용 사례

글래드웰은 1990년대 중반에 대중의 사랑을 받은 신발인 허시 퍼피스(Hush Puppies)를 사례 연구 대상으로 삼아 티핑 포인트 개념이 작동한다는 사실을 입증했다. 크레이프 밑창이 달린 이 신발의 판매량은 1994년 3만 켤레에서 이듬해에는 100만 켤레를 훌쩍 뛰어넘었다. 소수의 '힙스터들(hipster)'[8]의 영향력이 적절한 패션 의식을 갖춘 환경을 만나면서 거의 하룻밤 사이에 진부한 브랜드를 누구나 아는 이름으로 바꿔 놓았기 때문이다.

세계 최대의 전문가 소셜 네트워킹 기업인 링크드인(LinkedIn)과 실시간 정보 네트워크인 트위터도 티핑 포인트의 효과를 보여주는 사례들이다. 사회적 유행병을 일으키기를 원하는 여러 기업들이 글래드웰의 개념을 계속 적용하도록 지대한 영향을 미친 것은 바로 이들이었다. 소셜 미디어 경로 덕분에 메이븐, 커넥터 그리고 세일즈맨들이 거의 실시간으로 유행하는 트렌드를 창조할 환경이 조성되었다. 유튜브의 동영상이 바이러스처럼 확산되고, 트위터에 '트렌딩'이라는 주제가 등장한 것은 바로 이 때문이다.

인터넷 호스팅 서비스[9]와 소프트웨어 비즈니스에서 이런 여러 개념의 유효성이 누차 입증되었다. 2007년 필자는 클라우드 호스팅 서비스[10]를 제공하는 VPS.NET의 창립 멤버였다.

VPS.NET은 회사를 출범하기 위해 자사의 새로운 클라우드 호스팅 서비스를 무료로 제공함으로써 장래의 세일즈맨들을 모집했다. 이들은 다른 사람들을 설득하는 일에 능한 것은 물론, 다른 잠재 고객에게 합리적인 의견과 조언을 제공하는 전문가인 동시에 메이븐이기도 했다. 우리의

---

8) 아이러니하게도 이들은 아무도 신지 않는다는 이유로 허시 퍼피스 신발을 신기 시작했다.
9) 인터넷 접속 서비스 제공자가 제공하는 서버의 보관 서비스.
10) 포괄적인 IT 자원을 이용자가 인터넷을 통해 언제 어디서든 접속해서 이용할 수 있도록 한 호스팅 서비스.

고객들이 포럼과 다른 소셜 미디어에 참여해서 VPS.NET의 서비스에 대해 이야기한 덕분에 VPS.NET은 단시간에 자사의 트렌드를 티핑 포인트로 추진할 연결점을 확보했다. 출범한 지 6개월이 지났을 때 VPS.NET은 대중 시장 클라우드 호스팅 서비스를 위한 새로운 시장을 개척했고, 그들이 운영하는 서비스는 세계 5대 공공 클라우드로 부상했다.

이런 성공으로 새로운 트렌드가 시작되었다. 다른 호스팅 기업들이 어떻게 하면 VPS.NET이 개발한 기술의 특허를 얻을 수 있는지 문의하기 시작했다. 독창적이고 고착성이 높은 아이디어가 발전하면서 공개적으로 이용할 수 있는 VPS.NET의 소프트웨어가 탄생했고, 그 결과 다른 호스팅 회사들이 VPS.NET처럼 클라우드 서비스를 자사의 대중 시장 부분에 포함시켰다. 첫 해에는 소프트웨어를 무료로 제공해 고착성을 증가시켰다. 이 과정에서 VPS.NET은 수많은 호스팅 기업들을 모집함으로써 다시금 자신의 의견을 당당히 표현하고, 네트워크가 훌륭하게 형성된 전문가 사회를 탄생시켰다. 이들은 세일즈맨, 메이븐, 커넥터가 되었다.

관련 이론

《티핑 포인트》의 탄생에 영향을 미친 한 사람은 《브라운 페이스, 빅 마스터(*Brown Face, Big Master*)》라는 소설을 발표한 작가이자 말콤 글래드웰의 어머니인 조이스 글래드웰(Joyce Gladwell)이었다. 그녀는 이 소설에서 사람들이 직면하는 사회적 · 개인적 혼란을 다루었는데, 글래드웰은 자신의 작품에서 이 주제를 비즈니스 환경에 도입했다.

1967년 6단계 법칙에 관해 사회 심리학자 스탠리 밀그램(Stanley Milgram)이 실시한 연구에 따르면, 사슬의 출발점에 있는 사람과 친분이 없었던 보스턴의 한 주식 중개인에게 편지를 전달하기까지 평균 6명의 지인이 필요했다. 도착한 편지의 전달 사슬에서 마지막 연결을 제공한 주식 중개인이 직접 아는 친구는 세 사람뿐이었다. 글래드웰은 《티핑 포인트》에서 바로 이 사실에 초점을 맞추었다. 그는 특정한 유형의 사람들이 정보를 확산시키는 과정의 핵심 인물임을 발견했고, 그 결과 '소수의 법칙'이 탄생했다.

글래드웰의 저서를 자신의 토대로 삼은 작가와 비즈니스 리더들이 많다. 이를테면 《괴짜 경제학(Freakonomics)》의 작가 스티븐 레빗(Stephen Levitt)과 스티븐 더브너(Stephen Dubner)는 무관한 듯 보이는 사건들이 사실 밀접한 관련이 있다는 개념을 탐구했다. 이는 글래드웰의 '상황의 힘' 개념과 유사하다.

오늘날의 유효성

《티핑 포인트》는 오늘날의 소셜 네트워킹 트렌드가 뿌리를 내리기 전인 2000년에 출간되었다. 이 책을 비판하는 사람들은 이 책의 가치가 그리 크지 않다고 주장한다. 현대 인터넷 환경, 특히 소셜 네트워킹 환경이 조성되기 이전에 출간되었고, 그래서 이런 상황에서 트렌드와 유행병의 성장을 묘사할 수 없었다는 근거를 내세웠다.

하지만 이런 주장에 동의하기는 어렵다. 페이스북, 트위터, 링크드인

같은 소셜 네트워킹 사이트 혹은 이런 사이트 때문에 성장했다가 쇠퇴하는 모습을 조사하는 방법보다 《티핑 포인트》의 본질적인 진리를 입증할 더 효과적인 방법은 없다.

'트렌딩', '바이러스처럼 확산되는'과 같은 표현은 다소 다를 수도 있지만, 티핑 포인트의 기본 역학은 변하지 않았다. 사실 링크드인의 커넥터들, 우리가 팔로잉하는 트위터의 메이븐들, 페이스북 친구 목록에 오른 세일즈맨들은 새로운 상품이나 동영상, 애플리케이션을 소개하므로 소셜 미디어는 엄연히 《티핑 포인트》이다. 소셜 미디어는 영향력이 있는 사람들과 연결할 환경과 수단을 제공해 고착성이 있는 아이디어를 발전시킨다. 1960년대에 생면부지의 주식 중개인에게 보내는 편지를 전달하려면 며칠이나 몇 주가 걸렸지만, 오늘날 이와 같은 과정은 거의 순식간에 일어난다.

Seth Godin

By Mark Roy

이름 : 세스 고딘

출생 : 1960년

전문 분야 : 〈아메리칸 웨이(*American Way*)〉와 〈비즈니스 위크〉로부터 각각 '미국에서 가장 위대한 마케터'와 '정보 시대를 위한 최고의 기업가'라는 찬사를 받았다. 그는 마케팅, 직접 마케팅, 뉴 미디어, 신흥 트렌드 전문 베스트셀러 작가이자 뛰어난 블로거이며 유명한 대중 연사이다.

주요 업적 : 1990년대 후반 윤리적인 직접 마케팅 활용의 선구자. 고딘은 이를 퍼미션 마케팅(permission marketing)이라고 일컫는다.

주요 저서 : 《퍼미션 마케팅(*Permission Marketing : Turning Strangers Into Friends and Friends Into Customers*)》(1999), 《보랏빛 소가 온다(*Purple Cow : Transform Your Business by Being Remarkable*)》(2003), 《마케터는 새빨간 거짓말쟁이(*All Marketers Are Liars : The Power of Telling Authentic Stories in a Low-Trust World*)》(2005), 《이제는 작은 것이 큰 것이다(*Small is the New Big : and 193 Other Riffs, Rants, and Remarkable Business Ideas*)》(2006), 《트라이브 : 우리의 지도자로 당신이 필요하다(*Tribes : We Need You to Lead Us*)》(2008), 《린치핀(*Linchpin : Are You Indispensable?*)》(2011)

세스 고딘은 누구인가

세스 고딘은 오늘날 마케팅 세계에서 가장 영향력 있고 존경받는 인물이며 선구적인 이론가로 손꼽힌다. 마케팅, 기업가 정신, 역발상, 리더십 그리고 변화를 주제로 한 13권의 책들을 발표했으며, 이 책들은 30개 이상의 언어로 번역되었다. 고딘의 베스트셀러에 등장한 많은 용어가 마케팅 전문 용어로 자리 잡았다. 여러 면에서 시대를 앞서 가는 고딘의 연구 결과와 개념은 신기원을 열고 변화를 주도했다.

고딘은 왜 유명한가

1979년 대학을 졸업한 후 스탠퍼드 대학교에서 마케팅 석사 과정을 이수하고, 소프트웨어 회사인 스피너커 소프트웨어(Spinnaker Software)의 브랜드 매니저로 일했다. 이 회사에서 3년간 근무하고 퇴사한 후 뉴욕의 자기 아파트에서 도서 제작 회사를 설립했다.

회사를 운영하는 동안 세계 최초로 손꼽히는 온라인 마케팅 회사인 요요다인(Yoyodyne)을 설립해 윤리적이고 허락을 중요시하는 마케팅을 선도했다. 그의 유명한 대표작《퍼미션 마케팅》의 핵심은 그때껏 알려지지 않았던 '기대되고 개인적이며 적절한' 허락에 토대를 둔 마케팅이었다. 야후(Yahoo!)는 입을 다물기 어려운 거액 3,000만 달러에 요요다인을 인수했고, 고딘은 직접 마케팅 담당 부사장으로 임명되었다. 그러나 1999년《퍼미션 마케팅》을 발표한 후 작가와 선구적인 사상가로서 고딘의 위상이 급상승함으로써, 결국 고딘은 2000년 야후를 떠나 전문 작가와 대중 연사의 길로 접어들었다.

마케팅 이론가, 연사, 블로거, 촉망받는 인터넷 귀재이지만, 무엇보다 고딘은 자신의 책에서 상술한 여러 개념과, 책을 발표하고 유통시키는 독특한 접근 방식으로 가장 유명하다. 혹자는 고딘의 이론화 방식을 두고 이미 자명한 사실을 말로 옮겼을 뿐이라고 표현할지도 모른다. 하지만 사실 고딘이 처음으로 글을 쓸 무렵에는 지침서가 전혀 없었으며, 기존 이론과 관행이 새로운 미디어 시대에 맞춰 변화되지 못했다. 그런 점에서 볼 때 고딘의 가설은 영향력이 큰 것은 물론이고 끊임없이 한 걸음 앞서 유행을 선도했으며, 그렇기 때문에 '현재'를 창조하는 데 본질적인 역할을 담당한 것이다.

개념

'퍼미션 마케팅', '트라이브(tribe)', '아이디어바이러스(ideavirus)', '보랏빛 소(purple cow)', '눈에 띄는 균열(remarkable rift)', '미트볼 선디(meatball sundae)', '스니저(sneezer)' 등은 고딘이 자신의 책을 통해 대중화시킨 일부 용어들이다. 하지만 눈길을 끄는 이런 용어들 뒤에는 그가 《퍼미션 마케팅》에서 소개한 한 가지 단순한 개념에 좌우되는 엄청난 실체가 숨어 있다.

고딘의 가장 중요한 신념은 텔레비전과 광고 게시판의 광고처럼 소비자들을 방해하는 마케팅 테크닉이 이제 효과가 없으며, 한때 청중의 주의를 조종하기 위해 마케터들이 이용했던 수단이 사라졌다는 사실이었다. 그는 소비자에게로 힘이 옮겨갔으며, 마케터들은 점점 현명해지는 '잠재적' 청중을 존중해야 한다고 믿었다. 미디어가 지배하는 복잡한 세상에서 성공하려면 마케터들은 투명하고 정직해야 하며, (스팸이 아니라) 소비자가 알고 싶어 하는 의미 있고 선별적이며 시기적절한 메시지를 전달함으로써 청중의 이목을 끌기 위해 열심히 노력해야 한다.

언제나 시대를 앞서 가는 고딘은 가장 눈에 띄는 아이디어라면 '스니저들'이 (바이러스처럼) 확산할 만한 가치가 있으며, 장점만으로 인기를 얻을 권리가 있다고 믿었다. 오늘날 '검색'과 온라인 소셜 네트워킹, 그리고 동영상 공유가 확산되면서 이런 현상은 더욱 뚜렷해지는 듯하다. 그러나 2000년 고딘이 세 번째 저서인 《아이디어바이러스 퍼뜨리기 (*Unleashing the Ideavirus*)》를 발표했을 때, 마크 저커버그(Mark Zuckerberg)는 고등학교에 재학 중이었다. 유튜브가 등장한 지 5년밖에 되지 않았고, 심지어 인터넷 거대 기업인 구글도 걸음마 단계였다. 온라인에 발표되어 무료로 다운로드를 받고 공유할 수 있는 《아이디어바이러스 퍼뜨리기》는 지금껏 다운로드 횟수가 가장 많은 전자책이다. 고딘은 이 책에서 고객이 내용을 공유하고 서로 홍보하도록 허용하는 것이 고객을 방해하는 것보다 더욱 효과적이라는 이론의 타당성을 입증했다.

다작하는 작가 고딘의 다음 두 작품인 《큰 빨간 페즈 모자(*The Big Red Fez*)》(2002)와 《생존만으로는 부족하다(*Survival is not Enough*)》(2002)가 같은 해에 발표되어 세계적인 베스트셀러가 됨으로써, 고딘은 2000년대 초 가장 영향력 있는 경영 작가로 자리매김했다. 당대의 문제에 발 빠르게 대응하는 그의 방식은 독자들에게 닷컴 거품의 붕괴에서 살아남는 한편, 수요가 기하급수적으로 증가하는 웹사이트를 최대한 활용할 명확한 해결책을 선사했다.

《아이디어바이러스 퍼뜨리기》와 《퍼미션 마케팅》에서 개발한 주제를 계속 다루면서 즉각 베스트셀러가 되어 인정을 받은 책은 그의 다음 저서인 《보랏빛 소가 온다》(2003)였다. 이전 책들처럼 《보랏빛 소가 온다》는 구시대 미디어 마케팅은 사라졌다는 전제로 시작한다. 또한 고딘은 마케팅 경로가 포화 상태에 이르렀으며 제품에 대한 우리의 욕구는 충족되었다고 주장했다. 따라서 기업이 혼잡한 환경에서 주목을 받으려면 진정으로 눈에 띄는 제품(보랏빛 소)을 만들고, 눈에 띄는 방식으로 마케팅을 진행해야 한다. 그는 이런 식으로 성공을 거둔 기업들을 예로 제시함으로써 자신의 이론을 입증했다. 그리고 고딘답게 《보랏빛 소가 온다》를 혁신적인 방법으로 홍보했다. 이 책은 처음에 자비로 출판되어 배송과 처리 비용만 받고 온라인으로 판매되었으며, 보라색 우유 팩으로 포장했다.

《이제는 작은 것이 큰 것이다》(2006)에서는 기업의 성공을 평가하는 과정에서 작은 것이 유리한 점을 다루었다. 고딘은 급변하는 현대 세계에서—생각은 크게 하는 한편—민첩성과 융통성이 경쟁에서 앞서기 위한 핵심 요소라고 제안하며 자신의 이론을 전개했다. 흥미롭게도 이 책은 전작들에 비해 큰 반향을 일으키지 못했고, 그의 핵심 이론이 순수한 마케팅에서 좀 더 폭넓은 비즈니스와 리더십 전략으로 다양화되었다는 사실만 알렸을 뿐이다. 이후 고딘의 《트라이브 : 우리의 지도자로 당신이 필요하다》(2008)와 《린치핀》(2011)은 모두 전문적인 발전과 리더십을 심층적으로 다루었다.

고딘은 비즈니스 환경에서 본인의 철학이 의미심장하다는 사실을 입증할 목적으로 온라인 커뮤니티를 만들어 《트라이브》를 홍보했다. 그리고 《린치핀》의 경우에는 전통적인 매체로 출시하는 대신, 온라인 커뮤니티와 연결해 책에 대한 사전 검토와 후기, 피드백을 받음으로써 소셜 미디어로만 홍보했다.

철저한 개념론자인 고딘의 남다른 아이디어는 책과 블로그, 전자책뿐만 아니라 기업가 정신이라는 그의 독특한 브랜드에 담겨 있으며, 이 브랜드 역시 그의 메시지를 더욱 강화하는 역할을 담당한다.

실제 활용 사례

고딘의 개념이 대단한 이유는 마케터, 사업가 그리고 비전문가 등 누구에게나 효과적이라는 데 있다. 간결하고 쉽게 소화할 수 있는 고딘의 책은 실용적인 조언과 이를 뒷받침하는 사례 연구, 이론을 직접 응용한 사례를 제시함으로써 누구나 활용할 수 있는 개념임을 입증했다.

필자는 직접 마케팅 서비스 공급 업체인 리드 그룹의 CEO 겸 직접 마케팅 협회 데이터 위원회 회장으로서, 지난 10년 동안 직접 마케팅 산업이 모든 사람의 예상을 넘어 변화하는 모습을 지켜볼 기회가 있었다. 사실 고딘의 《퍼미션 마케팅》에서 제시한 많은 이론들은 한때 남세스럽게 보이기도 했으나, 지금은 산업계의 모범 관행의 중추를 이루고 있으며 대다수 마케터들의 일상적인 생활 방식이 되었다.

필자는 처음 고딘을 만난 이후 줄곧 그의 책에 관심을 가지고 지켜보고 있을 뿐만 아니라, 마케팅 세계에서 일어나고 있는 변화를 설명하기 위해 우리 회사 직원들에게 실제로 《보랏빛 소가 온다》를 선사하기도 했다. 당시 마케터들은 전자우편 마케팅에 사로잡혀 있었다. 구시대 미디어는 이미 사장되었다고 치부되었고 새롭고 값싼 미디어 채널이 핵심으로 떠올랐다. 그러나 2011년 고딘의 이론이 현실로 일어났다. 마케터들은 이용할 수 있는 무수한 미디어 경로를 동원해 남다른 방식으로 남다른 제품을 홍보함으로써 주목을 끌기 위해 한층 노력했다.

영국 기업계에서는 고딘의 이론을 실천하는 버진(Virgin), 존 루이스(John Lewis), 그리고 온라인 소매 브랜드 ASOS가 험난한 소매업계 풍토와 세계적인 경제 혼란에서 살아남을 것이다. 성공 비결은 지혜롭게 행동하고 고객의 지적 능력을 모욕하지 않는 것이다.

이와 같은 맥락에서 우리의 내부 마케팅 부서는 주로 B2B 고객 기반을 만족시키는 한편, 마케팅 방식을 바꾸어야 했다. 소중한 마케팅 예산을 비싼 광고 캠페인에 쓰기보다는, 아이디어를 풍부하게 투자하고 혁신적인 방식으로 아이디어를 확산시킨 것이다. 그렇게 함으로써 선두적인 이론가로 거듭나고 우리의 고객이 원하는 것을, 원하는 시기에, 원하는 방식으로 제공하고 있다. 우리는 말한 대로 실천해야 한다.

관련 이론

고딘이 제시한 이론과 그 이론을 전달한 방식은 분명히 독특하다. 하지만 영향력이 매우 큰 그의 책《아이디어바이러스 퍼뜨리기》는 캐나다 작가인 말콤 글래드웰의《티핑 포인트》와 상당히 유사하다. 2000년에 발표된 책들은 분명 그 시대가 낳은 산물일 것이다.

두 책들은 모두 변화라는 주제를 다루며 아이디어와 트렌드가 바이러스처럼 확산되어 접촉하는 사람들을 감염시키는 경위를 설명했다. 뿐만 아니라 유사한 용어를 이용해 그런 사회적 바이러스를 퍼뜨리는 사람들을 묘사했다. 고딘과 글래드웰은 그들을 각각 '스니저'와 '커넥터, 메이븐, 세일즈맨'이라고 표현했다.

그러나 두 책들의 내용에는 미묘하지만 뚜렷한 차이가 있다. 글래드웰의 책은 어떤 상황이 임계 질량에 도달한 후 일어나는 예기치 못한 빠른 환경의 변화를 토대로, 우리 주변에서 일어나는 사회적 유행병을 좀 더 과학적인 시각으로 다루었다. 반면 고딘은 자신의 전문 분야, 즉 스스로 유행병이 되는 새로운 방식으로 눈에 띄는 아이디어를 홍보하는 일에 초점을 맞추었다.

글래드웰과 고딘은 확실히 상대방의 저서를 높이 평가하는 것처럼 보인다. 실제로 글래드웰은《아이디어바이러스 퍼뜨리기》의 서문을 썼다.

오늘날의 유효성

비록 지난 10년 동안 환경과 사회 그리고 기술이 전례가 없는 수준으로 변화했지만, 고딘의 이론과 개념은 현대 비즈니스의 트렌드를 형성하고 확인하는 데 중대한 역할을 담당했다. 자신의 핵심적인 믿음을 고수하면서 작가 겸 선구적인 이론가로 끊임없이 발전하고 싶은 사람이 고딘의 발언을 무시하고 귀를 기울이지 않는다면 이는 현명하지 못한 처사일 것이다.

Charles Handy

By Aiz Baig

이름 : 찰스 핸디

출생 : 1932년

전문 분야 : 조직의 행동과 목적, 구조 개편의 가치와 평생 교육 방식

주요 업적 : 부단한 변화, 포트폴리오 근로자, 삼엽 조직

주요 저서 : 《비이성의 시대(*The Age of Unreason*)》(1989), 《최고의 조직은 어떻게 만들어지는가(*Understanding Organizations*)》(1993), 《올림포스 경영학(*Gods of Management*)》(1978), 《직장의 미래(*The Future of Work*)》(1984), 《내부 조직(*Inside Organizations*)》(1990), 《텅 빈 레인코트(*The Empty Raincoat*)》(1994), 《코끼리와 벼룩(*The Elephant and the Flea*)》(2001)

찰스 핸디는 누구인가

찰스 핸디는 옥스퍼드 오리엘 대학(Oriel College)의 고전 문학, 역사, 철학 분야를 수석으로 졸업했다. 그는 석유 회사의 이사, 경제학자, 런던 경영 대학원의 교수로서 경력을 쌓았고, 유럽에서 가장 유명하고 영향력 있는 경영 이론가로 인정받고 있다.

핸디는 왜 유명한가

찰스 핸디의 획기적인 베스트셀러 《비이성의 시대》는 그를 단숨에 세계 일류 경영 컨설턴트의 반열에 올려놓았다. 그 후 그는 《최고의 조직은 어떻게 만들어지는가》에서 통찰력 있고 포괄적인 조직 이론으로 일류 비즈니스 컨설턴트로서 명성을 드높였다.

개념

비이성의 시대

《비이성의 시대》는 일곱 가지 주요 이론을 다룬다.

1. 끊임없는 변화(discontinuous change)
2. 뒤집어 생각하기(upside-down thinking)
3. 삼엽 조직(shamrock organization)
4. 트리플 I 조직(triple I organization)
5. 안팎이 바뀐 도넛 조직(inverted donut)

6. 연방제 조직(federalism)

7. 포트폴리오 근로자(portfolio workers)

끊임없는 변화

불연속적이고 신속한 조정, 기존 절차를 지금까지와는 다른 방식으로 급격히 변화시키므로 기존의 제도화된 권력을 위태롭게 만든다.

뒤집어 생각하기

한때 기정사실로 생각되던 가정이 약화되고 있으며, 따라서 새로운 접근 방식이 필요하다. 이 접근 방식은 익숙한 대상을 새롭게 생각하고 인식하는 방식을 창조해 혁신적인 해결책을 제시한다.

삼엽 조직

삼엽 조직은 기본적인 관리자와 근로자의 팀에 초점을 맞추었다. 외부의 전일제 및 시간제 계약자가 이들을 지원한다. 첫 번째 잎사귀와 두 번째 잎사귀는 각각 기본적인 팀과 전일제 및 시간제 계약자를 상징한다. 이 두 잎사귀가 조직 가치의 80%를 수행한다. 세 번째 잎사귀는 임시 노동력을 상징한다. 각 잎사귀는 개인화된 의무를 토대로 조직을 형성한다. 이 의무의 토대는 다양한 기대와 계약 조건이다. 각 잎사귀는 독특한 방식으로 경영해야 한다.

트리플 I 조직

정보(Information), 지적 능력(Intelligence), 아이디어(Idea)에 초점을 맞춘 조직이다. 이는 13=AV라는 공식으로 나타낼 수 있다. 이 공식에서 13은 지적 능력, 정보, 아이디어를 뜻하며, AV는 현금이나 유사한 종류로 나타낸 부가가치를 뜻한다. 이런 조직은 지식 추구를 강조하기 때문에 관리자와 근로자의 차이는 거의 존재하지 않으며 합의를 토대로 운영해야 한다. 다른 사람들이 기술을 향상시켜 훌륭한 업무 성과를 거두도록 지원함으로써 권위를 얻는다.

안팎이 바뀐 도넛 조직

핵심 활동, 다재다능한 근로자로 둘러싸인 근로자들, 그리고 순종적인 계약 공급 업자로 구성된 조직이다. 일반적으로 조직에서 주변을 둘러싸고 있는 고리가 발전하는 반면, 핵심은 흔히 무시된다. 개인 생활에도 적용할 수 있는 개념이다.

연방제 조직

권위를 분산시킨 조직이다. 경영자들이 구체적인 결정을 내리지만, 대다수 결정을 중간 관리자와 근로자에게 위임한다. 이런 조직은 헌신도가 높은 전문 조직이다. 양측은 계약을 통해 합의한다.

포트폴리오 근로자

개인 생활에 맞추어 업무 종류와 시간을 조정해서 균형을 유지하는 사람들이다. 업무는 다섯 가지 주요 범주로 구성된다. 임금 업무(특정한 시간을 단위로 지급되는 돈), 재택 업무, 선물 업무, 연구 업무, 성과급 업무 (제공한 성과에 따라 지급되는 돈)로 나뉜다.

최고의 조직은 어떻게 만들어지는가

핸디의 두 번째 책《최고의 조직은 어떻게 만들어지는가》역시 몇 가 지 핵심 이론을 다루었다.

- 문화(culture)
- 동기 부여(motivation)
- 리더십(leadership)
- 권력(power)
- 역할 이론(role theory)
- 협력(working in groups)

문화

조직 구성원들이 고수하는 원칙과 기준의 총합으로, 이에 따라 구성원들과 다른 구성원, 구성원과 외부 이해관계자의 관계가 규정된다. 조직 문화는 권력 중심 문화, 역할 중심 문화, 업무 중심 문화, 인간 중심 문화 등 네 가지 주된 형태로 나타난다.

1. **권력 중심 문화** : 조직의 우두머리가 중심에 있고, 부하로 구성된 원이 점점 넓어지면서 우두머리를 둘러싸고 있다. 우두머리에 가까운 사람일수록 영향력이 더 크다. 조직이 작다면(20명 이하) 이런 문화가 효과적이다. 권력 중심 조직은 신속하게 결정을 내릴 수 있어서 위기에 신속하게 반응한다. 하지만 두 가지 중대한 단점이 있다. 족벌주의 경향이 강하며, 만일 우두머리가 약하다면 조직도 약할 가능성이 크다.

2. **역할 중심 문화** : 이 조직 문화의 토대는 논리적인 방식으로 지시한 합의된 업무이며, 이런 조직은 정책적 결정을 내리는 과정에 필요한 최소한의 조건으로 효율적이고 효과적인 업무 성과를 거둔다. 이 역할을 담당하는 직원들의 업무는 명확히 규정되어 있다. 커뮤니케이션은 업무 역할을 수행하는 개인보다는 업무 중심으로 진행된다. 조직에서 변화가 일어나는 일은 상당히 드물며, 변화가 일어나더라도 정해진 규약에 따라 진행된다. 리더십보다는 관리가 더욱 절실히 필요하다.

3. **업무 중심 문화** : 권력 중심 문화와 역할 중심 문화의 혼합 형태이다. 다양한 프로젝트나 업무에 반응할 수 있는 보완 기술을 갖춘 사

람들이 팀을 구성한다. 이런 조직은 계층 구조가 드물며, 동료 간의 협력에 초점을 맞춘다. 이는 구성원들에게 관리자보다는 팀의 리더가 필요하기 때문이다.

4. 인간 중심 문화 : 구성원들이 보유한 재능의 중요성을 바탕으로 형성된다. 구성원의 특별한 재능에 따라 지위와 고용의 안정성이 정해진다. 이런 조직에서는 '조직적인' 언어보다는 특별한 재능을 명확히 설명하는 언어를 일상적으로 볼 수 있다. 행정 담당 구성원에게 이런 구성원들을 '통제할' 형식적인 수단이 없다.

동기 부여

개인은 욕구와 예상 결과의 결합체이다. 개인이 노력, 에너지, 흥분, 경비 등의 수준을 결정해야 한다. 조직적인 의미에서 이는 조직과 개인의 심리적 계약에 대한 기대의 유사성에 따라 결정된다. 중복되는 심리적 계약이 많을수록 양측이 동기를 부여받을 가능성이 커진다.

리더십

'가장 적합한 접근 방식'에 따르면, 리더십의 황금률이란 존재하지 않으며 리더, 구성원, 업무, 환경이 리더십을 결정한다. 리더란, 다른 사람들의 활동에 지침을 제공할 개념을 구성하고 전달하는 사람이다. 리더가 고려해야 할 변수는 다음과 같다. 리더가 선호하는 운영 방식과 성격, 상황에 따라 구성원들이 선택하는 리더십과 업무, 기술과 목표로 구성되는 임무, 리더의 조직적 태도, 팀, 그리고 업무의 중요성으로 구성되는 환경 등이다 .

권력

다른 사람들에게 영향을 미쳐 그들의 관점과 태도를 바꾸는 능력을 뜻한다. 조직은 개인이나 집단이 다른 사람들에게 영향을 미치기 위해 노력하는 환경이다. 권력과 영향력의 차이는 전자는 자원인 반면, 후자는 그 자원을 이용하는 것이라는 데 있다. 개인이나 집단이 인정한 경우에만 자원을 이용할 수 있다. 개인이 행사하는 권력의 잠재적인 원천은 육체적인 권력, 자원의 권력, 위치의 권력, 전문가의 권력, 개인적인 권력 등이다.

육체적인 권력은 우세한 힘을 토대로 삼는다(독재자나 군 사령관 등). 자원의 권력은 귀중한 자원을 소유한 데서 온다(노동력, 재정적인 인센티브, 승진, 지위 수여 등). 위치 권력의 토대는 조직에서 개인이 담당하는 역할이다(생산 관리자, CEO 등). 위치 권력은 다른 사람들이 역할을 맡은 개인에게 부여하는 가치에 따라 달라진다. 전문가 권력의 토대는 다른 사람들이 인정하는 개인의 전문 지식이다(의사, 변호사, 회계사 등). 개인적인 권력(카리스마)은 개인의 성격에 좌우되며, 개인의 직위(예를 들어 대통령직을 맡고 있을 당시의 빌 클린턴)에 따라 강화될 수 있다.

지금까지 언급한 권력을 부당하게 행사할 경우 부정적인 권력이 된다. 부정적인 권력은 행동을 가로막거나 방해하며(상관에게 메시지를 전달하지 않는 공무원 등), 스트레스를 받거나 사기가 떨어지거나 또는 다른 수단으로 영향력을 발휘하지 못할 때 등장한다.

이 밖에도 공식적인 권력과 비공식적인 권력이 있으며, 두 가지가 혼합된 권력도 있다. 공식적인 권력은 자원 권력(노동력, 재정적인 인센티브, 승진 등)을 토대로 삼는다. 비공식적인 권력의 토대는 개인의 지식, 경험 또는 평판이다.

역할 이론

개인의 문제와 상황을 조직 단위로 이해하는 개념이다. 어떤 능력을 갖춘 개인은 누구든 다른 사람들과의 관계를 기준으로 위치를 확립한다. 개인 자신과 상황의 힘이 능력의 효과에 직접적으로 영향을 미칠 것이다 (성격, 특성, 기술). 개인에게 가장 큰 집단은 대부분 업무 집단과 가족 집단이다. 따라서 개인의 상황을 이해하면 그 사람을 더 깊이 이해하고 포용할 수 있다. 이 접근 방식은 스트레스의 원인을 확인해 개인에게 중압감을 주지 않도록 예방한다.

협력

집단은 자신과 다른 사람을 동일시하는 여러 개인의 모임이다. 조직은 문제 해결, 의사 결정, 정보 처리 과정, 아이디어 수집, 결정을 실험 · 비준하기, 연락 조정하기, 헌신도 · 참여도 높이기, 협상과 갈등 해결, 관리에 따른 심리 · 조사, 업무 분배와 통제에 집단을 이용한다.

실제 활용 사례

끊임없는 변화의 일례로 서류 기록 시스템에서 전자 기록 시스템으로 변화하는 조직을 볼 수 있다. 이렇게 시스템이 변화하면 프린터, 종이, 서비스 계약, 서류 절단기 등이 필요하지 않을 것이다. 핸디의 '뒤집어 생각하기'를 실천하기 위해서는 우선 국민건강보험(NHS) 컨설턴트는 나이가 들면서 더 많은 보수를 받는다는 가정에서 출발해야 한다. 이에 대한 대안은 나이와는 상관없이 모든 컨설턴트에게 보수를 똑같이 주는 한편, 나이가 더 많은 컨설턴트에게는 근무 시간을 줄여주는 방법이 될 것이다. 그러면 젊은 컨설턴트는 더 열심히 일해야 하고, NHS는 컨설턴트를 더 많이 고용해야 하겠지만, 그래도 나이가 지긋한 컨설턴트의 경험과 지식에서 도움을 얻을 수 있다.

확실히 트리플 I 조직인 의학 분야의 예를 한 가지 더 들면, 의과 대학 부속 병원이 있다. 젊은 의사들은 부속 병원에 출근해서 배우고 의료 환경 향상에 기여한다. 일단 근무가 끝나면 부속 병원이나 개인 병원에서 일한다. 의료 전문가들은 업무 환경과 상관없이 현행 의료 기술과 의약품의 상황을 파악해야 한다.

유니레버(Unilever)는 핸디의 연방제 조직 이론의 확실한 사례이다. 이 회사는 모든 유럽 국가에서 가루비누를 제조하는 대신 중부 유럽의 한 국가에서만 제조해 유럽 전역에 유통시킨다. 각 나라에 필요한 가루비누의 양은 지역별로 판단한다.

제너럴 일렉트릭(GE)은 다양한 업무 단위에 관리자를 배치하므로 삼엽 조직 구조를 따른다. 신규 업무 단위를 인수하면 외부 전문가를 고용해 정보 기술 시스템을 업데이트하고 통합 플랫폼을 제공한다. 이 임무가 완수되면 다음 신규 업무 단위를 인수하기까지 전문가들을 고용할 필요가 없다.

포트폴리오 근로자의 사례로는 어떤 병원에서 짧은 기간 동안 휴가를 떠난 수의사를 대신해 응급 치료를 담당하는 수의사가 있다. 이 수의사는 주말에 전문 연수 강좌를 가르칠 뿐만 아니라 소유하고 있는 부동산을 임차인에게 세를 놓는다.

관련 이론

인재 관리에 대해 많은 글을 남긴 피터 드러커는 핸디의 생활과 연구에 지대한 영향을 미쳤다. 욕구 단계론을 제시해 동기 부여 이론의 토대를 제공한 에이브러햄 매슬로와 1980년대 조직 문화 모형을 개발한 에드거 샤인(Edgar Schein)은 핸디의 이론과 상당히 유사한 연구 결과를 제공했다.

오늘날의 유효성

찰스 핸디의 이론은 서구 세계의 모든 산업계 관리자들에게 영향을 미쳤다. 전체 직원들에게 향상된 업무 융통성, 포트폴리오 경력, 그리고 특별 컨설팅 면에서 조직과의 관계를 재평가하도록 권장했다. 핸디의 통찰력 덕분에 평생 직장의 다양한 대안이 탄생했고, 오늘날 전 세계에서 그 사례를 확인할 수 있다.

　이제 한 조직에 입사해서 평생 일하고 은퇴하는 사람은 통례가 아니라 이례가 될 것이다. 사람들이 인생 단계에 적합한 경력 포트폴리오를 마련하는 것이 일반적인 추세이다. 세월이 갈수록 찰스 핸디가 제시한 이론의 타당성이 더욱 커지고 있다.

Frederick Herzberg

By John Maxted

이름 : 프레드릭 허즈버그

출생 : 1923년 **사망** : 2000년

전문 분야 : 임상 심리학자 겸 직무 다양화의 선구자

주요 업적 : 관리와 동기 부여 이론의 위대하고 독창적인 이론가로 널리 인정받는다.

주요 저서 : 《작업 동기 부여(*The Motivation to Work*)》(1959), 《일과 인간의 본성(*Work and the Nature of Man*)》(1966), 《관리 선택(*The Managerial Choice*)》(1982), 《허즈버그의 동기 부여 이론(*Herzberg on Motivation*)》(1983)

허즈버그는 누구인가

미국 심리학자 허즈버그는 직무 다양화와 2요인 이론인 동기-위생 이론의 창시자로 유명하다. 1946년 시티 대학을 졸업하고, 그 후 케이스 웨스턴 리저브 대학교와 유타 대학교에서 교수로 재직했다. 동기 부여 분야에서 가장 영향력 있는 이론가로 인정받으며, 그의 연구는 21세기에 들어서도 1950년대에 못지않게 효과적이다.

허즈버그는 왜 유명한가

1959년 출간된 허즈버그의 《작업 동기 부여》는 최초로 그의 직장 동기 이론을 확립했으며 그의 대표작이다. 허즈버그는 후속 저서인 《일과 인간의 본성》(1966), 《관리 선택》(1982), 《허즈버그의 동기 부여 이론》(1983)에서 동기-위생 이론을 개발했다.

허즈버그는 제2차 세계대전 당시 정찰 하사관으로 복무하면서 다하우(Dachau) 강제 수용소의 실태를 직접 목격했다. 그는 동기 부여에 대한 자신의 관심이 이때 목격한 사실과, 주변 지역에 거주하던 독일인들과 나눈 대화에서 비롯되었다고 밝혔다. 관리 과학 분야의 학자인 매슬로와 그의 욕구 단계론에서 확실히 영향을 받았고, 허즈버그 역시 후대의 관리 과학 이론가들에게 지대한 영향을 끼쳤다.

피츠버그의 엔지니어와 회계사 200명을 대상으로 실시한 허즈버그의 연구는 지금까지도 동기 부여 연구의 중요한 참고 자료로 손꼽힌다. 연구 대상자는 비교적 적었지만, 철저한 사전 조사와 연구 설계 덕분에 허즈버그와 동료들은 지극히 복잡한 수준의 데이터를 수집하고 분석할 수 있었다. '위생 요인(hygiene factor)' 이라는 그의 용어는 현재 일반적인 비즈니스 용어가 되었다.

개념

허즈버그의 동기 이론은 두 가지 요인이 직장에서 직원들의 동기 부여 수준에 영향을 미친다는 원칙에 토대를 두고 있다. 그는 이를 위생 요인과 동기라고 일컬었으며, 이는 두 가지 욕구와 관련이 있다.

1. **생리학적 욕구** : 불쾌함과 불편함을 피하기 위한 욕구로, 돈으로 음식과 거처 등을 구함으로써 충족될 수 있다(위생 요인).
2. **심리학적 욕구** : 성장할 수 있는 활동으로 충족되는 개인 발전의 욕구이다. 그는 만족을 유발하는 요인들이 불만을 유발하는 요인과 다르기 때문에 두 감정을 상반되는 것으로 취급할 수 없다고 추론했다. 만족의 반대는 불만이 아니라 무(無)만족이다. 이와 마찬가지로 불만의 반대는 무(無)불만이다.

위생 요인

위생 요인은 직원들의 불만을 유발하지 않기 위해 필요하지만, 이 요인이 존재한다고 해서 직원에게 동기를 부여하는 것은 아니다. 위생 요인으로는 회사 방침, 감독의 특성, 상사와의 관계, 업무 환경과 조건, 보수, 동료와의 관계, 안전감 등이 있다. 이런 요인들은 사람들에게 동기를 부여하지 않으며 그 자체로는 본질적인 업무 만족감을 제공하지 못한다. 허즈버그는 이 요인들을 '동인(movers)'이라고 일컬었는데, 이 요인들은 직원들을 움직여 업무를 수행하게 만들지만 부가가치를 창출하거나 높은 성과를 거두고 싶다는 동기는 부여하지 않는다. 허즈버그는 연구 결과에서 사람들이 돈의 본질적인 가치가 아니라, 돈으로 무언가를 살 수 있다는 사실 때문에 돈을 벌기 위해 일한다는 점에서 돈 자체는 동기가 아니라 동인이라고 밝혔다.

허즈버그는 이따금 위생 요인을 KITA(kick in the arse : 엉덩이를 참) 요인이라고 표현했는데, 이는 누군가에게 무언가를 하도록 유발하기 위해 인센티브를 제시하거나 처벌하겠다고 위협하는 과정을 뜻한다. 그는 이런 요인들이 단지 단기적인 성공을 거둘 뿐이라고 주장했다. 만족하는지 만족하지 않는지를 결정하는 동기는 일 자체에 내재되어 있으며, 당근과 채찍의 인센티브에서 비롯되지 않는 까닭이다.

동기

동기란 직원들에게 요구하는 실제 업무의 내용을 풍요롭게 만드는 요인이다. 이는 배우고 발전하며 직장 생활의 질을 향상시킬 기회를 제공한다. 동기의 예를 들면 성취감, 자율권, 인정, 책임, 개인의 성장, 그리고 승진 등이 있다. 허즈버그는 관리자가 직원에게 인간으로서 성장하고 자아를 성취할 기회를 제공한다면, 직원들은 단순히 업무를 수행하기 위해 움직이기보다는 탁월해지고 가치를 부가할 동기를 얻는다고 주장했다.

그는 본질적인 동기 부여에 필요한 요소를 '직무 다양화(job enrichment)'라는 용어로 표현했는데, 이는 직무 설계와 관리 훈련의 초석이 된다. 직무 다양화의 목적은 직원이 맡은 업무의 질을 개선하고, 그 결과 더 많은 성과를 거두도록 동기를 부여하는 일이다. 허즈버그는 직무 다양화를 직원들이 노력해 성과를 거두도록 이끄는 지속적인 관리 과정이라고 정의했다. 이처럼 성과를 거두려면 기업의 사명 선언문을 전 직원에게 전달해서 그들이 전체 과정에서 자신이 차지하는 위치를 정확히 이해해야 한다.

직원들에게 정보 기술, 커뮤니케이션 기술, 직원 연수와 개발 같은 적절한 자원과 지원 활동을 제공해야 한다. 직원들을 칭찬하고 비난하지 않는 기업 문화를 창조하고, 불신과 정치 공작을 조장하는 요소를 제거하며, 자유로운 정보의 흐름을 제공하는 것은 모두 핵심적인 위생 요인들이다.

진정한 직무 다양화를 달성하기 위해서는 직원들에게 맡은 역할을 수행하면서 발전할 기회를 제공해야 한다. 허즈버그는 어떤 직원에게도 본인의 능력에 미치지 못하는 업무를 맡겨서는 안 된다고 주장했다. 다양성, 업무 수행 방식을 결정할 수 있는 개인의 영향력, 직원의 노력이 조직의 전반적인 성공에 기여하는 방식에 대한 본질적인 이해와 인정, 그리고 피드백이 보장되는 역할을 제시해야 한다.

또한 허즈버그는 '직무 확대(job enlargement)'라는 용어를 도입했다. 이는 업무를 설계하는 과정에서 직원들이 폭넓은 범위의 임무를 수행하도록 허용한다는 뜻이다. 직무를 확대하면 직원들이 맡은 역할의 적절성과 중요성이 더욱 커진다.

이에 못지않게 중요한 것은 직원들의 성과에 곧바로 보상을 제시하고, 직원들이 어떤 보상을 원하는지 이해하며, 모든 사람들이 똑같은 보상을 원한다고 가정하지 말아야 한다는 사실이다. 허즈버그는 두 요인이 똑같이 중요하다고 인정하면서도, 위생 요인이 훌륭하다 해도 다만 평균적인 성과를 거두고 불만을 예방할 뿐이지 그 자체로 긍정적인 태도나 일하겠다는 동기를 부여하지는 못한다고 생각했다. 직원들에게 동기를 부여하려면 경영진이 직원들에게 맡긴 실제 업무의 내용을 다양화해야 한다. 이를테면 더 큰 책임이 따르는 업무를 맡기고 새로운 기술을 습득할 기회를 제공한다. 아울러 업무를 더욱 흥미롭게 만들어 업무 경험의 질을 높인다.

다음은 허즈버그가 연구한 결과를 요약한 결론이다.

- 사람들은 나쁜 환경에 불만스러워하지만 좋은 환경이라고 해서 만족하는 일은 드물다.
- 불만을 예방하는 일이 동기를 충족시키는 일에 못지않게 중요하다.
- 위생 요인은 동기 요인과는 독립적으로 작용한다. 업무에서는 동기를 많이 얻어도 업무 환경에는 불만인 사람이 있을 수 있다.
- 위생 요인의 발생 빈도는 상당히 다르지만, 모든 위생 요인은 똑같이 중요하다.
- 위생 요인을 개선하면 단기적으로 효과를 거둔다. 어떤 식으로 개선하더라도 단기적으로는 불만을 없애거나 예방할 수 있다.

- 위생 욕구는 본질적으로 순환하기 때문에 항상 출발점으로 돌아온다. 따라서 '요즘 당신이 나를 위해 무엇을 해줬는데?' 라는 신드롬이 발생한다.
- 위생 욕구의 영점(零點)은 계속 상승하며, 따라서 마지막 해답이란 존재하지 않는다.

실제 활용 사례

허즈버그가 관리 과학에 공헌한 가장 중대하고 지속적인 특성은 상업과 산업 분야에 폭넓게 적용된다는 사실이다. 현재 대부분의 조직은 직원 만족 연구를 실시함으로써 직원들의 진정한 동기 요인을 파악한다. 그리고 직원들이 맡은 역할을 수행하면서 발전할 기회를 발견하도록 작업을 구성한다. 직무를 확대함으로써 직원들에게 더 많은 목적을 성취했다는 만족감을 준다.

조직은, 직원들이 기업의 목적과 사명을 전하는 전문가로서 자사의 성공에 참여하고 의미 있는 존재가 되었다고 느끼게 만들어야 한다. 지속적인 지원과 지도뿐만 아니라 공식적인 평가를 통해 성과에 대해 일상적으로 피드백을 제공해야 한다. 오늘날 고용주들은 직원들의 성과를 인정하는 일이 얼마나 중요한지 깨달았으며, '이달의 직원'을 임명하는 제도 같은 보상 체계를 도입한 고용주들도 많다. 연구를 실시한 결과, 직원들은 현금 보너스보다 이런 형태의 보상에서 더 큰 동기를 얻는 것으로 나타났다. 동료나 고객이 투표한 경우라면 더욱 그러했다.

현재 많은 조직에서 업무 관행의 하나로 직무 순환을 채택하고 있으며, 이는 직원들에게 더욱 포괄적인 다양성을 부여하는 동시에 고용주에게는 한층 유연하게 업무를 처리하는 노동력을 제공한다.

연구 결과에 따르면, 제품에 생산 직원이나 품질을 인증한 직원의 이름을 포함시키는 제조 회사에 대한 고객 만족도는 다른 회사에 비해 훨씬 높다. 이는 직원들이 제품에 대한 개인적인 책임감과 제품의 품질에 대한 자부심을 느끼기 때문이다. 일례로 콘월(Cornwall)의 환경 친화적 원예 회사인 로켓 가든스(Rocket Gardens)를 들 수 있다. 이 회사는 고객의 집으로 화훼를 배달할 때 항상 책임자의 이름을 명시함으로써 수령하는 고객에게 확실히 사람의 손길이 직접 닿은 제품임을 보장한다.

허즈버그의 개념을 이용해 성공한 기업들의 사례는 매우 많다. 1980년대 콜린 마샬 경(Sir Colin Marshall)은 단 몇 년 만에 브리티시 에어웨이스(British Airways)의 운명을 180도 바꾸어 '세계에서 가장 사랑받는 항공사'로 만들었다. 이 성공의 핵심은 '사람 우선(putting people first)'이라는 프로그램이었다. 브리티시 에어웨이스는 이 중대한 변화 프로그램을 채택해 고객 서비스 담당 직원들이 개인적으로 책임감을 가지고 탁월한 서비스를 전달하도록 권한을 부여했는데, 이 프로그램의 토대는 바로 허즈버그의 원칙이었다.

아울러 이 항공사에서는 고품질 서비스를 인정하고 보상하는 제도를 실시하고, 지사의 결정 영역을 확대하며, 고객을 대하는 전 직원을 대상으로 2일 강좌 프로그램을 운영했다. 이 강좌에서는 기업의 사명과 이 사명을 성취하기 위해 직원들이 수행해야 할 역할을 상세하게 설명하고 새로운 계획을 제안했다. 그리고 세계에서 가장 사랑받는 항공사로 거듭나고자 노력하는 회사를 위해 공헌해줄 것을 독려했다. 그 결과 직원들은 권한을 부여받았다고 느끼며 회사가 성공할 수 있도록 참여하고 기여하면서 책임감을 느꼈다.

최근 들어 일류 소매업체 테스코(Tesco)는 업무에 전념하는 의욕적인 직원들이 기업 성과에 긍정적인 영향을 미친다는 사실을 인정했다. 이 회사는 매년 허즈버그의 동기 이론을 바탕으로 개발한 훈련 프로그램에 수백만 파운드를 투자한다. 그리고 이 투자는 다음과 같은 결과를 거두었다.

- 관리자와 직원 사이에 새롭고 좀 더 개방적인 커뮤니케이션 통로가 형성되었다.
- 이사와 고위 관리자들이 일주일 동안 현장에서 고객과 직원들의 아이디어를 경청한다.
- 개인의 재능을 발견하고 현장 근로자들을 신속하게 승진시키는 계획을 마련한다.
- 직원들의 개인적인 환경을 더욱 정확하게 파악한다.

이런 계획을 발판으로 테스코는 기록적인 성장과 판매 수익을 거두었으며, 이로써 허즈버그의 이론의 효과를 입증했다.

관련 이론

에이브러햄 매슬로는 현대 동기 이론의 선구자로서 널리 인정받는다. 1954년 《인간의 동기와 성격(*Motivation and Personality*)》을 발표한 매슬로는 허즈버그에게 분명히 영향을 미쳤다. 매슬로의 이론에서 동기의 토대는 기본 욕구의 만족이라고 가정했고, 그 후 동기 이론가들도 사람들이 감정적, 지적 또는 영적 욕구 등 욕구를 충족시키는 일에 관심이 많다는 점에 동의했다. 현대 이론은 대부분 전체적으로 동기의 '내용' 이론이라고 일컬어진다.

허즈버그의 연구는 더글러스 맥그레거(Douglas McGregor), 데이비드 맥클리랜드, 클레이턴 알더퍼(Clayton Alderfer) 등을 포함해 수많은 관리 전문가들에게 영향을 미쳤으며, 사실 지금까지 동기와 직원 참여에 관한 많은 현대 연구의 토대가 되고 있다.

맥그레거는 동기 부여와 관리 방법의 X · Y 이론으로 가장 유명하다. 맥그레거의 이론과 허즈버그의 동기-위생 이론은 확실히 관련이 있다. X이론에서는 직원들을 일하기 싫어하고 믿을 수 없는 사람들로 생각한다. 그들은 일해야 하기 때문에 일할 뿐이며, 따라서 그들에게서 성과를 얻어내려면 철저히 감독하고 암시적 · 명시적으로 위협해야 한다. Y이론은 직원들이 자신의 잠재력을 발휘하고 타고난 창의성을 표현하고 싶어한다고 가정한다. 아무도 형편없이 일하겠다는 마음으로 출근하지는 않는다. 따라서 관리자들은 직원들이 최선의 결과를 얻도록 이끌고 권한을 부여해야 한다.

데이비드 맥클리랜드는 성취, 권력, 개인의 행동을 지배하는 세 가지 유형의 욕구를 확인했다. 물론 다른 두 가지보다 특정한 욕구를 더욱 좋아하는 사람들도 있지만, 대부분의 사람들은 이 세 가지가 혼합된 욕구를 느낀다.

오늘날의 유효성

허즈버그의 연구가 50년 전이나 다름없이 지금도 타당하다는 사실에는 의심의 여지가 없다. 사실 Y세대에 대한 수많은 연구가 실시되면서, 고용주는 개인의 성취에 대한 기대가 그 어느 때보다 높은 젊은 세대에게 한층 의미 있는 업무를 제공해야 할 필요성이 대두되었다. 21세기 초마이크로소프트, 애플, 구글, 버진 같은 '가젤(gazelle)' 조직 세대[11]가 등장했다. 이들은 모두 세계를 누비며 단시간에 놀랄 만한 성공을 거두었다. 이는 대부분 기본적으로 허즈버그의 권한 부여와 참여 이론을 적용함으로써 수많은 유능한 직원들의 잠재력을 재빨리 인정한 덕분이었다.

기술이 괄목할 만큼 발전하면서 50년 전에 존재했던 일반적이고 일상적인 상당수의 일이 자동화되었고, 노동력의 교육 수준이 상당히 높아졌다. 더 많은 사람들이 일하면서 성장하고 잠재력을 발휘할 일자리 창출의 기회가 많아진 것이다. 따라서 업무 설계와 관리 방식 분야에 허즈버그가 끼친 영향력은 훨씬 더 중요해졌을 것이다.

---

11) 사자보다 더 빨리 달려야 생존할 수 있는 가젤처럼 끊임없이 재빨리 움직이는 세대.

Napoleon Hill

By Andrew Scott

이름 : 나폴레온 힐

출생 : 1883년 **사망** : 1970년

전문 분야 : 작가, 언론인, 변호사, 자기 권한 부여와 성공 전문 연사였던 나폴레온 힐은 적극적인 기업가, 잡지 발행인, 그리고 루스벨트 대통령의 자문으로 일했다.

주요 업적 : '인간의 정신은 상상하고 믿는 것을 성취한다.' 라는 명언

주요 저서 : 《성공학 노트(*The Law of Success*)》(1928), 《놓치고 싶지 않은 나의 꿈 나의 인생(*Think and Grow Rich*)》(1937), 《나폴레온 힐의 성공의 열쇠(*Napoleon Hill's Keys to Success : The 17 Principles of Personal Achievement, Success Through a Positive Mental Attitude*)》(1960) ·

나폴레온 힐은 누구인가

나폴레온 힐은 분명 현대 비즈니스 및 자기 계발 서적의 고조할아버지라고 불릴 만한 인물이다. 1908년 철강왕 앤드루 카네기(Andrew Carnegie)는 젊은 시절의 나폴레온 힐에게 '성공 철학'을 정리해보라는 과제를 제시했다. 그는 힐에게 이름난 동료들을 면담하도록 소개시켜주었지만(그중에는 헨리 포드도 포함됨), 그런 기회 자체가 보상이라고 말하면서 보수를 지급하지 않았다.

힐은 광산을 운영하고 벌목장의 판매원으로 일하며 이미 사업계에서 성공을 맛보았으나, 1907년 주식 시장이 붕괴되는 바람에 모든 것을 잃었다. 좀처럼 포기하지 않는 젊은 힐은 기회의 가치를 즉시 깨닫고 도전의 여정을 시작했으며, 가족을 부양하는 한편 자신의 목표를 성취하기 위해 노력했다.

힐은 평생을 성공과 실패를 판가름하는 인간의 특성을 발견하는 데 바쳤다. 수없는 좌절을 경험하면서도 결코 지칠 줄 모르고 목표를 향해 나아갔으며, 결국 그 해답을 찾았다. 수많은 저서들을 발표하고 그때마다 이 획기적인 성공 철학을 더욱더 명확하게 전달했다.

힐은 왜 유명한가

1928년에 출간된 《성공학 노트》는 1,500쪽에 이르는 방대한 양으로 전 8권으로 구성되어 있다. 그 후 10년 동안 그는 강연을 하고, 비즈니스 잡지사를 운영하고, (또 한 번) 모든 재산을 잃고 이혼한 후 자문과 연설 작가로서 루스벨트 대통령을 위해 일했다.

1937년 힐은 《성공학 노트》의 축소 개정판을 발표했다. 《놓치고 싶지 않은 나의 꿈 나의 인생》은 발표되자마자 성공을 거두어 3주가 채 지나기도 전에 5,000부가 판매되었다. 《놓치고 싶지 않은 나의 꿈 나의 인생》은 분명 성공의 원천에 대한 책 가운데 역사상 가장 철저한 조사를 토대로 쓰인 책일 것이다. 이 책은 미국에서 큰 성공을 거둔 인물들과 나눈 500회의 면담을 분석하여, 그 결과를 바탕으로 25년에 걸쳐 제작되었다.

그 후 힐은 몇몇 오디오, 비디오와 함께 여덟 권의 책을 발표했다.

개념

힐이 발표한 책의 핵심 메시지는 목적을 성취할 수 있다고 진심으로 믿으면서 그가 제시한 열세 가지 성공 원칙을 실천하면 인생에서 성공을 거둘 수 있다는 것이다. 힐은 원칙의 원천을 설명하고 실제 사례와 함께 원칙을 실천하는 일화를 제시해 이 원칙들을 뒷받침했다.

열세 가지 원칙은 다음과 같다.

1. **소망** : 성공하려면 성공하겠다고 진심으로 소망해야 한다. 힐의 설명에 따르면 소망은 부—재정적인 부나 그 밖의 부—로 향하는 여정의 출발점에 지나지 않는다. '무언가'를 바라는 것만으로는 충분치 않다. 강박관념에 가까운 진정한 소망, 부를 성취할 명확한 방법과 수단을 계획하고, 결코 실패를 인정하지 않는 끈기로 밀어붙일 진

정한 소망이어야 한다.

힐은 남은 12단계에서 소망은 목표를 성취하는 실질적인 과정에 연료를 공급한다고 설명했다.

2. **믿음** : 힐은 믿음이 자발적으로 일어나는 마음가짐이므로 열세 가지 원칙을 모두 실천해야만 성취할 수 있다고 주장했다. 그러려면 긍정적인 행동으로 무의식에 적절한 재료를 채워 넣어야 한다. 사고의 반복을 통해 자기 암시를 하면 믿음이 생긴다. 다른 사람에게 부정적인 사람은 결코 성공할 수 없다. 따라서 힐은 다른 사람에 대한 부정적인 생각이나 행동을 없애는 한편, 목표를 명확히 되새기고 미래의 자기 모습에 집중함으로써 믿음을 얻는 실용적인 공식을 제공했다.

3. **자아 암시** : 자기 암시라고도 표현하는 이 원칙은 매일 아침저녁으로 자신의 소망을 스스로 되새기고 무의식에 주입하는 것이다.

4. **전문 지식** : 목적을 달성하기 위해 갖가지 정보나 자료에서 얻은 구체적인 지식이다. 힐은 손에 넣기 어려운 것은 전문 지식이 아니라, 그 지식을 성공하기 위한 실질적인 계획으로 바꾸는 일이라고 주장했다. 그러려면 상상력이 필요하다.

5. **상상력** : 상상력은 통합적인 상상력(오래되거나 이미 존재하는 개념, 지식, 아이디어를 새로운 방식으로 결합함)과 창조적인 상상력(육감과

영감을 제공함)으로 나뉜다. 힐은 아이디어에 생명을 불어넣고 행동으로 옮겨야 한다고 말했다. 그러면 아이디어가 힘을 얻고, 우리가 세상을 떠나더라도 육체적인 형태를 초월해 존재할 것이다.

6. **체계적인 계획** : 소망을 긍정적인 행동으로 바꾸는 명확하고 구체적인 계획이다. 힐은 한 장에서 이 과정의 기본 요소를 깊이 있게 다루었다. 그는 '지휘자 동맹(mastermind alliance)'(똑똑하고 긍정적이며 지원을 아끼지 않고 유능한 사람들의 집단) 형성하기, 미래에 새로운 리더십이 필요할 사회 분야, 일자리 구하는 법, 보고서 작성법, 마케팅, QQS─질(quality)과 양(quantity), 정신(spirit)─를 기준으로 서비스 등급 매기기, 실패의 서른 가지 주된 원인 등에 이르기까지 다양한 조언을 제시했다. 체계적인 계획은 리더십의 다른 이름으로 간주된다. 힐은 성공적인 리더십의 주요 특성을 나열하고 리더십이 실패하는 원인을 밝혔다.

7. **결정** : 힐에 따르면, 실패를 경험한 남녀 2만 5천 명을 대상으로 실시한 연구에서 실패의 가장 큰 원인은 우유부단함으로 나타났다. 힐은 결정을 내리는 기술이 삶의 중요한 기술이기 때문에 교과 과정에 포함시켜야 한다고 주장했다. 그리고 결정을 내리려면 거의 언제나 용기가 필요하다고 덧붙였다. 확실히 결정을 내리지 못한다면 아무리 훌륭한 계획이라도 실행할 수 없다.

8. **끈기** : 무슨 일이 있더라도 끈기를 발휘해야 한다. 힐은 명확한 목표를 성취하는 과정에서 중요한 요소로 소망에 이어 끈기를 두 번

째로 꼽았다. 소망이 결심의 강도, 즉 끈기에 직접적으로 영향을 미치는 까닭이다. 끈기가 줄어든다고 느낀다면 소망에 더 큰 불을 지펴야 한다. 끈기는 마음가짐이므로 우리가 통제해야 하며, 확실한 목표와 연결된 소망으로써 끈기를 적절히 유지해야 한다.

9. 지휘자의 힘 : 혼자서 모든 것을 이해할 수는 없다. 따라서 함께 시간을 보내며 새로운 아이디어를 떠올리고 다시금 굳게 결심할 수 있는 긍정적이고 유능한 사람들의 집단을 찾아야 한다. 이런 사람들과 함께 시간을 보내면 그들의 성공과 긍정적인 정신 자세를 본받을 수 있다.

10. 성적 변형의 미스터리 : 성욕은 인간의 가장 강렬한 욕구이다. 변형이란 이 욕구를 다른 긍정적이고 생산적인 활동으로 바꾸는 능력이다.

11. 무의식적인 정신 : 무의식적인 정신을 통제할 수는 없지만, 부정적인 생각과 경험보다는 긍정적인 생각과 경험(자기 암시 또는 자아 암시)을 더 많이 채워 넣을 수 있다. 의식적인 정신은 경험하는 모든 것을 소멸시키므로 긍정적인 방향으로 의식적인 결정을 내려야 한다. 무의식적인 정신은 여러분이 무의식에 집어넣은 것만 떠올린다. 따라서 이 과정을 통제할 길은 긍정적이고 적극적으로 생각하고, 긍정적인 경험을 제공하는 환경이나 사람들을 찾음으로써 무의식에 채워 넣는 생각에 긍정적으로 영향을 미치는 것뿐이다.

12. 두뇌 : 인간 두뇌에서 정신의 수신자는 '창조적인 상상력'이며,

'무의식적인 정신'은 발신자이다. 열세 가지 원칙을 모두 적극적으로 활용한다면 수신자와 발신자의 보편적인 지적 능력을 갖추고 커뮤니케이션을 할 수 있을 것이다.

13. 육감 : 정신과 무한한 지적 능력 사이의 통로이다. 이는 영적인 것과 물리적인 것의 결합이다. 힐은 다른 열두 가지 원칙을 실천해야만, (오랫동안) 과거의 위대한 리더들이 그랬듯이 육감의 위력을 인식하고 완벽하게 경험할 수 있다고 주장했다.

실제 활용 사례

고위 정치가부터 기업 총수에 이르기까지 모든 분야의 위대한 리더들은 대부분 힐의 열세 가지 원칙 가운데 일부를 최대한 활용했다고 말할 수 있다. 성공하고 싶다는 강렬한 소망은 대개 성공한 모든 사람들의 전제 조건이다. 하지만 힐의 '성공적인 리더십의 주요 특성'을 모두 꾸준히 적용한 리더나 조직은 드물다.

마거릿 대처(Margaret Thatcher)는 '어떤 선택을 하든 선택하지 않는 것보다는 낫다'고 믿었지만, 협력 전선을 형성하는 데 실패했다. 그리고 결국 이로 말미암아 총리직을 내놓아야 했다.

리처드 브랜슨(Richard Branson)과 그의 회사인 버진 엠파이어(Virgin Empire)는 대체로 좋은 일을 하는 약자로 인식되었는데, 이는 브랜슨이 스스로 그런 이미지를 만들었기 때문이다. 버진 엠파이어는 세계에 긍정적인 영향을 미치는 다양한 프로젝트를 실시했으며, 다른 기업에 비해 고객 서비스도 훌륭했다. 그러나 리처드가 과도하게 자신을 홍보하는 탓에 이따금 고객과, 심지어 자사의 직원들까지 그에게서 등을 돌렸다.

(힐이 자신의 대표작을 발표하기 전인 1901년에 창립한) 노드스트롬(Nordstrom) 체인은 지금까지도 '전심전력을 다하는 기업'이라는 평판을 받고 있는데, 이 개념은 힐이 발표한 책의 초석이기도 하다. 고객과 친구, 동료들을 위해 '전심전력을 다하겠다'는 결심은 열세 가지 원칙에 개설된 여러 가지 요소들을 모두 포함한다.

수많은 기업들이 힐이 권장한 일부 원칙을 수용했으나, 모든 원칙을 적극적이고 일관적으로 도입한 기업은 거의 없다.

현대 소비자들의 교육 수준이 높아지고 세계화 덕분에 새로운 지식 경제에서 선택의 폭이 더욱 넓어졌다. 따라서 기업과 기업의 리더들은 경제적인 필요성에 따라 운영 성과를 향상시키는 것은 물론, 자사의 고객 기반이 수용하거나 선호하는 기업이 되기 위해 어쩔 수 없이―훨씬 더 은밀한 관행을 포함해―힐의 여러 가지 원칙을 수용해야 할 것이다.

관련 이론

많은 사람들이 '성공의 열세 가지 원칙'을 따랐다. 오직 일관적이고 진정한 믿음을 통해서만 목표를 성취할 수 있다는 힐의 핵심 철학은 오늘날 성취 과학의 요소로 인정받는다. 힐은 성공의 비결을 전달하기 위해 행운보다는 삶의 '명확한 목표'를 중요시했다.

이는 오늘날 시장에 출시된 대다수 자기 계발서의 내용(자기 결정을 통

216

해 자신의 운명을 통제하기)과 일맥상통한다. 전 세계적으로 1,500만 부가 팔린, 스티븐 코비의 《성공하는 사람들의 7가지 습관》은 힐의 연구와 접근 방식의 영향을 많이 받은 책이다.

힐은 1952년부터 1962년까지 개인 성취 철학에 대해 강연을 했다. W. 클레멘트 스톤과 합동으로 '성공 과학(Science of Success)' 강좌를 열었고, 1960년 힐과 스톤은 《행동하라! 그러면 부자가 되리라(*Success Through a Positive Mental Attitude*)》를 공동 집필했다. 2011년 현재, 아마존의 긍정적인 사고에 대한 10대 베스트셀러 가운데 여섯 권은 힐이나 스톤의 연구를 토대로 쓰인 책들이다.

2009년 바버라 에런라이크 (Barbara Ehrenreich)는 론다 번(Rhonda Byrne)의 《시크릿(*The Secret*)》과 같은 긍정적 사고를 다룬 무수한 책들에 대한 반발로 《긍정의 배신(*Bright-Sided : How the Relentless Promotion of Positive Thinking Has Undermined America*)》을 발표했다.

윌리엄 워커 앳킨슨(William Walker Atkinson)[12]의 조언은 영적인 요소를 다룬 힐의 저서와 유사하다. 하지만 앳킨슨이 제시한 조언은 변화하는 개인의 습관과 행동하기 위한 자기 훈련의 개발을 바탕으로 한다.

---

12) 정신의 힘과 하나님의 개념을 어디에나 존재하는 '무한한 지성' 이라고 주장하는 미국 '신사상' 운동의 선구자.

오늘날의 유효성

힐이 남긴 유산의 가치는 값으로 따질 수 없다.《놓치고 싶지 않은 나의 꿈 나의 인생》은 1937년 첫 출간된 후 이런저런 형태로 줄기차게 재출간되었다.

오늘날 이 책은 수백 종류의 번역판, 축약판, 개정판으로 발표되고 있다. 이 책에 실린 관련된 많은 일화에는 오래전에 자취를 감춘 사람들과 기업이 등장하지만, 그럼에도 힐의 이론을 적절히 뒷받침하고 있으며 지금도 계속 높이 평가된다. 일부 개정판에서는 오래된 사례를 최근 연구 사례로 대체했다.

《놓치고 싶지 않은 나의 꿈 나의 인생》은 지금도 힐의 대표작으로 손꼽힌다. 〈비즈니스 위크〉는 첫 출간된 지 70년이 지난 다음《놓치고 싶지 않은 나의 꿈 나의 인생》을 비즈니스 부문 베스트셀러 6위로 선정했다.

힐은 여러분이 목표를 성취할 것이라는 확신의 강도가, 자신의 명분에 도움을 줄 사람들과 상황을 끌어당기는 물리적 세계의 능력에 비례한다고 가르쳤다. 그는 세계 최초로 돈을 벌거나 성공하는 데 필요한 실제 행동과 개인의 영적 믿음이나 심리적 상태 사이의 관계를 수많은 청중에게 대담하고 정확하게 전달했다.

힐의 책이 오래도록 사랑받는 이유는 자신이 전한 내용을 실천하기 위해 진심으로 노력하면서, 성공한 작가로서 평생에 걸쳐 성공한 인물들과 면담하고 연구했기 때문이다.

Guy Kawasaki

By Andrew Scott

이름 : 가이 가와사키

출생 : 1954년

전문 분야 : 기술 전도※(evangelism), 윤리, 신생 기업

주요 업적 : 인터넷 세대의 이론가. 비즈니스 세계의 윤리적이고 품위 있는 행동과 '멘쉬 (mensch)가 되는 기술' 도입

주요 저서 : 《시작의 기술(The Art of the Start)》(2004), 《세상을 바꾸는 사람들의 성공 법칙 (Rules for Revolutionaries)》(2000), 《매킨토시 방식(The Macintosh Way)》(1990)

※ 〈가이 가와사키〉 편에 등장하는 '전도'는 기독교에서 말하는 '전도'와 같이 사람들에게 널리 알리고 전하여 인도하는 것을 의미함.

가이 가와사키는 누구인가

가이 가와사키는 1980년대 초 애플 컴퓨터 사에서 근무하며 수석 전도
사가 되었다. 그는 애플에서 근무하게 된 이유를 스탠퍼드 대학교에서 오
랫동안 같은 방을 썼던 마이크 보이치(Mike Boich) 때문이라고 밝혔다.

가와사키는 이후 매킨토시 컴퓨터를 홍보했던 경험을 바탕으로 진보
적인 사업 방식을 개발했다는 명성을 쌓았다. 그의 '대중적인 전도'의 씨
앗이 싹을 틔운 곳은 바로 애플이었다.

가와사키는 지금도 기술 분야의 핵심 인물임에는 틀림없지만, 최근에
는 주류로 진출해서 저술 활동과 대중 연설, 컨설팅을 하고 있다. 이를 통
해 탄탄한 도덕적 나침반을 바탕으로 한 고객 중심적인 제품 및 서비스
전달 방식을 더 광범위한 청중에게 알리고 있다.

2011년 가와사키는 올탑(Alltop : 여러 웹에서 인기 있는 주제를 모아놓은
웹사이트)을 공동으로 창립했고, 실리콘 밸리 투자 회사인 개러지 테크놀
로지 벤처스(Garage Technology Ventures)의 창업 파트너였다.

가와사키는 왜 유명한가

1987년 애플을 떠난 후 최소한 기술 기업 세 곳을 설립하기는 했지만,
가와사키는 작가, 블로거, 연사, 기술 투자가로 이름을 알렸다.

가와사키의 대표작은 분명 《시작의 기술》일 것이다. 2004년 발표되어
아이디어에서 투자에 이르기까지 자수성가한 수많은 기업가들을 위한
경전으로 인정받은 이 책의 조언은 비단 기술 분야에 국한되지 않았다.

이 책은 창업을 고려하는 사람이나 기존 회사를 혁신하려는 사람들을 위한 지침서인 동시에 인간의 상호작용에 대한 간접적인 성명서이다.

또한 '고객에게 집중하기'의 열렬한 옹호자인 가와사키는 기업가 세대의 집단의식에 '멘쉬가 되는 기술'을 도입했다. '멘쉬'란 이디시(Yiddish : 독일어, 히브리 어 등의 혼성 언어로 유대인이 사용함) 말로 '윤리적으로 행동하는 품위 있고 존경스러운 사람'이라는 뜻이다.

가와사키가 작가로 활동하면서 여러 차례 다루었던 두 가지 핵심 주제는, 도덕적으로 흠잡을 데 없는 사업 방식과 고객의 욕구에 초점을 맞추어야 한다는 사실이었다.

개념

《매킨토시 방식》은 기술 제품의 홍보와 마케팅에 초점을 맞춘 책이다. 이 책에서 가와사키는 애플에서 일할 당시 목격한 다양한 일화를 소개하며 당시 혁명적인 제품이었던 매킨토시 컴퓨터에 대해 다루었다. 《당신의 경쟁자를 미치게 하는 초심리 전략(How to Drive Your Competition Crazy)》에서는 성급했던 그 시절에 얻은 교훈을 전하면서 특히 시장의 약자로서 차별화된 경쟁력을 얻기 위해 해야 할 일과 하지 말아야 할 일을 설명했다. 그런 다음 이 같은 경험을 토대로 삼아 《시작의 기술》을 발표했고, '대량 살상 무기'라는 별명을 얻으며 작가로서 입지를 굳혔다. 《시작의 기술》은 아이디어를 실행에 옮기는 방법을 읽기 쉽게 표현한 전문 서적으로 인정받는다.

여러 가지 전통적인 관리 방식을 멀리하는 두 가지 핵심 원칙, 즉 의미 창출과 '멘쉬후드(menschood)'는 기업 운영에서 가장 중요한 요소이다. 이 두 가지 원칙에는 이보다 작은 실용적인 개념이 담겨 있다.

의미 창출

이 책을 한 단어로 표현한다면 '전도'가 적절할 것이다. 가와사키는 이 책에서 전도한 복음을 여러분의 회사를 위한 주문이라고 묘사했다.

올바른 주문을 외우면 고객을 우선순위로 삼아 회사가 중요시하는 것에 초점을 맞추고, 대신 그렇지 않은 것은 버리는 데 도움이 될 것이다. 가와사키는 여러분이 회사로서 창출하려는 의미를 이해하고 수용하라고 말했다. 이 의미는 세 단어로 된 주문으로 표현하는 것이 가장 이상적이다. 이 주문은 직원들에게 전달해 기업 문화의 핵심 요소로서 수용해야 할 의미를 상징한다.

가와사키는 책 전반에서 전통적인 사고와 자신이 제시한 접근 방식의 차이를 보여주는 사례를 제시했다. 이를테면 '사람들이 비상사태를 예방하고 대비하며 대처하도록 돕는다'. 사명 선언문을 가진 적십자에는 '고통은 그만!'이라는 주문이 더 적합할 것이라고 전했다.

그는 사명 선언문보다는 주문을 전파함으로써 기업의 의미를 창출하는 편이 한층 효과적이며, 그럼으로써 추종자들에게 힘과 감정을 불러일으킬 수 있다고 주장했다. 주문은 '최고', '품질' 그리고 '리더'처럼 남발되는 무의미한 단어들을 이용해 운영 활동을 설명하는 무미건조한 사명 선언문과는 확연히 다르다.

이 책에는 원하는 모든 일을 시작하고 진행하며, 각 단계에 적용할 수 있는 다음과 같은 실용적인 조언들이 가득 담겨 있다.

1. **좋은 이름을 선택하라.** 알파벳의 앞 순서에 있는 글자로 시작하고, 동사로 활용할 수 있는 단어를 선택하며, 유행어는 피하고, 자신이 하는 일에 적합하게 '들리는' 이름을 택한다.

2. 경쟁 업체와 반대되는 이미지로 **포지셔닝**을 한다. 차별화되지 않는 단어를 자주 사용하지 않는다. 이를테면 '오존 구멍의 크기를 줄인다.' 대신에 '당신이 흑색종에 걸리지 않도록 예방한다.'와 같이 개인화된 표현을 이용한다.

3. **발표는 10-20-30 규칙을 따른다.** 30포인트 크기의 글자를 이용해 20분 동안 설명하고 10개의 슬라이드를 이용한다(다시 말해 슬라이드에 내용을 지나치게 많이 넣지 않음).

4. 투자를 유치할 때 **쉬운 표현으로 간부 보고용 개요를 작성하고**(네 문단 이하), 이를 이용해 흥미를 유발한다. 사업 계획서의 모든 세부 내용을 전달하려고 애쓰지 않는다.

5. 가와사키는 **제품이나 서비스를 신속하게 개발하는 방식**을 권장했다. 연구에 몇 달씩 투자하기보다는 현장에 나가서 최대한 빨리 무언가를 얻어내라.

6. 특히 벤처 기업을 설립할 때는 '**틈새를 노려라**'. 독특함으로 승부하

고 고객에게 가치를 제공하기 위해 노력한다. 우선 한 가지를 잘 하는 데 초점을 맞춘다. 그러면 만사가 단순해진다.

7. 고용 문제에 관해서 가와사키는 사람들에 대한 자신의 육감을 믿고, 면담하기 전에 참고인이나 자료를 검토하라고 조언했다. 사업의 세계에서 사람을 고용할 때 신중을 기해야 한다는 사실을 명심한다. 자신보다 더 나은 사람을 고용하기 위해 항상 노력한다.

8. 'MAT', 즉 **마일스톤**(milestones), **가정**(assumptions), **업무**(tasks)로 운영 계획을 보완한다. 마일스톤은 특정 분야와는 다르다.

- 개념을 입증하라.
- 설계 명세를 완성하라.
- 프로토타입을 완성하라.
- 자금을 모아라.
- 고객에게 견본을 보내라.
- 고객에게 완성품을 보내라.
- 손익 분기를 확보하라.

9. 매출 총이익부터 매출 주기의 길이, 원료비, 보상에 이르기까지 조직과 관련된 중대한 가정을 모두 나열한다. 실제 경험을 토대로 이들 요소를 끊임없이 평가하고 수정한다.

10. 업무 목록에는 사무실 임대료, 보험금 등 중대하지는 않지만 마일

스톤을 성취하는 데 필요한 요소를 기록한다.

11. 제품이나 서비스를 무료로 테스트할 기회를 제공함으로써 다시금 호기심과 친근감을 전달한다. 이로써 고객의 구매 동기를 가로막는 장벽이 완화된다. 가와사키는 이를 마치 **비를 내리기 위해 구름을 만드는 일**이라고 말한다.

12. 변화 주도자를 찾아 수용해야 한다. B2B의 경우라면 표적 집단의 계층 구조에서 예상되는 위치에 변화 주도자가 없을 수도 있다.

멘쉬후드(menshood)

마지막 장에서 가와사키는 사업상 거래를 하는 동안 선의를 품고 행동하며, '멘쉬가 되는 기술'을 습득할 것을 요구했다. 멘쉬란 다음과 같이 행동해야 한다는 실용적인 이디시 단어이다.

- 많은 사람들을 돕는다.
- 옳은 일을 행한다.
- 사회에 보답한다.

이 책에 담긴 모든 조언은 이 세 가지 여과 장치를 거친 것이다. 이 여과 장치는 기업가들에게 회사를 운영할 때 중요시해야 할 요소를 일깨워준다.

가와사키는 계약서의 문구뿐만 아니라 속뜻을 눈여겨보고 (예컨대 지불 날짜를 일주일 앞두고 소멸된 계약서 때문에 수수료를 지불받지 못할 수 있음) 얻은 것에 보답하며, (이를테면 낮은 금액을 청구한 공급 업체에) 그리고 중요한 것(무슨 수를 써서든 이기는 일이 아닐 수 있음)에 초점을 맞추라고 조언했다.

뿐만 아니라 회사와 직원들이 사회라는 더 넓은 환경을 고려하며 일해야 한다고 주장한다. 그렇다고 저자세를 취하라는 의미가 아니라 사회에 해로운 일을 하는 것은 피하라는 뜻이다. 그렇지 않으면 주주 가치의 수명이 그리 길지 못할 것이다.

실제 활용 사례
신생 기업

에어비엔비(AirBnB)는 홈스테이를 중개하는 웹사이트이다. 창립자 브라이언 체스키(Brian Chesky)와 조 제비아(Joe Gebbia)는 2007년 샌프란시스코를 방문해 묵을 곳을 찾고 있었다. 결국 어떤 집의 마룻바닥에 매트리스를 깔고 밤을 보내다가 우연히 아이디어를 떠올렸다. 그렇게 해서 에어비엔비가 탄생했다.

두 사람은 첫 해에 고전을 면치 못했으나 게릴라 전술을 채택함으로써 용케 살아남았다. 덕분에 사람들의 이목을 끌었지만, 그들이 원하는 고객은 얻지 못했다. 어떤 때는 그야말로 몇 달 동안 고객들과 마찬가지로 자신들이 만든 사이트를 이용해 묵을 곳을 찾으며 이곳저곳을 옮겨 다녔다. 이보다 고객과 훨씬 더 가까워질 수 있는 방법은 없을 것이다.

비록 단숨에 성공을 거두지는 못했지만, 두 사람의 결단과 혁신 정신을 인정한 비즈니스 인큐베이터 프로그램[13]인 'Y 컴비네이터'의 창립자가 그들을 자신의 강좌에 등록시켰다.

2010년 에어비엔비는 초기의 종잣돈 60만 달러에다 실리콘 밸리의 벤처 캐피털 회사로의 지원 자금 720만 달러를 확보했다. 오늘날 두 창립자는 자금이 부족했던 덕분에 검소한 문화를 확립할 수 있었고, 고객이 원하는 것에 어쩔 수 없이 초점을 맞추어야 했다고 주장한다.

두 사람은 수백 명의 기업가들이 참석하는 대규모 행사에서 정기적으로 강연을 하고 있는데, 이는 그들이 아직도 스스로 성공했다고 생각지 않는다는 뜻이다. 스스로를 낮추는 그들의 강연에는 자신들의 실수를 보고 다른 사람들이 교훈을 얻도록 돕고 싶다는 소망이 고스란히 담겨 있다. 이는 가와사키의 멘쉬후드(menschood)로 향하는 중대한 단계이다.

기업

애플은 사용자 중심 제품 경험을 전달하는 대표적인 기업이다. 애플의 획기적인 제품인 아이팟(iPod)과 아이폰(iPhone)은 시장의 트렌드 세터가 되었다. 애플은 무엇보다 설계 단계부터 고객에게 초점을 맞춘 제품을 제공할 수 있었기에 성공을 거두었고, 가와사키가 근무하는 동안 확립된 접근 방식을 지금도 고수하고 있다.

---

13) 창업 희망자에게 정부가 창업 준비부터 사무실과 공장을 마련해주어 정상 가동에 이르기까지 지원하는 제도.

기본

영국의 샌드위치와 커피 체인점인 프레타 망제(Pret A Manger)에서는 고위 직원들조차도 현장에서 경험을 쌓아야만 관리자로 일할 수 있으며, 전 직원이 고객 서비스를 우선순위로 삼아야 한다. 그들은 고객에게 훌륭한 서비스를 제공하는 일에 관한 문제라면 직원들에게 결정권을 부여한다.

관련 이론

리카르도 세믈러(Ricardo Semler)의 《매버릭 기업 혁명》은 직원들에게 권한을 부여하는 기업 운영 방식에 관한 한 최고의 자료일 것이다. 직원들이 스스로 보수 수준을 선택할 수 있을 정도로 조직을 근본적으로 변화시키려면 정책 변화만으로는 부족하며 주문을 전도해야 한다.

제이슨 프라이드(Jason Fried)의 《똑바로 일하라(Rework)》는 이와 유사한 비전통적인 접근 방식을 택함으로써 기업 설립에 관한 한층 직접적인 조언과 철학적인 명제를 제공했다.

가와사키는 최근작인 《매혹 : 마음과 정신 그리고 행동을 바꾸는 기술(Enchantment : The Art of Changing Hearts, Minds, and Actions)》에서 전도의 주제를 계속 발전시켰다. 이 책에서는 두 가지 핵심 원칙을 토대로 최고의 윤리 수준을 유지하면서 사람들의 업무에 영향을 미치는 방법을 설명했다.

오늘날의 유효성

샌타 바버라에 있는 테크놀로지 매니지먼트 패컬티의 한 강사는 지난

5년간 본인의 강좌 '뉴 벤처 크리에이션(New Venture Creation)'에서 《시작의 기술》을 이용해왔다고 밝혔다.

"시간이 갈수록 학생들은 영감과 지혜를 얻습니다."

2011년 관련 증거를 보면 《시작의 기술》이 지금까지도 효과적이며 시대에 뒤지지 않는다는 사실을 확인할 수 있다. 오늘날 웹 관련 기업은 자사의 제품이나 서비스를 단시간에 알릴 수 있기 때문에 기업의 전통적인 제품 홍보 방식과 도전할 수 있는 기존의 기업, 그리고 이 과정에 필요한 자금의 규모가 변화하고 있다. 《시작의 기술》도 시장성 테스트로 시작되는 이 고객 중심적인 접근 방식을 다루었다.

분야를 막론하고 창업을 가로막던 장벽이 계속해서 무너지고 있다. 《시작의 기술》은 신속한 개발과 출시에 대한 새로운 철학의 핵심, 즉 설립하고, 시험하고, 고객에게 전달하고, 그들의 피드백을 수용하라는 메시지를 간파하고 있다.

'멘쉬가 되는 기술'은 분명 가와사키의 실용적인 조언들만큼 보편적으로 수용되지는 않지만 예외가 존재한다. 이를테면 한편에는 수익이 아니라 신뢰를 바탕으로 서로 돕기 위해 노력하는 기업가 집단인 'ICE'가 존재한다. 반대편에는 빌 게이츠가 400억 달러가 넘는 기부금으로 빌과 멜린다 게이츠 파운데이션(Bill and Melinda Gates Foundation)을 설립해 그야말로 세상을 더 좋은 곳으로 만들고 있다. 리더십은 상부에서 시작되어야 한다. 주문을 알고 있는 멘쉬보다 더 훌륭한 리더가 있겠는가?

Richard Koch

By Colin Barrow

이름 : 리처드 코치

출생 : 1950년

전문 분야 : 관리 컨설팅의 권위자. 80/20 법칙이 적용되는 기업에 여러 차례 투자해 성공했다.

주요 업적 : 기업 내·외부와 조직 생활에 80/20 법칙, 일명 파레토 법칙을 적용하는 방법에 대한 다수의 저작물 출간

주요 저서 : 《80/20 법칙(*The 80/20 Principle*)》(1997), 《80/20 세계를 지배하는 자연 법칙 (*The Power Laws*)》(2000), 《80/20 혁명(*The 80/20 Revolution*)》(2002), 《슈퍼커넥트 : 네트워크의 힘과 나약한 관계의 장점(*Superconnect : The Power of networks and the strength of weak links*)》(그렉 록우드와 공저, 2010)

리처드 코치는 누구인가

코치는 옥스퍼드 대학교를 졸업하고 와튼 경영 대학원(펜실베이니아 대학교)에서 MBA를 이수했다. 보스턴 컨설팅 그룹과 베인 앤드 컴퍼니에서 근무하다가 짐 로렌스, 라이언 에반스(Lain Evans)와 경영 컨설팅 회사인 LEK 컨설팅을 설립했다. 벳페어(Betfair), 필로팩스(Filofax), 그레이트 리틀 트레이딩 컴퍼니(Great Little Trading Company)와 플리머스 긴(Plymouth Gin)에 투자함으로써 80/20 법칙을 훌륭하게 이용해 재산을 모았다.

코치는 왜 유명한가

코치는 원래 비즈니스 전략에 관한 책을 써달라는 의뢰를 받은 후 출판사를 운영하는 한 친구에게 80/20 법칙(20%의 노력이 80%의 성과를 거둠)에 대한 내용이 반 페이지가량 포함된 초안을 보여주었다. 두 사람은 이 법칙만 다룬 책을 써보자고 뜻을 모았다. 먼저 계약했던 몇 가지 일이 있었음에도 코치는 결국 《80/20 법칙》을 쓰기 시작해서 1997년에 발표했다. 약 100만 부가 팔린 이 책은 세계적인 베스트셀러가 되었다. 일본과 한국이 판매량의 4분의 1가량을 차지했다. 33개 언어로 번역되었고, 초판이 발간된 지 14년이 지난 후 발표된 개정판은 지금도 높은 판매량을 보이고 있다.

코치는 80/20 법칙을 일상생활의 여러 면에 확대 적용함으로써 일반 비즈니스 분야 이외의 시장까지 진출했다.

즐겁지 않거나 진정으로 중요하고 유익하다고 느끼지 못하는 일이라면 그만두어라. 진정으로 중요한 것을 발견하려면 이런 일을 그만두어야 한다.

이 인용문에는 사람들이 삶의 모든 분야에 코치의 접근 방식을 이용하는 핵심 개념이 요약되어 있다.

다른 이론가들과 마찬가지로 코치의 천재성은 어떤 개념을 창조하거나 발견하기보다는 기존 진리를 누구나 이용할 수 있는 실용적인 도구로 바꾸었다는 데 있다. 익히 알려진 사실이지만, 사람들은 많은 시간과 에너지를 그다지 중요하지 않은 일에 낭비한다. 기원전 1세기경 로마의 한 병사가 했던 말에서도 조직에서 시간을 낭비하는 일이 다반사로 일어남을 확인할 수 있다.

우리는 열심히 훈련했다. 하지만 조를 짤 때마다 병사들을 재편성하는 것처럼 보였다. 훗날 나는 사람들이 새로운 상황을 만나면 그때마다 재편성하는 경향이 있음을 발견했다. 혼란과 비효율성, 사기 저하를 초래하면서 진보하고 있다고 착각하기에 얼마나 멋진 방법인가.

개념

코치의 80/20 법칙을 창시한 사람은 빌프레도 파레토(Vilfredo Pareto : 1848~1923)이다. 파레토는 토리노 폴리테크닉 대학교에서 고전 문학과 엔지니어링을 공부했다. 로마 철도 회사의 이사로 사회생활을 시작해 피렌체의 철강 회사인 소시에타 페리에레 디탈리아(Societa Ferriere d' Italia)의 전무 이사로 근무했다. 그 후 경제학자로 진로를 바꾸어 연구를 하다가 부의 불균형에 나타난 뚜렷한 패턴, 즉 20%의 사람들이 80%의 부를 차지하고 있다는 것에 주목했다.

코치의 작품은 파레토를 재해석해서 비즈니스나 경제학는 물론 현대생활의 모든 측면에 적용했다. '또 다른 시간 관리 시스템'이 아니라 코치가 시간 혁명이라고 정의했던 요소에 대한 그의 접근 방식은 7단계로 구성된다.

1. **노력과 보상을 분리하는 어려운 정신적 도약을 감행하라.** 프로테스탄트 업무 윤리 심리학에 깊이 뿌리박힌 '노력은 그 자체로 보상'이라는 생각에서 벗어나라. 코치는 이른바 '노아의 방주 방식'이라는 전형적인 자금 관리 방식과는 달리, 소수의 주식만 지속적으로 소유하는 것을 투자 원칙으로 삼는 워렌 버핏을 언급하면서 이렇게 말했다. "모든 것을 2개씩 사는 사람은 동물원을 차리게 될 것이다."

2. **죄책감을 떨치고 즐거운 일에만 시간을 투자하라.** 코치에 따르면, 즐겁지 않은 일은 할 가치가 없다. (브랜슨, 슈거, 아텐버러 등) 부유하거나 성공한 사람들은 대부분 자신이 하는 일을 즐기고 열정적이며, 이는 80/20 법칙이 여전히 건재하다는 증거이다. 약 20%의 사람들이 80%의 부를 소유하며 80%의 즐거움을 일에서 느낀다. 그러면 80%의 사람들은 보잘것없는 보상을 받고 따분한 일을 한다. 분명

정신이 번쩍 드는 명제일 것이다.

3. 다른 사람들의 통제로부터 벗어나라. '80%의 시간이 20%의 결과를 거두고, 그 80%의 시간 동안 다른 사람의 명령에 따라 움직일 확률이 높다.' 코치는 계속해서 이런 현상을 피할 최선의 방법은, 실제로 그렇지 않더라도 어떤 조직의 소유자처럼 행동하는 것이라고 덧붙였다. 그렇다고 의무와 책임을 무시하라는 의미는 아니다. 다만 온전한 주인 의식을 가지고 더 큰 만족감을 느끼며 더 훌륭한 성과를 거두라는 의미이다.

4. '판에 박히지 않은, 심지어 괴상한 방식으로 시간을 이용하라.' 회의에 참석하든 서류를 작성하든 간에 전통적인 조직 생활의 일상은 매우 중요하다. 코치는 시간의 80%를 우선순위가 낮은 활동에 소비할 가능성을 배제하려면 '세상 밖으로 튀어나가지 않을 만큼' 기준으로부터 되도록 벗어나는, 판에 박히지 않는 행동이나 해결책을 택해야 한다.

5. 성취하고픈 80%의 성과를 거두는 20%의 활동을 나열하라. 그런 다음 여러분에게 80%의 행복이나 개인적인 만족감을 선사하는 활동을 나열하라.

6. '행복 섬(happiness islands)'과 '성취 섬(achievement islands)'을 만들어라. 두 가지의 4단계 목록에 공통적으로 포함되는 요소를 확인하고, 그 요소에 시간을 집중한다.

7. 시간 혁명을 일으키는 일곱 가지 방법 가운데 마지막은 '저가치 활

동을 제거하거나 줄이는 것이다. 20%의 결과만 거두는 80%의 활동은 제거하는 것이 가장 좋다. 그래야만 고가치 활동에 더 많은 시간을 할당할 수 있다.'

코치는 마지막으로 열 가지 저가치 활동 목록을 제시했다.

- 첫째, 다른 사람들이 시킨 일
- 둘째, 항상 특정한 방식으로 처리한 일
- 셋째, 특출하게 잘하지 못하는 일
- 넷째, 즐겁지 않은 일
- 다섯째, 항상 중단되는 일
- 여섯째, 다른 사람들이 그다지 관심을 갖지 않는 일
- 일곱째, 원래 예상보다 2배나 오래 걸리는 일
- 여덟째, 함께 일하는 사람이 못 미덥거나 뛰어나지 않은 일
- 아홉째, 예측할 수 있는 주기가 있는 일
- 열째, 전화 받는 일

실제 활용 사례

236쪽의 표를 보라. 이는 세일즈맨 1명이 관리하는 고객 수, 판매 액수, 잠재적인 판매 액수를 알 수 있는 실제 사례이다. 18%의 고객이 판매의 78%를 차지하므로 이 표에서 80/20 법칙이 어느 정도 확인된다.

잘못 할당한 판매 비용

고객 수		실제 판매 액수		앞으로 2년 동안의 잠재적인 판매 액수	
	%	£´000	%	£´000	%
4	3	710	69	1,200	71
21	18	800	78	1,500	88
47	41	918	90	1,600	94
116	100	1,025	100	1,700	100

흥미롭게도 위 사례에서 회사가 이후 2년 동안 어떤 고객에게 판매할 수 있을지 묻자, 세일즈맨은 상위 18%의 고객이 판매 액수의— 올해 실제 판매 액수에서 상승한— 88%를 차지할 것이라고 예상했다.

이 세일즈맨의 전화 상담 보고서를 분석한 결과, 하위 68%의 고객에게 전화를 거는 데 60%가 넘는 시간을 썼으며, 앞으로도 그럴 계획인 것으로 나타났다. 이 고객들이 차지하는 매출액은 10%를 약간 웃돌고 있으므로 시간을 크게 잘못 할당한 것이다.

세일즈맨은 상위 25%가 앞으로의 매출액 대부분을 차지할 것으로 예상했으며, 따라서 자원의 잘못된 할당은 더욱 악화될 것이다. 판매 부장은 결과를 토대로 한 전망보다는 이 '활동'을 바탕으로 세일즈맨들을 평가하고 있었다. 하지만 실제로 필요한 조치는 전화 등급 시스템이었다.

이를테면 판매 잠재력이 가장 적은 계정에는 1년에 두 번 전화를 걸고 전화를 받는 반면, 상위 계정은 1년에 여덟 번 방문했다. 등급 책정 프로세스를 도입하자 비용이 절감되었고, 세일즈맨을 추가로 고용할 필요성이 없어졌으며, 잠재력이 큰 신규 계정을 확보할 수 있는 시간적 여유가 많아졌다.

관련 이론

코치의 이론은 80/20 법칙을 생활의 모든 영역에 적용한다는 것이다. 파레토는 이 관계에 대해서는 다음과 같이 조심스러운 주장을 제시했다.

이는 경험적인 법칙이므로 항상 타당하지 않을 수 있으며, 특히 모든 인간에게 적용되지는 않을 것이다. 그러나 현재 우리가 확보한 통계 자료에는 예외가 없었다. 따라서 잠정적으로 이를 보편적인 법칙으로 수용할 수 있을 것이다. 그러나 예외가 나타날 수 있으며, 확실하게 입증된 예외가 발견된다면 나는 상당히 놀랄 것이다.

품질과 비용 관리 선구자인 조지프 주란(Joseph Juran : 1904~2008) 박사를 비롯한 다른 사람들은 자기 분야에도 똑같은 관계가 존재한다는 사실을 인정했다. 1940년대 후반 뉴욕 대학교에서 담당했던 강좌와 미국 경영 협회에서 열린 세미나에서 그는 '중요한 소수와 하찮은 다수(vital few and trivial many)' 원칙을 수많은 관리 활동은 물론, 물리적이고 생물학적인 세계 전반에 적용할 수 있는 '보편적인' 법칙으로 인정했다. 《품질 관리 핸드북(Quality Control Handbook)》 초판에서 주란은 다음과 같이 언급했다.

보편적이라는 표현을 간단히 설명해야 할 필요성이 발생했다. 그래서 나는 '품질 손실의 불균형(*Maldistribution of Quality Losses*)' 기사에서 일반화의 토대로서 그런 불균형의 수많은 사례를 나열하고, 파레토가 부의 불균형을 발견했다는 사실을 지적했다. 아울러 이제는 익숙해진 누적 곡선의 사례를 제시했는데 하나는 부의 불균형이며, 나머지 하나는 품질 손실의 불균형을 나타낸다.

이 개념을 채택한 사람이 주란이므로 이를 '주란의 가정'이라고 부르는 편이 적절할지도 모르겠다. 주란은 어떤 상황에서든 소수의 원인이 대부분의 결과를 결정한다고 가정했다.

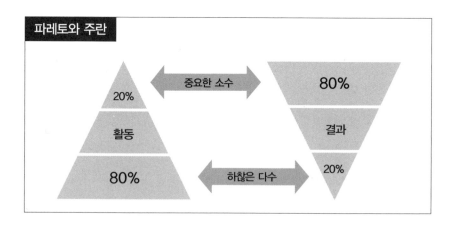

시릴 노스코트 파킨슨(Cyril Northcote Parkinson)을 포함한 다른 사람들은 부 이외의 영역에서 불균형에 주목했다. 널리 알려진 대로 파킨슨 법칙에 따르면, '업무는 완수할 때까지 이용할 수 있는 시간을 채울 만큼 늘어난다'. 이는 1955년 〈이코노미스트〉에 실린 재미있는 에세이의 첫 문장이었다가 훗날 《파킨슨의 법칙 : 확대의 추구(Parkinson's Law or the Pursuit of Progress)》(1958)로 발전했다. 파킨슨은 이 책에서 공직에 몸담았던 경험을 토대로 장시간 근무 문화가 사실 얼마나 피상적이며 불필요한지를 입증했다. 케네스 블랜차드(Kenneth Blanchard)와 스펜서 존슨(Spencer Johnson)도 이 문제를 확인했다(《1분 경영》(1981)).

"나는 1분 경영자이다. 내가 사람들로부터 큰 결과를 얻기까지 그리 오랜 시간이 걸리지 않기 때문에 나는 자신을 그렇게 일컫는다."

블랜차드와 스펜서는 그들의 책에서 세 가지 핵심 업무, 즉 목표, 칭찬, 질책에 초점을 맞춤으로써 1분 이내에 부적절한 시간 할당의 문제를 극복할 수 있음을 입증했다.

나폴레온 힐의 부를 얻는 7단계와 8단계는 시간 관리, 결단, 미루는 버릇 없애기에 관한 내용이다. 힐이 거부(巨富)들을 분석한 결과에 따르면, "그들은 하나같이 즉시 결정을 내리고 이런 결정을 바꿀 때면 천천히 바꾸는 버릇이 있었다".

오늘날의 유효성

시간을 낭비하거나 잘못 할애하는 문제는 보편적이라고 표현해도 과언이 아니며 영구적으로 해결되기도 어려울 것이다. 따라서 코치의 개념과 파레토의 80/20 법칙은 한동안 사라지지 않을 것으로 보인다. 그렇기는 해도 코치의 일화적인 접근 방식은 나폴레온의 접근 방식과 마찬가지로 어쩔 수 없이 낙후되어 결국 대체될 것이다.

John Kotter

By Clive Hemingway

이름 : 존 폴 코터

출생 : 1947년

전문 분야 : 리더십과 변화

주요 업적 : 변화를 주도하는 8단계 과정

주요 저서 : 《기업이 원하는 변화의 리더(*Leading Change*)》(1996), 〈하버드 비즈니스 리뷰〉에 실린 코터의 'HBR 베스트' 논문들 참고. '리더들은 과연 무엇을 하는가(*What Leaders Really Do*)' (2001. 12), '변화 주도하기 : 변화의 노력이 실패하는 이유(*Leading Change : Why Transformation Efforts Fail*)' (2007. 1), '변화 전략 선택하기(*Choosing Strategies for Change*)' (2008. 7~8)

존 코터는 누구인가

코터는 하버드 경영 대학원(HBS) 리더십 분야의 마츠시타 고노스케 명예 교수이다. 그가 대학교수로 재직한 것은 33세부터였는데, 대학교수로는 상당히 젊은 나이였다. 이후 줄곧 리더십과 변화를 중심으로 경영을 연구했다. 비록 지금은 교수직에서 은퇴했지만 노쇠해지는 기미는 전혀 보이지 않는다. 그가 설립한 코터 인터내셔널(Kotter International)은 '사람들에게 더욱 훌륭한 리더가 되도록 영감을 불어넣고, 오늘날의 삶을 풍요롭게 만드는 조직으로서 성공적으로 변화하며, 미래 세대를 위해 더 좋은 세상을 만드는 일'을 목표로 삼고 있다.

코터는 왜 유명한가

젊은 나이에 하버드 경영 대학원 교수로 임명된 후 코터의 연구는 리더보다는 관리자에게 초점을 맞추었고, 논문 '일반 관리자는 만능인이 아니다(General managers are not generalists)' (〈하버드 비즈니스 리뷰〉, 1982)로 정점에 이르렀다. 그 후 연구의 초점은 리더십과 리더가 변화를 일으키는 방법으로 바뀌었다. 기업 변화에 성공한 사례와 실패한 사례를 토대로 실시한 이 연구의 핵심은 '8단계' 개념이었다.

8단계 개념은 1995년 〈하버드 비즈니스 리뷰〉에 처음 소개되어, 이듬해 발간된 그의 대표작 《기업이 원하는 변화의 리더》로 확대되었다. 차기작에서는 개별 단계를 발전시켰으나, 이 단계는 그 자체로 코터의 리더십 개념의 초석이다.

코터는 대담, 잡지 기사, 학계 논문, 책을 통해 8단계를 상세히 설명했다. 뿐만 아니라 독자들이 단도직입적인 문체보다는 스토리텔링 방식으로 전달된 내용을 더 많이 기억할 것이라고 생각하고, 8단계를 우화 형식의 책《빙산이 녹고 있다고(*Our Iceberg is Melting*)》으로 변형했다.

개념

코터는 자신이 연구한 수많은 기업이 성숙 단계에 이르렀으며, 따라서 변화하는 시장에서 경쟁력을 잃지 않기 위해 변화해야 할 필요성에 직면했음을 목격했다. 아울러 대부분의 기업이 필요한 변화를 효과적으로 진행할 수 있다는 사실을 발견하고 변화를 이끌 수 있는 방법론, 즉 8단계를 개발했다.

코터의 8단계		
	관련 활동	해당 단계를 완수하지 못했다는 징후
단계를 설정한다		
위기감을 고조시킴	• 시장과 경쟁 현실을 조사한다. • 위기나 잠재적 위기, 혹은 중대한 기회를 확인하고 검토한다.	• 경영 마비
강력한 변화 선도팀을 형성함	• 변화 활동을 주도할 능력을 충분히 갖춘 집단을 구성한다. • 이 집단이 팀으로서 협력하도록 격려한다.	• 팀워크 부족, 지원 부족

해야 할 일을 결정한다		
비전을 창조함	• 변화 활동을 주도할 비전을 창조한다. • 비전을 성취할 전략을 개발한다.	• 계획은 무성하나 통합된 최종 목표가 없다.
실행한다		
비전을 전달함	• 모든 수단을 동원해 새로운 비전과 전략을 전달한다. • 선도 연합이 모범을 보임으로써 새로운 행동을 가르친다.	• 지속적인 보고 과정이 없이 '발사 후 망각 fire-and-forget' 방식으로 커뮤니케이션을 진행한다. • 비전을 전달하는 사람들이 변화에 동참하지 않는다.
다른 사람들에게 비전을 실천할 권한을 부여함	• 변화의 장애물을 제거한다. • 비전에 크게 해로운 체계나 구조를 바꾼다. • 모험과 관습에 얽매이지 않는 아이디어와 활동, 조치를 권장한다.	• 이를 테면 고위직을 포함해 변화에 반대하는 직원이 여전히 자리를 지키고 있다.
단기적인 성과를 계획하고 달성함	• 눈에 띄게 성과를 향상시키기 위한 계획을 세운다. • 이 계획을 달성한다.	• (1단계에서 조성한) 위기감이 줄어든다.
향상된 결과를 통합하고 더 많은 변화를 일으킴	• 향상된 신뢰를 이용해 비전에 적합하지 않은 변화 체계와 구조, 정책을 변화시킨다. • 비전을 실행할 수 있는 직원들을 승진시키고 발전시킨다. • 새로운 프로젝트와 주제, 변화 주도자를 투입함으로써 변화 과정에 다시 활력을 불어넣는다.	• 변화 과정은 한정된 업무로 인지된다. 일단 과정은 표면된 오랜 습관에서 종료된다.
변화를 지속시킨다		
새로운 접근 방식을 제도화함	• 새로운 활동과 기업의 성공이 어떻게 관련이 있는지 자세히 밝힌다. • 리더십 발전과 승계를 위한 수단을 개발한다.	• 후계자를 지혜롭게 선택하지 못하고, 그 결과 새로운 문화가 적절히 뿌리내리지 못한다.

〈하버드 비즈니스 리뷰〉에 실린 존 폴 코터의 '변화 주도하기: 변화의 노력이 실패하는 이유' 참고

코터는 기업의 변화가 실패하는 이유를 한 가지 이상의 단계를 대충 끝내거나, 생략하거나, 아니면 잘못된 순서로 단계를 거치기 때문이라고 주장했다. 그리고 관리자들은 특히 임무를 빨리 완수하기 위해 한 단계를 대충 끝내는 경향이 있는데, 결국에는 이런 경향 때문에 역효과가 일어난다고 덧붙였다.

그리고 리더십의 힘을 8단계를 성공적으로 완수하기 위한 필수 요건으로 강조했다. 변화가 시급하게 필요하다고 느낀다면 사람들이 위기를 직시하도록 안전지대에서 끌어내야 한다. 모든 사람들이 변화에 동조하게 만들려면 연합을 형성하기 위한 강력한 리더십이 필요할 것이다. 강력한 리더십의 증거는 분명 비전을 제시하는 능력에서 나타난다. 장애물—모순된 시스템들, 변화를 거부하는 직원들—을 극복하려면 대담하고 자신만만한 리더십이 필요하다. 변화가 뿌리내리고 '구태의연한 방식'으로 되돌아가지 못하게 막는 것도 리더의 역할이다.

코터는 8단계를 개발하기 전후에 실시한 연구에서 지극히 실용적인 접근 방식을 택했다. 이 접근 방식은 머지않아 일어날 기업의 변화에 직면한 리더를 위한 도구 상자처럼 보인다. 예컨대 변화를 가로막는 장애물을 제거하는 방법을 원하는 사람에게 제시한다. 어떤 종류의 저항에 맞닥뜨렸는지를 확인하고 적절한 대처 전략을 선택하라(교육 · 커뮤니케이션, 관여 · 참여, 촉진 · 지원, 협상 · 합의, 조작 · 흡수 그리고 명시적 · 암시적 강압).

최근 들어 코터는 본인이 가장 어렵다고 생각한 단계, 즉 위기감 조성하기(1단계)에 집중했다. 초기 저서에서는 '플랫폼을 태우는 것'이 1단계를 위한 가장 좋은 방법이라고 생각했다. 이를테면 위기가 임박했다는 그림을 그리거나 월스트리트의 누군가 여러분 대신 그림을 그려준다면 더욱 좋을 것이다. 그 후 견해를 약간 수정한 그는 외부 세계와 더 많이 접촉하는 것이 최선의 방법이며, 따라서 관리자를 고객과 함께 시간을 보내도록 파견하거나 고객을 회사로 초대해도 좋다고 덧붙였다.

이처럼 회사 직원들이 고객과 접촉할 기회를 제공하면, 예컨대 어떤 제품이 고객의 기대에 미치지 못한다는 사실을 발견하고 변화가 필요한 시기를 스스로 깨닫는다. 코터는 고객에게 회사를 견학시키면서 고객과 직원의 만남을 촬영하는 방법을 추천했다. (이 문제에 관한 더 많은 정보는 J. P. 코터의 《존 코터의 위기감을 높여라(A Sense of Urgency)》(하버드 경영 대학원 출판사, 2008) 참고)

실제 활용 사례

상장 기업의 경우에는 자사가 변화 프로그램을 논의하는 중임을 외부에 숨길 수 있다. 그런 사실이 알려지면 근거 없는 추측이 일어나고 실질적으로 주가에 영향을 미치기 때문이다. 하지만 아래에 언급한 기업들은 코터 인터내셔널 웹사이트에서 자사의 사례를 묘사하도록 허용해주었다.

1. **레드 로빈**(Red Robin : 레스토랑 체인)은 신규 레스토랑의 업무 정상화에 필요한 기간을 36개월에서 6개월로 줄이는 방안을 고려하기

시작했다. 위기감의 원천은 재정 문제였다. '고객이 주문한 것을 적시에 정중하게 제공한다.' 는 지극히 단순한 비전이었지만, 이 회사는 이 비전으로 핵심 비즈니스에 초점을 맞출 수 있었다. 이 사례의 핵심은 아마도 직원들에게 권한을 부여하는 단계였을 것이다. 직원들은 개정된 훈련 제도를 통해 습득한 다양한 기술과 능력을 스스로 향상시키면서 권한을 부여받을 자격을 갖추었다. 그 결과 이직률이 감소한 것은 물론, 회사의 비전과 변화의 목표를 성취할 수 있었다. 문화 변화는 비단 레스토랑에 국한되지 않았고, 관리 부서 활동도 변화되었다.

2. **노퍽 서던**(Norfolk Southern : 철도 화물 터미널 운영)은 효율성을 높이는 수단으로 안전도를 개선하고 싶었다. 가장 중요한 장애물은 특정한 수준의 사고로 인한 부상은 용인할 만하다고 생각하는 문화였다. 이 사례에서 나타난 특별한 문제는 커뮤니케이션이었고, 문제의 원인은 많은 직원들이 기차에 탑승해서 일하는 동안에는 전자우편을 처리하거나 오디오 방송을 들을 수 없다는 사실이었다. 경영진은 자사의 비전을 '부상 없는 운영' 으로 바꾸고, 근무를 시작할 때마다 직원회의에서 이 소식을 전달했다. 경영진은 정기적으로 변화해야 할 이유를 '진심에 호소하기' 라고 표현하며, 직원들에게 자신은 물론이고 가족들에게 닥칠 위험을 생각하라고 부탁했다. 안전 메시지를 전달하기에 효과적인 방법이었다.

3. 센터링크(Centrelink : 기존의 두 조직을 결합해 새롭게 설립한 오스트레일리아 사회 복지 기관)는 회사의 기반을 확립하는 일이 급선무였다. 센터링크의 CEO는 이 과업을 성취하기 위해 8단계를 채택하고 가장 먼저 강력한 연합을 구성함으로써 새로운 비전을 홍보하고 고취시켰다. 수많은 사람들이 회의에 참석해야 한다는 난점이 있었지만 결국 연합 단체가 구성되었고, 그 후 정기 회의를 열어 문제를 제기하고(해결하고) 각자의 업무 진행 상황을 알렸다. CEO에 따르면, 연합 단체의 규모는 크고(직원 2만 3천 명 가운데 약 100명) 통제하기 어려운 상황이 벌어질 수 있었으나, 대규모 공개 토론회에서 진행되는 토론의 장점에 힘입어 탄탄한 전략이 탄생했다.

관련 이론

1947년 작고한 커트 레빈은 변화를 '해빙(Unfreeze)-움직임(Move, 즉 변화)-재결빙(Refreeze)'의 3단계로 표현했다. 코터는 처음 두 단계에는 동의했지만, 레빈이 주창한 '재결빙'에 다른 의미를 적용했다. 레빈은 이를 일단 자리 잡힌 재결빙을 겪는 새로운 시스템이나 구조라고 해석했다. 시간이 지나면 새로운 시스템이나 구조도 낙후되어 '해빙-움직임-재결빙'의 과정을 반복할 것이다. 코터는 조직이 주변의 요구에 반응해서 계속 발전할 것이라는 생각으로 재결빙을 문화 변화에 적용했다.

코터—그리고 다른 일부 1990년대 작가들—는 조직의 리더들이 변화를 자극한다는 점에서 변화의 '이성적 철학'에 동의했다. 이는 족히 열 가지는 되는 변화 철학 가운데 하나일 뿐이다. 나머지 철학을 살펴보면 다음과 같다.

1. **생물학적 철학** : 조직이 외부에서 주도하는 자연 토대를 겪는다고 주창하며, 일부 조직은 정상적으로 시간이 흐르면서 노화하고 소멸하는 반면, 환경 변화에 적응하는 조직도 있다.
2. **제도적 철학** : 변화는 인간이 만들지만, 변화를 촉발시키는 것은 예컨대 입법 조치처럼 조직 외부에서 일어나는 사건이다. 이런 외부의 압력에 순응할 때 기업은 조직 구조의 내부에서 그랬듯이 유사성을 채택한다.
3. **자원 철학** : 자원(사람을 포함해)을 확보하기 위해 노력하는 기업에서 변화가 발생한다. 제도적 철학과는 달리 자원 철학은 기업으로 하여금 독특한 자산을 확보함으로써 차별화하도록 촉구한다.
4. **우연성 철학** : 효율성을 높이기 위해 자사의 기술, 전략, 구조, 시스템, 스타일, 문화를 시험하는 기업에서 변화가 일어난다.
5. **심리학적 철학** : 조직 구성원의 감정과 관련된 철학으로, 감정의 변화는 조직의 변화보다 속도가 느리기 때문에 불편함을 초래한다.
6. **정치적 철학** : 집단이나 내부 구성원의 힘을 증대하기 위해 조직이 변화한다고 가정한다. 이런 변화에는 내적인 요소가 크게 작용하므로 변화에 대한 외적 압력은 무시될 수 있다. 코터는 강력한 연합을 구성하라고 촉구했으나, 어쨌든 연합은 리더가 구성하고 지휘한다.

7. **문화적 철학** : 공유된 변화의 경험과 관련된 철학(개인과 관련된 심리학적 철학과 비교이다). 문화적 변화는 조직의 가치관 변화를 수반하는데, 이는 뿌리가 깊어서 움직이기 어려울 수도 있다.

8. 조직 **시스템 견해**에 따르면, 조직은 서로 관련이 있는 이성적 단위로 구성된다. 그렇기 때문에 한 단위가 변화하면 다른 단위에 영향을 미치며, 따라서 변화를 전체주의적인 관점에서 생각해야 한다.

9. 아마도 가장 복잡하고 추상적인 철학은 **포스트모던 철학**일 것이다. 이 철학에 따르면, 의견 교환이 우리의 (다양한) 세계들과 현실을 구성하며 이 다양한 세계의 변화를 일으킨다.

오늘날의 유효성

코터의 8단계는 변화가 어렵지만 몇 가지 황금률을 올바른 순서로 따른다면 성공적으로 변화하지 못할 이유가 없다고 생각한다는 점에서 1990년대 변화 관리 개념과 상당히 유사하다. 변화 관리 개념은 1990년대 이후 몇 가지 중대한 면에서 변화했다. 첫째, 변화가 사람들에게 영향을 미치고 사람들이 변화를 일으킨다는 사실은 인정한다. 그러나 사람들에게 변화 프로그램을 실행하라고 지시할 수 있으며, 또 그래야 하며, 아울러 변화의 대의명분에 헌신하지 않는 사람은 배제시켜야 한다고 가정했다. 둘째, 비전이 있는 리더가 변화를 주도하며, 따라서 변화는 하향식 과정이다.

현대의 직관적인 리더들은 전임자들에 비해 포괄적이고 민주적인 방식으로 지휘하며, 직원을 자동화 기계로 생각하던 1990년대 개념은 인기를 잃었다. 리더의 변화 프로그램을 전개하는 1990년대 충복의 이미지는 퇴색해서 가장 폭넓은 노동력 집단이 좀 더 유기적으로 변화를 일으키는 이미지로 대체되고 있다.

코터는 1990년대와 현재의 개념을 연결시키는 것처럼 보인다. 비전을 제시하는 리더의 중요성을 강조하는 반면, 모든 관련자가 동의하고 적극적으로 참여해야 한다고 촉구했다. 코터는 변화가 단계별 과정이기는 하지만, 조직 문화의 지속적이고 통합적인 요소로 자리 잡아야 한다는 사실을 인정했다. 이는 '해빙-움직임-재결빙' 개념에서 진일보한 것이다.

코터의 블로그 http://blogs.forbes.com/johnkotter/와 웹사이트 www.kotterinternational.com을 참고하라.

Tom Peters

By Colin Barrow

이름 : 토머스 J. 피터스

출생 : 1942년

전문 분야 : 독창적인 저서인 《초우량 기업의 조건(*In Search of Excellence*)》으로 개인과 기업의 권한 부여와 문제 해결 방법론의 전문가 반열에 올랐다.

주요 업적 : 맥킨지(McKinsey) 7-S 모형과 기업의 탁월한 성과를 결정하는 중대한 요인으로 여덟 가지 공통적인 주제를 확인한 것을 비롯해 비즈니스 조직과 전략 실행에 대한 글을 발표했다.

주요 저서 : 《초우량 기업의 조건》(로버트 H. 워터먼 주니어와 공저, 1982), 《초우량 기업에 대한 열정(*A Passion for Excellence*)》(낸시 오스틴과 공저, 1985), 《경영 혁명(*Thriving on Chaos*)》(1987), 《해방 경영(*Liberation Management*)》(1992), 《경영 창조(*The Pursuit of WOW!*)》(1994), 《미래를 창조하라(*Re-imagine! Business Excellence in a Disruptive Age*)》(2003), 《트렌드(*Trends*)》(마사 발레타와 공저, 2005), 《리틀 빅 싱즈(*Little Big Things : 163 Ways to Pursue Excellence*)》(2010)

톰 피터스는 누구인가

피터는 베트남과 훗날 펜타곤에서 미국 해군으로 복무했다. 펜타곤에서 군사 전략에 대한 관심을 키웠으며, 민간 분야에서 근무하면서 전문가로 명성을 얻었다. 코넬 대학교 토목학과를 졸업하고, 스탠퍼드 대학교에서 MBA와 경영학 박사 학위를 받았다.

1974년부터 1981년까지 맥킨지 앤드 컴퍼니(McKinsey & Company)의 경영 컨설턴트로 일하면서 《초우량 기업의 조건》을 위한 자료를 수집했다. 《초우량 기업의 조건》을 쓰기 시작한 1978년 이후 피터스는 500만 마일을 날아다니며 48개 주와 63개 국가 300만 명의 청중 앞에서 2,500회가 넘는 연설을 한 것으로 추정된다. 600만 부 이상 팔린 이 책은 '랜드마크 도서', '역사상 최고의 비즈니스 도서' 등 다양한 수식으로 묘사되었으며, 〈뉴욕 타임스〉로부터 금세기 최고의 책이라는 평가를 받았다.

피터스는 왜 유명한가

맥킨지에서 근무할 당시 피터스는 구조와 인재 프로젝트를 연구하기 시작했다. 이것이 맥킨지의 핵심 지식이자 주된 요소가 되었다. 1979년에는 맥킨지 뮌헨 지사의 요청으로 이틀간 열린 세미나에서 지멘스(Siemens)를 상대로 한 연구 결과를 발표했다. 1980년에는 하버드 경영대학원 교수인 토니 애토스(Tony Athos)와 이틀 동안 브레인스토밍 세션을 가졌다. 이때 피터스가 최신작에서 묘사했듯이, '우리의 두서없는 이야기'가 '명쾌하고' 중대한 것으로 탈바꿈했다. 같은 해 후반에 《초우량 기업의 조건》의 바탕이 된 연구 '7-S 프레임워크'가 발표되었다(R. H. 워터먼 주니어, T. J. 피터스, J. R. 필립스, '구조는 조직이 아니다 (Structure is not organization)', 〈비즈니스 호라이즌〉 23(3):14, 1980). 그 후 이 프레임워크는 초우량 기업의 여덟 가지 특성으로 발전했다.

개념
이 이론의 기본 개념은 뒷날 맥킨지 7-S 모형으로 알려지게 된다.

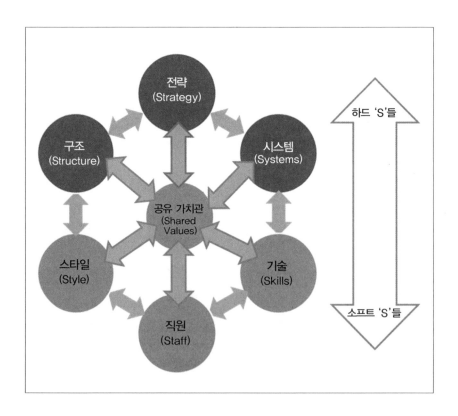

공유 가치관—또는 피터스의 표현에 따르면, '상위 목표(superordinate goals)'—은 대개 이 모형을 도식으로 나타낸 모든 그림의 중심에 위치하지만, 사실 일곱 가지 S 사이에 우선순위는 존재하지 않는다.

- **구조** : 기업의 관리 방식은 보고 대상자를 표시한 조직도로 나타난다.
- **전략** : 마감 기한을 맞추고 외부 환경에 나타나는 모든 변화에 대처하기 위해 기업이 실행하는 활동이나 실행 계획
- **시스템** : 구조와 전략을 뒷받침하는 일상적인 절차와 과정
- **스타일** : 조직을 지휘하고 관리하는 방식
- **기술** : 널리 알려진 기업의 장점과 뛰어난 능력
- **직원** : 인력 관리 활동과 사람들을 모집하고 유치하며 발전시키는 방식
- **공유 가치관** : 기업 문화와 모든 사람에게 기대하는 행동 방식을 묘사하는 기업의 핵심 가치관. 이를테면 토이저러스(Toys 'R' Us Inc)는 신속하고 현실적이며 신뢰할 만하고 책임감 있는 회사가 되는 일을 가치관으로 삼았다. 나아가 이런 회사가 되면 고객, 직원, 주주, 지역 사회, 그리고 아이들에게 최고의 서비스를 제공할 수 있다고 믿었다.

일곱 가지 S를 항상 염두에 두어야 한다. 그렇지 않으면 탁월한 성과는 기대할 수 없다. 처음에 작가들은 이론상 쉽게 묘사할 수 있는 '하드

S((전략(strategy), 구조(structure), 시스템(systems)))'와 언뜻 보면 묘사하기가 그리 쉽지 않고 유동적인 것 같은 '소프트 S((스타일(style), 기술(skills), 직원(staff)))'가 서로 구분된다고 보았다. 하지만 피터스는 자신의 이후 연구를 여섯 단어로 표현할 수 있다고 주장했다.

"하드는 소프트하고 소프트는 하드하다(Hard is soft. Soft is hard)."

이 말에 담긴 그의 논지는 수치가 정확하다는 착각이 일으킬 수 있다는 점이었다. 그는 과거 평가 기관들이 미덥지 않은 모기지 패키지에 지극히 높은 점수를 주었던 사실을 예로 들었다. 반면 직원(사람)과 공유 가치관(기업 문화), 기술(핵심 능력)은 "적응력과 지구력이 뛰어난 기업의 기반"이라고 설명했다.

피터스와 워터먼은 7-S 모형을 출발점으로 삼아 책의 소제목처럼 '미국의 일류 기업으로부터 얻은 교훈'의 원천이었던 수많은 기업을 대상으로 초우량 기업을 찾아 나섰다. 자산 성장, 종합 자기 자본 성장, 시장 가치와 장부 가치 비율, 총자본 평균 이익률, 자기 자본 평균 이익률, 평균 매출액 이익률 등 여섯 가지 기준으로 평가했을 때 20년 이상 훌륭한 성과를 거둔 기업들 가운데 조사 대상을 선출했다.

사실 이런 평가 기준이 충분한지 여부를 둘러싸고 많은 논란이 있었다. 재정적인 성과만 고려하면서 많은 사람들이 초우량 기업의 중대한 기준이라고 생각하는 브랜드 가치 등의 다른 기준을 무시한 까닭이었다. 뿐만 아니라 재정 분야에서도 잉여 캐시플로와 기어링(gearing : 타인 자본을 이용하여 자금 조달 효과를 얻는 일) 같은 중대한 요소를 무시했다.

피터스는 본인이 선호하는 기업이 아니라 확실한 우량 기업만 선정했다. 두 작가는 우선 62개 회사로 구성된 처음 목록에서 회복력이 떨어진다고 생각되는 20개 기업을 제외시켰다. 나머지 기업은 모두 규모가 상당히 컸지만 뉴욕 증권 거래소의 판매 실적이 상위 25위에 속한 기업은 세 곳뿐이었고, 500대 기업에 속한 기업은 스물두 곳에 지나지 않았다. 《초우량 기업의 조건》의 스타라 할 수 있는 컴퓨터 회사 IBM을 포함해 여러 기업들이 머지않아 난조를 겪었다. 중저가 항공사 피플 익스프레스(People Express)처럼 파산한 기업도 있다.

두 작가는 계속해서 연구 주제를 다소 버거웠던 스물두 가지에서 여덟 가지로 축소했다.

1. **실행을 중요시하라** : 자기 분석적인 편협한 시각에 사로잡히기보다는 '그냥 시작하라'.
2. **고객에게 밀착하라** : 고객의 말에 귀를 기울이고 그들로부터 배워라.
3. **자율성과 기업가 정신을 길러라** : 창의력을 키우고 실수를 용인하며 리더와 챔피언을 육성하라.
4. **사람들을 통해 생산성을 높여라** : 직원들을 품질과 생산성을 향상시키는 소중한 자산으로 대하라.
5. **가치를 토대로 실천하라** : 기업의 사명을 명확히 밝히고 실용적인 방식으로 일상 행동을 지도할 수 있는 관리 철학을 가져라.
6. **핵심 산업에 집중하라** : 자신이 가장 많이 하고 가장 잘 아는 비즈니

스에 주력하라.

7. **조직을 단순화하라** : 관리 단계를 간소화하고 본사 직원을 최대한 줄여라.

8. **엄격함과 온건함을 동시에 갖추어라** : 실질적으로 도움이 되면서 가능한 분야라면 일선에 권한을 위임하는 한편, 중앙 집권적인 가치를 채택하라.

실제 활용 사례

이 책은 기본적으로 초우량 기업의 성공 전략을 활용할 방법을 다루었다. 이 전략이 장기적으로 효과가 있는지 여부가 관건이다. 〈포브스닷컴 (*Forbes. com*)〉의 기자 댄 애크먼(Dan Ackman)은 이 책이 출간된 이후 20년에 걸쳐 '초우량' 기업들이 거둔 성과를 관찰했다. 20년을 택한 것은 역사 분야에서 선택의 기준으로 이용하는 기간이기 때문이었다. 책이 출간될 무렵 24개 기업이 500대 기업에 속했다. 만일 초우량 지수라는 것이 존재했다면 여기에 1,000파운드를 투자했을 경우 1만 4,000파운드를 벌 수 있었을 것이다. 미국 주식 시장에 투자했을 경우, 얻을 수 있는 수익은 고작 8,500달러였다.

역사 이야기는 이쯤에서 접어두자. 그렇다면 오늘날 누가 이 규칙들을 따르고 있는가? 피터스의 연구에서 가장 강력한 메시지로 손꼽히는 '핵심 사업에 집중하라' 를 예로 들어보자. 어느 모로 보나 위대한 기업인 펩시콜라는 어떤 상황에서도 성장을 토대로 삼는다. 이 회사는 총수입

15% 성장을 장기 목표로 삼고 있으며, 현재 세계 최대 스낵 식품 회사와 미국의 대규모 패스트푸드 체인 7개 가운데 3개(피자헛, 타코벨, KFC)를 소유하고 있다. 펩시코의 매장은 해가 지지 않는다. 하지만 2010년 경쟁 회사인 코카콜라와 비교했을 때 430억 대 310억 달러로 펩시의 판매 실적이 높음에도 이 회사의 가치는 1,020억 달러에 지나지 않았다. 이와 대조적으로 코카콜라의 가치는 1,200억 달러를 기록했다. 펩시보다 거의 20% 높은 가치이다. 이는 투자업계에서 음료 사업에 주력하는 코카콜라를 선호하기 때문이다. 두 회사는 모두 피터스의 연구 대상에 포함되지 않았으나, 또 다른 위대한 성공 기업인 맥도날드는 그렇지 않다. 창립 20주년을 맞았던 1980년 맥도날드 매장은 27개국에서 6,263개에 달했다. 2011년 현재 매일 117개국의 3만 2,000개가 넘는 매장에서 약 6,400만 명의 고객들에게 서비스를 제공하고 있다.

관련 이론

《초우량 기업의 조건》은 거의 모든 유명한 비즈니스 이론가들의 연구로 책에 실린 주장을 뒷받침하고 과거의 개념을 반박했다. 효율성 평가 척도에 사로잡혔던 프레드릭 윈슬로 테일러(《과학적 관리법》, (1911))의 연구는 이보다 정량화하기 어려운 사회적 가치들—맥킨지 모형의 소프트 S들—때문에 빛을 잃었다고 생각했다.

앨프리드 챈들러(Alfred Chandler, 《경영 전략과 조직(Strategy and Structure : Chapters in the History of American Industrial Enterprise)》 MIT 출판, 1969)는 1920

년 이후 미국의 산업계를 지배했던 재벌을 대상으로 실시한 4건의 사례 연구를 검토한 결과, 구조가 항상 전략을 따라야 한다고 결론을 내렸다.

초우량 기업을 대상으로 실시했던 피터스의 연구에서는 이를 광범위한 현대 비즈니스 세계에서 보기 드문 사례라고 판단했다. 피터스는 "중대한 전략 문제는 실행과 지속적인 적응, 즉 임무 완수와 유연성 유지와 관련이 있다."고 지적했다. 각지에서 호평을 받았던 피터 드러커에 대해서는 1970년대 후반에 미국 기업의 운영을 회계 직원에게 맡기는 데 일조한 사람이라고 비난했다.

반면 엘턴 메이오(《산업 문명의 인류 문제(*The Human Problems of an Industrialized Civilization*)》, 1933)와 체스터 바너드(Chester Barnard, 《경영자의 역할(*The Functions of the Executive*)》, 1968)는 조직이 생존이든 발전이든 상관없이 어떤 구체적인 목표를 성취하는 한편, 구성원들의 동기를 충족시켜야 한다는 사실을 제대로 인식한 인물이라고 보았다.

《초우량 기업의 조건》에 도전하는 개념이 무척 많았지만, 그 가운데 세 개념이 특히 눈에 띈다.

1994년 제록스는 한 인증 과정을 기준으로 기업의 우수성을 판단했다. 이 인증 과정에서는 다음 여섯 가지 기준에서 높은 점수를 얻으면 우수한 기업이라고 정의했는데, 이 기준 가운데 7-S와 상충되는 것은 없었다.

- 관리 리더십
- 인력 자원 관리
- 비즈니스 프로세스 관리

- 고객 및 시장 초점
- 정보 활용과 품질 도구
- 업무 성과

로버트 캐플런(Robert Kaplan)과 데이비드 노턴(David Norton)이 개발해 1992년 〈하버드 비즈니스 리뷰〉에 발표한 균형 성과 기록표는 업무 활동과 조직의 비전이나 전략을 조율하고, 내·외부 커뮤니케이션을 개선하며, 전략적 목표를 기준으로 조직의 성과를 평가하는 방법을 제시했다. 이 기록표가 남다른 것은 비재정적인 성과 기준을 전통적인 재정 목표에 적용함으로써 관리자와 경영자에게 조직의 성과에 대한 좀더 '균형적인' 견해를 제시했다는 점이다. 캐플런과 노턴이 이 단계를 새롭게 창조했다는 인정을 받고 있으나, 사실 '균형 성과 기록표'는 1950년대 성과 평가 보고에 대한 제너럴 일렉트릭의 연구와 20세기 초반 (le tableau de bord, 직역하면 성과 척도의 '대시보드'를 개발한) 프랑스의 프로세스 엔지니어들의 연구에서 유래했다.

2001년 도요타는 내부 문서에서 훗날 도요타 웨이(Toyota Way)라고 알려지는 4P[14]와 전혀 다르지 않다.

---

14) 'P'로 시작하는 네 가지 범주, 즉 철학(philosophy), 프로세스(process), 사람/파트너 (people/partner), 문제 해결(problem solving)을 제시하고, 이를 성공의 토대를 이루는 열네 가지 관리 원칙으로 나누었다. 이 가운데 피터스나 워터먼의 의견과 상이한 것은 없었다. "자사의 철학을 따르는 탁월한 사람들과 팀을 발전시켜라."(원칙 10)는 맥킨지 모형의 모든 소프트 S와 어울린다. 원칙 12 "직접 가서 보고 상황을 철저하게 파악하라."는 피터스의 연구에 포함된 몇몇 초우량 기업이 신봉하는 원칙인 'MBWA(management by walking about : 현장 경영).

오늘날의 유효성

《초우량 기업의 조건》에서 개설한 여러 개념의 장기적인 효과에 대해 이의가 제기되자 두 저자는 다음과 같이 지적했다.

우리 두 사람은 《초우량 기업의 조건》을 발표한 이후에도 많은 글을 썼고, 우리가 목격한 사실을 다양한 용어로 표현했다. 그러나 이 책보다 더 훌륭한 책은 없었다. 그저 특성이 그렇다는 뜻이다. 원칙이 아니라 특성 말이다. 하지만 확실히 더 훌륭한 것이 등장할 때까지 우리는 이 특성을 고수할 것이다.

피터스는 하버드 경영 대학원 교수 토니 애토스에게 영향을 받았음을 인정했다. 애토스 교수는 7-S 모형이 탄생한 브레인스토밍 세션을 지휘했다.

토니는 진부해 보이기는 하지만 머리글자로 시작하는 모형을 개발해야 한다고 주장했다. 우리의 경우에는 'S'로 시작하는 요소를 찾아야 했다. 돌이켜보면 그것은 거의 천재적인 생각이었다. 나는 처음에는 유치하다고 생각했지만 머리글자로 표현하지 않았다면 그 개념은 거의 30년이 지난 다음에도 회자되지 못했을 것이다.

Michael Porter

By Trudi Knight

이름 : 마이클 유진 포터

출생 : 1947년

전문 분야 : 경쟁 전략과 경쟁 우위 개념의 권위자. 현재 하버드 경영 대학원 교수로 재직 중이다.

주요 업적 : 포터는 경영 개념에 중대한 공헌을 했는데, 그 가운데 가장 유명한 개념은 '경쟁 우위'이다.

주요 저서 : 《경쟁 전략(Competitive Strategy : Techniques for Analyzing Industries and Competitors)》(1980), 《경쟁 우위(Competitive Advantage : Creating and Sustaining Superior Performance)》(1985), 《국가 경쟁 우위(The Competitive Advantage of Nations)》(1990), 《경쟁론 (On Competition)》(1998)

마이클 포터는 누구인가

마이클 포터를 현대 비즈니스 전략의 주도적인 이론가로 인정하는 사람들이 많다. 포터는 지난 30년 동안 지속적으로 신기원을 열고 찬사를 받았다. 학계에 공헌한 것 이외에도 세계 최고의 전략적 경영 컨설팅 회사로 손꼽히는 모니터 컴퍼니(Monitor Company)를 설립했으며, 이 회사에서 계속 연구하고 있다. 기업, 정부, 사회 분야에 조언을 제공하며 캐터필러, 프록터 앤드 갬블, 로열 더치 쉘(Royal Dutch Shell) 같은 일류 국제 기업에 전략 자문으로 활약한다.

포터는 왜 유명한가

1980년대 전략적 사고의 실용적인 프레임워크를 제공한 포터의 연구는 가히 혁명적이었다. 첫 번째 저서인 《경쟁 전략》(1980)은 산업에 초점을 맞추었고 전략에 미시경제학의 분석적인 엄격성을 적용했다. 이 책은 관리자들에게 산업계의 매력과 경쟁적인 포지셔닝을 분석할 구조를 소개했다. 달리 표현하자면 사업가들이 시장을 깊이 파헤쳐서 아무도 개발하지 않은 진정한 기회를 발견할 기회를 제공했다. 《경쟁 전략》은 이 주제에 대한 학계와 재계의 인식을 크게 제고했으며, 오늘날까지도 전략적 사고의 토대로 인정받는다.

1985년에 발표된 그의 두 번째 책인 《경쟁 우위》 또한 이에 못지않게 영향력이 지대했다. 《경쟁 전략》의 동반 저서인 《경쟁 우위》는 기업이 시장에서 경쟁 우위를 창출하고 유지하는 방법을 살펴보았다. 이 책에서 포터는 '기업의 내부'로 시야를 돌려 자원과 자원을 활용하는 방법을 살피고 경쟁 우위를 확인할 시스템을 제시했다. 이후 25년이 넘도록 널리 인정받은 경쟁 우위와 지속 경쟁 우위 개념은 확고한 접근 방식으로 자리 잡았다.

이 두 책은 세 가지 연결 개념, 즉 '다섯 가지 요인(five forces)', '본원적 전략(generic strategy)', 그리고 '가치 사슬(value chain)' 프레임워크를 개발함으로써 전략적 사고의 판도를 바꾸었다. 오늘날 대부분의 경영 대학원에서는 전략 관련 강좌에서 이 개념들을 핵심적으로 다루고 있다. 포터는 획기적인 두 책을 발표한 다음에도 지속적으로 전략 분야에 공헌했으며, 그 결과 전략에 대한 학계 관리자들의 관심이 높아졌다. 이처럼 인상적인 성과를 거둔 것은 전무후무한 일이었기에 최초로 획기적인 업적을 쌓은 후 30년이 지난 지금에도 포터의 연구는 경쟁과 전략의 본질에 관한 한 남다른 통찰력을 제공하고 있다.

개념

경쟁 우위 개념은 조직의 전략적 목표를 확인하고 정의한다. 포터는 모든 기업의 목표는 경쟁 업체에 비해 경쟁 우위를 성취하는 것이라고 말했다. 기업은 경쟁 우위를 확보하기 위해 자사 제품을 더 저렴한 가격으로 판매하거나 경쟁 업체와 차별화시킨다.

포터는 경쟁 우위를 확보한 기업이 업계의 경쟁 업체보다 높은 평균 수익(그는 이를 '초과 수익'이라고 표현했음)을 거둔다고 주장했다. 그러나 경쟁 우위를 확보하는 일과 지속하는 일은 별개이며 후자가 더 어렵다고 덧붙였다. 지속 경쟁 우위는 업계에 진출하는 다른 기업이 복제하거나 모방할 수 없으며, 따라서 다른 기업들은 기존 기업이 누리는 초과 수익을 얻기 위해 경쟁한다.

포터에 따르면, 기업의 지속 경쟁 우위의 근본적인 토대는 경영 전략이다. 기업의 전략이란, 자사의 경쟁 우위를 개발하고 증대할 행동 계획을 의식적으로 모색하는 일이다. 조직의 전략 개발 과정을 돕기 위해 포터는 다음과 같은 프레임워크를 개발했다.

- 다섯 가지 요인
- 본원적 전략
- 가치 사슬

이 프레임워크를 통해 조직이 라이프사이클에서 현재 어떤 위치를 차지하며, 앞으로 어떤 위치로 발전하기 위해 노력하는지 파악할 수 있다. 현대 비즈니스 세계에 적용할 만한 핵심 요점으로서 이 프레임워크를 간단히 요약해보자.

다섯 가지 요인

포터의 다섯 가지 요인은 단순하지만 강력한 프레임워크로, 조직은 이를 바탕으로 다섯 가지 시장 압력 요인—공급자, 구매자, 잠재적 신규 진입자, 대체재(똑같은 목적을 성취하는 대체 제품), 그리고 기존 경쟁자―의 힘을 확인한다. 경영진은 각 요인의 힘을 확인함으로써 자사 시장의 특성에 영향을 미치고 활용하는 방법을 결정한다. 예컨대 구매자의 구매 교섭력이 크다면―같은 제품을 제공하는 기업이 많다면―기업은 다른 경쟁자와 파트너십을 맺는 방안을 고려하거나 새로운 구매자를 유치할 인센티브를 제공함으로써 구매자의 힘을 약화시킬 수 있다.

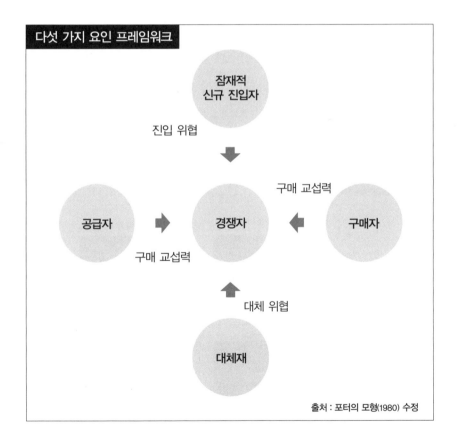

다섯 가지 요인 프레임워크

잠재적
신규 진입자

진입 위협

공급자   경쟁자   구매자

구매 교섭력   구매 교섭력

대체 위협

대체재

출처 : 포터의 모형(1980) 수정

아울러 포터는 전략 선택 과정에서 기업이 선택할 수 있는 세 가지 본원적 방안을 제시했다. 이는 다섯 가지 요인 분석을 확대한 개념으로 볼 수 있다. 조직은 본원적 전략을 참고함으로써 경쟁자와 비교해 자사의 포지셔닝 방식을 결정할 수 있다.

본원적 전략

경쟁 우위를 성취하려면 어떤 유형의 우위를 성취할 것인지 결정해야 한다. '모든 사람에게 모든 것'을 제공하려는 기업은 평범한 전략으로 평균 이하의 성과를 거두게 될 것이며 대체로 경쟁 우위를 확보하지 못할 것이다. 포터는 다음과 같은 본원적 전략 가운데 한 가지를 선택함으로써 경쟁 우위를 확보할 수 있다고 제안했다.

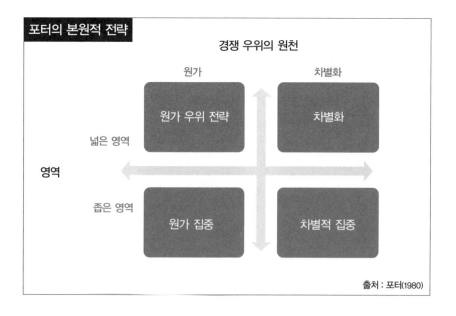

출처 : 포터(1980)

1. **원가 집중** : 이는 업계에서 원가가 가장 낮은 생산자가 되기 위한 전략이다. 그렇다고 가격이 가장 저렴하다는 의미는 아니다. 가격은 경쟁자와 동일하더라도 더 큰 수익을 확보하고 이를 기업에 재투자할 수 있다.

2. **차별화** : 구매자들은 디자인, 품질, 서비스에서 부가가치를 제공하는 제품이나 서비스라면 기꺼이 할증 가격을 지불한다. 가격으로는 경쟁할 수 없다고 판단한 조직들이 흔히 이 전략을 채택한다.

3. **집중** : 이는 시장의 초점을 뜻한다. 니치 시장에 주력하거나 여러 시장에서 고객의 폭이 더 넓은 부문을 목표로 삼을 수 있다.

포터에 따르면, 본원적 전략은 외부적으로 경쟁적인 포지셔닝과 관련이 있는 반면, 경쟁 우위는 기업이 수행하는 독특한 활동에서 비롯된다. 포터는 기업의 내적 자원과 능력을 파악해 경쟁 우위를 활용할 수단으로 가치 사슬 분석을 개발했다.

가치 사슬

포터의 가치 사슬은 기업 내부에서 경쟁 우위의 원천을 확인한다. 그는 가치 사슬을 가치를 창출하는 프로세스의 집합체로 보았다. 기업의 활동과 상호작용 방식을 검토하면 차이점을 확인할 수 있다. 단순하게 말하면 조직은 경쟁자보다 더 적은 비용으로 더 훌륭한 성과를 거둠으로써 가치를 창출한다. 포터의 가치 사슬은 가치 창출 활동의 예를 포함해 다음과 같은 요소로 구성된다.

1. 다섯 가지 주요 활동

- 입고 : 구성 요소와 재료의 품질
- 운영 : 무결점 제품이나 우수한 운영
- 출고 : 신속한 배송이나 효율적인 주문 프로세스
- 마케팅 : 브랜드 평판 구축하기
- 판매 서비스 : 브랜드 평판 구축하기

2. 네 가지 지원 활동

- 조달 : 효율적으로 구매하기
- 기술 개발 : 신속하고 혁신적인 신제품 개발
- 인적 자원 관리 : 고객 서비스 활동을 지원하기 위한 훈련
- 기업 인프라 : 신속한 반응 능력을 지원하는 관리 정보 시스템

이 접근 방식은 비용이 발생하고 차이가 창출되는 지점과 이 두 요소를 활용할 방법을 더욱 정확하게 제시한다. 이와 같은 분석적인 도구를 이용해 전략을 수립하면 기업의 장점과 기회를 이용할 수 있는 요소를 확인해서 경쟁 우위의 토대로 삼을 수 있다.

요약하자면 조직은 포터의 프레임워크를 바탕으로 경쟁 우위를 확보하기에 가장 적절한 전략을 수립하고 발전시킬 수 있다. 아울러 외적 관

점(다섯 가지 요인)과 내적 관점(가치 사슬)이 제공하는 통찰력을 얻을 수 있다. 조직의 경영 전략이 경쟁 우위를 확보하는 일이라면 명확한 전략적 방향(본원적 전략)을 확립해야 한다. 오늘날의 역동적인 시장에서 '모든 사람에게 모든 것'을 제공하는 전략으로는 장기적으로 살아남지 못할 것이다.

실제 활용 사례

다이슨 사는 비즈니스 세계에서 포터의 개념이 얼마나 실용적인지를 보여주는 훌륭한 사례이다. 이 회사는 '상자 밖에서 생각하기'를 기업 윤리로 삼아 혁신에 초점을 맞춘 결과, 현상에 만족하지 않고 한층 개선된 수많은 제품을 생산했다.

가장 먼저 등장한 제품은 이중 집진 방식 진공 청소기였다. 좀 더 최근에는 에어 블레이드(Air Blade) 핸드 드라이어를 출시함으로써 수십 년 만에 처음으로 말리는 시간과 위생 면에서 드라이어의 성능이 크게 향상되었다. 이 제품 하나만으로 다이슨은 병원과 휴게소 같은 기관으로부터 대량 주문을 받았으며 상용 시장에 진출했다. 지금까지도 경쟁 우위를 확보하기 위해 혁신을 거듭한다. 다이슨의 성공담은 한 가지 본원적 전략에 집중해 경쟁 우위를 창출하는 포터의 이론에 부합하는 것처럼 보인다. 다이슨은 독특한 고품질의 제품을 제공함으로써 꾸준히 시장 우위를 확보했다. 포터가 다섯 가지 요인에서 제시했듯이, 고객의 구매력을 효과적으로 감소시킨 다이슨과 같이 특정 제품을 제공하는 유일한 기업이 되면 경쟁 우위가 창출된다.

다이슨이 성공을 거둔 비결은 본원적 전략과 시장 요인뿐만 아니라, 줄곧 비용이 적게 드는 해외로 생산 시설을 이동시키는 방법으로 '기업 내부'에서 원가를 절약했다. 나아가 절약한 자금을 연구 개발에 재투자하고 다시 한번 혁신에 초점을 맞추었다. 미래 지향적인 브랜드를 개발하는 한편, 연구 개발의 투자를 확대한 덕분에 이 회사의 성공 신화는 계속되었다. 다이슨이 내부 활동을 강화한 것은 포터의 가치 사슬 이론을 실제 경쟁 우위로 전환시킨 훌륭한 사례이다.

관련 이론

포터와 마찬가지로 경쟁 우위를 확보하고 유지하면 조직이 장기적으로 성공할 것이라고 제안한 경영 이론가들이 많다. 1980년대에 포터가 발표한 경쟁 우위에 관한 획기적인 책들은 다른 주목할 만한 저자들이 뒤를 이어 중대한 공헌을 할 수 있었던 발판이었다.

최근 점점 역동적으로 변화하는 시장에서 포터의 이론은 데이비드 아커(David Aaker)의 《마케팅 전략(*Strategic Market Management*)》을 통해 확대되었다. 아커는 경쟁 우위를 확보할 전략을 개발하려면 내적 관점과 외적 관점을 결합해야 한다는 이론을 제시했다. 포터의 프레임워크는 지금까지도 전략 분석의 주요 출발점으로서 널리 인정받고 있다.

오늘날의 유효성

현대 비즈니스 세계에 적용하자면 포터의 다섯 가지 요인 모형(1980)

은 당연히 몇 가지 중대한 한계가 있다. 디지털 기술 같은 특정한 시장에서 나타나는 상당히 빠른 변화의 속도와 몇몇 새로운 비즈니스 모델을 고려하기가 그리 쉽지 않다. 다섯 가지 요인 모형의 가치는 오히려 관리자들이 이해하기 쉬운 체계적인 방식으로 업계의 현재 환경을 고려할 수 있으며, 지금도 이후 분석의 유용한 출발점이 된다는 데 있다.

본원적 전략(1980)에서 포터는 성공적인 조직이라면 한 가지 전략을 선택하고 실시하는 데 주력할 것이라고 밝혔다. 그러나 원가 집중과 차별화 전략은 상호 배제적인 것 같아도 사실 이 두 가지를 혼합해야만 성공적인 전략을 수립할 수 있을 것이다. 비록 이의가 제기되고 논란이 계속되지만 포터의 개념은 산업계와 경쟁 우위를 분석하는 상당히 유용한 구조를 제공한다.

경쟁 우위 개념은 조직의 전략적 목표를 확인하고 정의하기 위한 포터의 노력이 낳은 결실이다. 1986년에 포터는 경쟁 우위를 확보하기 위해서는 가치 사슬을 바탕으로 조직 내부의 활동을 분석해야 한다고 제안했다. 그러나 전례를 찾아볼 수 없을 만큼 급속도로 변화하는 비즈니스 환경에서 성공하려면 환경이나 조직 능력을 지나치게 정적이거나 통합적인 관점으로 해석해서는 안 된다.

오늘날까지 포터의 개념은 학계와 재계에서 모두 활용되고 있다. 그의 여러 도구를 통해 일관성과 적절한 수준의 엄격성을 유지하고 그의 개념을 적용함으로써 더욱 예리하게 초점을 맞추고, 더욱 방법론적이고 균형적인 접근 방식으로 이 변화하는 시장을 이해할 수 있을 것이다.

Ricardo Semler

By Modwenna Rees-Mogg

이름 : 리카르도 세믈러

출생 : 1959년

전문 분야 : 비전통적인 경영 사례를 채택해 더 성공적이고 행복한 기업 만들기

주요 업적 : 전통적인 고용 규칙으로부터 직원들을 해방시키는 일에 초점을 맞춤으로써 기업 운영 방식에 대변혁을 일으켰다. 그가 지휘하는 셈코(Semco)는 연간 총매출액이 40% 증가하면서 브라질 최고의 기업으로 부상했다.

주요 저서 : 《매버릭 기업 혁명(*Maverick*)》(1993), 《셈코 스토리(*The Seven-Day Weekend*)》(2003)

리카르도 세믈러는 누구인가

브라질 이주민으로 셈코를 창립한 기업가 안토니오 세믈러(Antonio Semler)의 아들 리카르도 세믈러는 현재 셈코 SA의 CEO로 재직하고 있다. 하버드에서 MBA를 받은 후 부친의 회사 셈코에 입사해 자사를 완전히 재설계하는 일에 착수했다.

브라질의 올해의 기업가로 두 차례 선정되었으며, 현재 브라질 경제인 연합회(Federation of Industries of Brazil)의 부회장과 SOS 애틀랜틱 포레스트(SOS Atlantic Forest) 이사회 임원으로 활약하고 있다. 오늘날 국제적인 연사로서 다른 기업가들에게 세믈러 웨이(Semler Way)를 채택하라고 권장하고 있다.

세믈러는 왜 유명한가

리카르도는 셈코가 채택해야 할 경영 방식을 두고 부친과 충돌하자, 1980년에 회사를 떠나겠다고 강경한 태도를 취했다. 결국 부친은 대표 자리에서 사임하고 21세의 아들에게 회사의 소유권을 넘겼다. 리카르도는 부임하던 첫날 최고 경영진 가운데 60%를 해고하고, 당시 고전을 면치 못하던 회사를 살리기 위해 매진했다. 25세 때에 일시적인 혼수상태를 경험한 후, 자신과 직원들이 직장 생활과 가정생활의 적절한 균형을 이룰 수 있는 새로운 운영 방식을 모색했다.

세믈러는 우선 매트릭스 구조를 이용해 경영 구조를 분권화하려고 노력했다. 비록 이 첫 번째 시도는 실패했지만, 1980년대 후반 셈코의 핵

기술 혁신(Nucleus Technological Innovation) 집단(새로운 비즈니스와 제품 라인을 개발하기 위해 구성된 집단으로 첫 6개월 동안 18개의 기회를 확인했음)을 구성했다. 이 집단이 성공을 거두자 회사 전체에 여러 위성 단위를 설치했으며, 이 위성 단위들은 급속도로 성장해 기업 활동 가운데 3분의 2를 수행하기에 이르렀다.

1990년대 초 브라질에 초인플레이션 현상이 일어났으나 셈코의 발전은 계속되었다. 분수 계약과 직원들에게 모든 지출 항목을 승인할 권리를 제공하는 대가로 경영진과 직원들의 임금을 최대 40%까지 삭감하는 등 파산을 막기 위해 모든 수단을 동원했다. 직원과 중역들에게 회사를 순방하며 다양한 역할을 수행하면서 운영 과정을 더욱 정확히 파악하도록 권장했다. 그 결과 운영 성과와 수익성이 극적으로 향상되었다.

브라질 경제가 회복세에 접어들자 셈코의 성과는 그야말로 날개를 단 듯이 치솟았다. 1980년대 500만 달러에 미치지 못하던 총매출액은 2000년대 초 4억 달러를 넘었다. 제조부터 벤처 캐피털에 이르기까지 다양한 분야에서 부가가치 서비스 중심의 경영 활동을 대폭 다양화한 결과였다. 셈코가 다른 기업에서 소유한 이권도 약 90억 달러에 달한다. 셈코는 결코 변화를 두려워하지 않았다. 지난 10년 동안 수많은 작업 과정을 폐지하고 피트니 보우스, GMF 구다, H&R 블록과 뢰디게 같은 기업과 파트너십을 맺었다.

개념

세믈러의 이론은 거의 모든 전통적인 경영 사례를 뒤집었다. 그의 개념 가운데 비교적 널리 알려진 개념을 개설하면 다음과 같으며, 이는 모두 셈코에 실시했던 것이다.

7일 주말

그의 두 번째 저서인 《셈코 스토리》와 같은 제목의 개념이다. 세믈러는 전자우편을 확인하는 일일지라도 직원들이 회사 업무를 집에 가져간다면 그들의 사생활을 업무에 포함시키지 않을 이유가 없다고 주장했다. 다시 말해 직원들이 근무 시간과 근무 장소를 선택할 권리를 준다는 뜻이었다. 셈코는 또한 직원들과 '잠시 은퇴(retire a little)' 계약을 맺는데, 이 계약에 따르면, 직원들이 은퇴 후에 일정 시간 동안 일하기로 동의하는 대가로 일찍 은퇴할 수 있다(이를테면 지금 일주일에 한 번). 셈코의 철학은 자기 삶에 책임을 지고 자신에게 적합한 방식으로 직장과 가정 생활의 균형을 도모할 자유를 제공할 때 직원들의 생산성이 가장 높을 것이라는 믿음이었다. 세믈러는 이런 방식을 택할 때 직원들이 안일해지기보다는 책임감을 더 느끼는 한편, 실패의 주된 요인으로 손꼽히는 스트레스도 적어진다고 믿었다.

평등

셈코의 직원들은 개인의 필요나 회사의 목적에 따라 명함을 휴대하거나 휴대하지 않을 수 있다. 나아가 자신이 맡은 직함을 스스로 선택할 수 있다. 셈코의 직원에게는 지정된 책상이나 사무실이 없으며 동료들에게 필요한 존재가 되어야만 일자리를 지킬 수 있다. 본사를 두면 계층 구조라는 개념이 생긴다는 세믈러의 신념에 따라 셈코는 본사를 따로 두지 않는다. 직원들은 일련의 위성 사무실에서 일하며, 상파울루에 처음 설립된 이 사무실은 현재 3개국으로 확장되었다.

서로 배울 수 있도록 젊은 직원과 나이가 지긋한 직원들을 옆자리에 배치한다. 부하 직원들이 관리자를 임명하며, 성과가 좋지 않은 관리자는 투표로 퇴임시킨다. 이사회는 직원들이 선착순으로 신청한 두 곳에서 공개적으로 열린다. 이사회 전원이 회의에 참석해야 하며 가장 유력한 인물이 아니라 다수가 의사를 결정한다. 세믈러는 셈코의 대주주이기는 하지만, 직원들이 회사와 자신을 위해 올바른 결정을 내릴 것이라고 믿고 결정에 전혀 관여하지 않으려고 노력한다. 물론 아이디어나 제안을 내놓을 권리는 있으나, 나머지 팀원들이 이를 거부한다면 결과를 수용해야 한다.

보상의 계층 구조 : 역할을 얻기 위한 무한 경쟁

셈코에서는 어떤 역할에 적합하지 않은 직원이 있다면 다른 역할을 시험해보도록 기회를 제공한다. 적합한 역할을 찾기까지 몇 차례 시행착오를 겪겠지만, 이런 경험을 발판으로 결국 전반적으로 우수한 성과를 거둔다면 시험할 만한 가치가 있을 것이다. 단지 입사한 지 오래되었다는 이유만으로 높은 자리를 차지할 권리는 누구에게도 없다. 어떤 역할을 맡을 최고의 적임자가 아니라면 정기적으로 직원들의 역할을 교대한다(이따금 CEO도 포함됨). 조직의 어딘가에는 모든 사람에게 적합한 일자리가 있다는 믿음에서 비롯된 관행이다.

일정 기간마다 회사 외부에서 직원을 고용하지만, 내부 후보자에게는 신청 과정에서 30%의 어드밴티지를 제공한다(특정 역할에 가장 적합한 사람에게 점수를 주는 방식으로). 내부 후보자가 외부 후보자보다는 셈코의 방식을 더 정확하게 이해할 것이라는 근거 때문이다.

통제는 나쁘다. 신뢰가 중요하다

셈코는 직원들의 전자우편을 검열하지 않는다. 전혀! 직원들은 고객과 자유롭게 새로운 거래의 가능성을 타진하며 잠재 고객과 거래를 맺을 새로운 방식을 모색한다. 회사에서는 기존 규칙을 어기더라도 직원들이 정해진 목표를 성취할 나름대로의 방식을 발견할 것이라고 신뢰한다. 세믈러는 이런 접근 방식이 직원들에게 자유롭게 결정할 권리를 제공하고, 그 결과 끊임없이 변화하는 세계에서 최선의 결과를 얻을 수 있다고 믿었다.

장기 계획을 대체하라. 6개월 관점을 택하라

세믈러는 장기 계획을 세우지 말아야 하며, 그렇지 않으면 종국에는 사라져버릴 사업의 흐름을 좇아가는 지경에 처할 것이라고 말했다. 다음 6개월을 위한 계획만 세워야 한다. 그러려면 원하는 결과를 바꾸어야 할 경우도 있을 것이다. 그런 한편 세믈러는 사람이나 프로젝트에 성공할 기회를 주어야 마땅하다고 믿었다. 필요하다면 몇 년 동안 손해를 내는 프로젝트에 자금을 제공해야 할 수도 있다. 물론 과연 올바른 전략인지 정기적으로 검토한다는 단서는 필요하다.

성공은 돈보다 중요하다. 열정은 무엇보다 중요하다

세믈러는 사업의 목적이 수익을 거두는 일이지만 금전적인 보상만을 위해 결과를 성취한다면 스스로 발목을 잡게 될 것이라고 확신했다. 단순히 돈을 벌기보다는 성공적인 결과를 달성하는 편이 더 중요하다. 순전히 돈에서 동기를 얻는 사람들은 탐욕에 이끌리고, 그러면 회사는 통제하기 어렵고 불안한 조직으로 전락할 것이다. 고객과 공급자, 직원들을 위한 성공적인 결과에서 동기를 얻는다면 올바른 방향으로 전진하는 안정적인 회사가 될 것이다. 수익성이 높은 사업을 추구하고 제반 비용을 정당화할 만큼 훌륭한 결과를 얻어야 한다.

훈련이 아니라 배우기

셈코는 직원들에게 항상 배우기를 권하며, 직원들이 배운 내용을 서로 가르칠 수 있는 '러시아워 MBA'를 포함해 여러 가지 학습 경로를 제공한다. 훈련을 그다지 중요하게 여기지 않으며, 대신 직원들에게 업무를 수행할 최선의 방법을 모색하면서 '느긋하게 이리저리 걸어 다니도록' 권한다.

장기적인 관계와 파트너십 접근 방식

셈코는 부패, 특히 뇌물의 징조가 보이는 상대와는 결코 거래하지 않는다. 수백만 달러에 달하는 계약이라 할지라도, 이를테면 입찰 과정에 리베이트가 포함되어 있다면 결코 거래 관계를 맺지 않는다. 기업은 고객, 공급 업체, 파트너와 장기적인 관계를 맺는 일을 목표로 삼아야 한다.

셈코는 파트너십 방식으로 적절히 참여하는 직원들과 장기적인 관계를 맺기 위해 노력한다. 필요할 경우에 직원이 회사의 자산을 매입하고, 그 자산을 이용해 회사에 서비스를 제공하는 계약을 맺도록 허용하는 등 직원과 협력할 새로운 방법을 모색할 수도 있다. 이런 철학에 따라 직원들에게 필요한 경우, 무제한 휴가를 제공한다. 예컨대 가족의 질병과 같은 개인적인 문제를 처리해야 할 때 휴가를 신청할 수 있다. 한편 셈코는 회사를 떠난 직원들에게도 자사에 대한 긍정적인 이미지를 남길 해결책을 모색한다. 이따금 직원들의 실수로 채무가 발생했을 경우, 그들이 퇴사한 후에도 쫓아가 돈을 받아내기보다는 회사에서 채무를 변제하기도 한다.

손쉬운 거래가 아니라 어렵고 복잡한 거래를 성사시켜라

이는 셈코가 경쟁에서 살아남을 수 있었던 핵심 요소이다. 셈코는 다른 사람들이 비용이 많이 드는 어려운 계약이라고 이미 판단하고 앞으로도 그렇게 판단할 거래에 초점을 맞춘다. 경쟁 업체들보다 이런 활동에서 더 효율적이고 바람직한 결과를 얻어내는 방법을 택한 덕분에 셈코는 현재 보유한 거래에 높은 가격을 책정할 수 있는 위치로 성장했다.

성장은 성공의 필수 조건이 아니다

세믈러는 업무 단위에는 제각기 최적의 규모와 위치가 있다고 믿는다. 따라서 성장이 오히려 해로울 수도 있다. 세믈러에 따르면, 지각 성장의 논리를 좇을 경우에는 결국 완전히 통제된 소수의 기업을 얻을 것이며, 이는 성장의 필수 조건, 다시 말해 혁신과 진취적인 정신과는 상반되는 조직이다.

그럼에도 시스템이 중요하다

세믈러의 경영 방식에서 기본 개념은 우수한 결과를 성취하기 위한 더욱 효과적인 방법과 프로세스를 찾아내는 일이다. 업무 구조가 경직되지 않도록 방지하면 스스로 유연하게 변화하는 시장 상황에 대처할 수 있다. 아울러 직원들이 스스로 성과를 거두어야 한다는 경쟁심을 느낀다. 이것이 십중팔구 셈코가 수십 년 동안 남다른 성과를 거둔 비결일 것이다.

실제 활용 사례

물론 오직 성과를 토대로 판단하고 직원들에게 더 많은 자유를 제공한다는 원칙에 주목하는 기업들도 많지만, 세믈러의 개념은 너무 독창적이고 단시간에 변화하기 위해 실행하기가 불가능하므로 다른 기업에서는 대체로 채택하지 않는다.

관련 이론

세믈러의 전략은 그의 첫 번째 책 제목에서 알 수 있듯이 일반적으로 매버릭(독립적인 입장을 취하는 지식인을 의미하는 말)으로 간주된다. 하지만 이 경영 방식의 기본 원칙은 여전히 장기적인 관계를 맺고 있는 고객과 최대한 수익성이 높은 거래를 맺기 위해 노력하는 체계적인 기업이다. 대부분의 이론가들과 마찬가지로 세믈러도 기업에는 성공을 위한 강한 도덕적 토대가 있어야 한다고 믿는다.

오늘날의 유효성

세계적인 경제 위기가 사라질 기미가 보이지 않고 사람들의 수명이 길어진 지금, 세믈러의 철학이 역사상 그 어느 때보다 더욱 큰 반향을 일으키고 있다.

오늘날의 비즈니스 세계만큼 가정(assumption)에 도전하기, 360도 경영, 직원들에 대한 권한 부여, 고객 우선, 원가 관리, 사고의 유연성이 중요했던 적은 없었다.

Peter Senge

By Colin Barrow

이름 : 피터 센게

출생 : 1947년

전문 분야 : 센게는 조직 개발 전문가로 유명하며, 역동적인 조직이 끊임없이 적응하고 개선하는 방식에 관한 책을 시리즈로 발표했다.

주요 업적 : 시리즈로 발표한 책에서 '배우는 조직'에 관한 자신의 비전을 요약했으며, 이 가운데 가장 널리 알려진 저서는 《제5경영(*The Fifth Discipline — the Art and Practice of the Learning Organization*)》이다.

주요 저서 : 《제5경영》(1990, 재판 2006), 《제5경영 필드북(*The Fifth Discipline Fieldbook : Strategies and Tools for Building a Learning Organization*)》(샬럿 로버츠, 릭 로스, 브라이언 스미스, 아트 클라이너와 공저, 1994), 《변화의 춤(*The Dance of Change : The Challenges to Sustaining Momentum in Learning Organizations*)》(조지 로스와 공저, 1999), 《배우는 학교 : 교육자, 부모, 교육에 관심 있는 모든 사람을 위한 제5경영 필드북(*Schools That Learn : A Fifth Discipline Fieldbook for Educators, Parents and Everyone Who Cares About Education*)》(넬다 H. 캠브런 맥케이브, 티모시 루카스, 브라이언 스미스, 재니스 더턴, 아트 클라이너와 공저, 2000), 《미래, 살아 있는 시스템(*Presence : Human Purpose and the Field of the Future*)》(클라우스 오토 샤머, 조지프 재워스키, 베티 수 플라워즈와 공저, 2004)

피터 센게는 누구인가

센게는 스탠퍼드 대학교에서 엔지니어링 학사, MIT에서 소셜 시스템 모델링(Social Systems Modelling) 석사와 경영학 박사 학위를 받았으며, 현재 조교수로 재직하고 있다. 〈경영 전략 저널(*The Journal of Business Strategy*)〉(1999년 9월과 10월), 〈파이낸셜 타임스〉, 〈비즈니스 위크〉로부터 각각 '100년간 경영 전략에 영향력을 행사한 24대 인물', '세계 최고 비즈니스 구루', '10대 경영 구루'로 선정되었다.

센게는 왜 유명한가

센게는 조직에 다섯 가지 원칙을 활용함으로써 지속적인 성장과 번영을 확보할 방법을 제시하는 토대를 마련하면서부터 학계 이외의 분야에 이름을 알리기 시작했다. 그의 출발점은 아무리 거대하고 성공한 기업처럼 보인다 하더라도 오랫동안 번영하기는커녕 생존하기도 어렵다는 개념이었다. 그는 수많은 연구를 인용해 〈포춘〉지 선정 500대 기업의 평균 수명이 약 40년이라는 사실을 입증했다. 40년이라는 세월은 일반적인 직장 생활의 기간에도 미치지 못할뿐더러, 현재 사람들이 직장 생활을 하는 동안 지금 존재하는 기업이 사라지는 모습을 목격할 가능성이 50/50일 정도로 짧은 기간이다. 센게는 다음과 같은 질문에 초점을 맞추고 해답을 제시하려고 노력했다. 톰 피터스의 '초우량 기업'에 속했던 피플 익스프레스 에어라인(People Express Airline) 등을 예로 들면, '탁월한 성과를 거두며 정상에 올랐던 기업이 어떻게 갑작스럽게 무너질 수 있는가?', 반대로 '다른 기업은 왜 살아남아 번창하는가?'. 이 딜레마에 대한 해답이 있다면, 그것은 살아남는 기업들은 어떤 중대한 척도에서 볼 때 '배우는 조직'을 창조하는 데 성공했다는 사실이다.

개념

센게는 '지레(lever)'라는 개념으로 자신의 원칙을 설명했다. 이는 그리 힘들지 않는 사소한 노력만으로도 중대한 변화를 일으킬 수 있는 지점을 뜻한다. 그는 배우는 조직의 다섯 가지 원칙을 지속적으로 성공하는 기업을 창조하는 핵심 요소로 나열하면서 자신의 접근 방식의 프레임워크를 소개했다. 네 가지 원칙, 즉 개인적 숙련, 정신 모형, 공유 비전, 팀 학습을 핵심으로 나타내고(아래 그림 참조), 시스템 사고를 다섯 번째 원칙으로 제시했다. 중심에 위치한 시스템 사고는 네 가지 원칙을 이론과 실제라는 논리적 부분으로 변화시킨다.

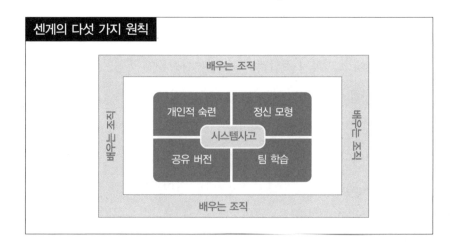

센게의 다섯 가지 원칙

배우는 조직

개인적 숙련	정신 모형
시스템사고	
공유 비전	팀 학습

배우는 조직

개인적 숙련

센게는 서두에서 하노버 보험사(Hanover Insurance)의 전 대표 빌 오브라이언(Bill O'Brian)의 말을 인용했다.

사업을 시작할 때 사람들은 명석하고 교양이 있으며, 변화를 일으키고픈 소망과 에너지로 충만한 고에너지형 사람들이다. 서른 살에 이를 무렵이면 출세 가도를 달리는 사람은 소수에 지나지 않으며, 나머지는 주말에 해야 할 일을 처리하면서 '시간을 소비한다'. 사회생활을 시작할 때 품었던 결단, 사명감, 흥분감은 이미 사라졌다. 그들에게서 끌어낼 에너지란 보잘것없으며 기백은 찾아보기 어렵다.

비록 마초 경영을 연상시키지만 개인적 숙련은 동서양의 영적 전통에 그 뿌리를 두고 있다. 센게는 이를 배우는 조직의 영적 토대라고 묘사했다. 개인의 비전을 끊임없이 정화하고 깊이를 더하며 에너지에 초점을 맞추고 인내심을 기르는 한편, 현실을 객관적으로 바라보는 과정이다. 이 영적 토대가 없다면, 특히 공유 비전과 같은 다른 원칙은 사상누각이나 다름없을 것이다.

정신 모형

센게는 로열 더치와 쉘의 사례를 이용해 두 번째 원칙을 소개했다. 센게에 따르면, 로열 더치와 쉘은 1970년대 초반 숨겨진 정신 모형의 지배적인 영향력을 깨달은 선두적인 대기업이다. 세계 석유 산업 분야가 유례가 없던 대대적인 변화를 겪은 1970년대와 1980년대에 쉘이 성공을 거둔 것은 주로 관리자의 정신 모형이 변화를 준비하는 원칙임을 이해하고 대처한 덕분이었다. 1980년대 쉘의 집단 계획 조정자였던 아리 드 호이스(Arie de Geus)는 변화하는 비즈니스 환경에 끊임없이 적응하고 성장하는 관건은 '단체 학습(institutional learning)'이라고 밝혔다. 경영진은 기업과 시장, 그리고 경쟁자가 공유하는 정신 모형을 바꾸기 위해 단체 학습 과정을 이용한다. 이런 연유로 우리는 계획을 학습, 기업 계획을 단체 학습이라고 생각하는 것이다.

센게는 우리와 우리 조직에 대한 깊이 뿌리박힌 가정을 이해하려면, "거울을 안으로 돌리고, 우리의 세계관을 밝히고, 그것을 표면으로 끌어내고, 철저하게 조사해야 한다."고 조언했다.

공유 비전

리더들은 대부분 개인적으로 조직에 대한 비전을 가지고 있지만, 이런 비전이 조직에 활력을 불어넣는 공유 비전으로 전환되는 경우는 드물다. 센게는 개인 비전을 공유 비전으로, 즉 "'설명서'가 아니라 일련의 원칙과 모범 관행"으로 전환할 원칙이 부족하다고 생각했다. 창조하고 싶은 미래상과 미래에 대한 비전을 공유하면 희망을 품고 실험과 혁신을 권장할 힘을 얻을 수 있다. 센게의 주장에 따르면, 무엇보다 '5번 원칙'에 토대가 되는 장기적인 안목은 개발할 수 있다. (흔해 빠진 '비전 선언문'

과는 반대로) 진정한 비전이 있을 때 사람들은 명령을 받아서가 아니라 본인이 원해서 배우고 탁월해진다.

팀 학습

센게의 네 번째 원칙은 팀이 힘을 모아 팀 구성원 개개인의 총합의 가치보다 더 큰 시너지 학습 가치를 얻을 수 있다고 설명한다. 하지만 그러려면 커뮤니케이션 경로를 개방하고 학습을 통해 "세계뿐만 아니라, 우리와 세계와의 관계를 재인식"해야 한다. 학습을 통해 창조력을 키우고 삶의 생성 과정에 참여한다. 그러나 그러기 위해서는 먼저 센게가 일곱 가지 학습 장애라고 일컬었던 한계를 극복해야 한다.

1. **내 직책이 곧 '나'이다** : 이런 태도에는 '내가 머리를 숙이고 내 일만 열심히 하면 만사가 잘 된다.' 라는 뜻이 내포되어 있다. 하지만 센게가 설명했듯이, "조직 구성원들이 자신의 직책에만 초점을 맞추면 모든 직책의 사람들이 상호작용해서 얻은 결과에 책임감을 좀처럼 느끼지 못한다." 계획한 그대로 진행되는 일은 드물다. 따라서 일이 틀어졌을 때 최대의 학습 가치를 얻는다면 협력이 무엇보다 중요하다.

2. **저 밖에 적이 있다** : 일이 틀어졌을 때 다른 누군가를 비난하면 커뮤니케이션과 학습 경로가 단절된다. 훌륭한 리더는 남을 비난하기보다는 문제를 해결한다.

3. **책임에 대한 환상** : 쏜 다음에 겨냥한다. 또는 드러커가 표현했듯이, "모든 실패의 원인은 생각하지 않고 행동하는 것이다". 관리란 일을 올바르게 수행하는 것인 반면, 리더십은 올바른 일을 수행하는 것이다. 물론 어려운 상황에 대처해야 한다. 그러나 먼저 상황을 해결하면 궁극적인 목표에 가까워질 것임을 명심하라.

4. **사건에 집착하기** : 지금 타당한 설명에 지나치게 의존하다 보면 현재 일어난 사건의 뒤에 숨겨진 더 심오한 패턴을 보지 못할 수 있다.

5. **개구리 우화** : 이 유명한 이야기는 산 채로 삶아지고 있는 상황에 개구리가 어떻게 반응하는지를 보여준다. 개구리를 끓는 물에 던져 넣어보라. 그러면 개구리는 당장 뛰어나와 목숨을 구할 것이다. 개구리를 물에 넣고 천천히 끓여보라. 그러면 개구리는 위험을 감지하지 못하고 결국 죽을 것이다. 이 이야기의 메시지는 극적인 변화뿐만 아니라 미묘한 변화도 경계해야 한다는 것이다.

6. **경험으로 배운다는 망상** : 경험은 최고의 스승이지만 조직에서 자기가 내린 결정에 따르는 결과를 직접 경험하는 사람은 거의 없다. 길을 잃었다고 늦게 도착한 배송 담당 기사가 슈퍼마켓의 텅 빈 진열대를 보고 판매 목표를 성취하지 못했음을 깨닫는 일은 드물다. 비난보다는 지식을 공유할 메커니즘을 모색하는 팀이 해결해야 할 문제는 바로 이것이다.

7. **경영 팀의 신화** : 센게는 하버드의 크리스 아지리스(Chris Argyris)를 인용했다. 아지리스는 연구를 통해 대부분의 조직은 명령 사슬의

상부에 있는 사람들의 견해를 지지하는 사람들에게 보상한다는 사실을 입증했다. 상사에게 도전하거나 기업 통념에 이의를 제기하는 사람들의 앞날은 순탄하지 않을 것이다. 조직은 사고를 약화시키고 도전을 제거하는 이런 접근 방식에서 벗어나야 한다.

시스템 사고

센게는 조직의 한 분야에서 제공한 정보만을 토대로 내린 결정이 전체 시스템에 역효과를 끼치지 않도록 나머지 네 원칙을 통합할 방법으로 다섯 번째 원칙을 제시했다. 그리고 다섯 번째 원칙에 영향을 미치는 열한 가지 법칙을 다음과 같이 나열했다.

1. 어제의 해결책이 오늘의 문젯거리일 수 있다.
2. 세게 밀수록 반동도 커진다.
3. 단편적인 조치들은 당장 효과가 있지만 최종적으로는 나쁜 결과를 만든다.
4. 쉬운 방법은 대개 원점으로 돌아오게 된다.
5. 손쉬운 해결책이 문제 자체보다 더 위험하다.
6. 빠른 것이 느린 것만 못하다.
7. 원인과 결과는 서로 가까운 데 있지 않다.
8. 작은 변화가 큰 결과를 낳을 수 있다.
9. '꿩 먹고 알 먹고' 식으로 동시에 할 수는 없다.

10. 코끼리를 반으로 쪼갠다고 두 마리의 작은 코끼리가 되지는 않는다.

11. 누구도 탓할 수 없다.

실제 활용 사례

《제5경영》의 재판에는 다섯 번째 원칙을 실제로 이용하고 혜택을 얻은 기업에 대한 100쪽가량의 새로운 자료가 포함되어 있다. 포드, 디지털, 프록터 앤드 갬블, AT&T, 허먼 밀러(Herman Miller), 하노버 보험사, 로열 더치/쉘 등 이 책을 읽고 만족한 여러 기업의 관리자들을 포함해 250만여 명의 사람들이 이 책을 구입했다. 닛산(Nissan)의 리더십 개발 프로그램은 센게의 모형을 토대로 개발되었고, 센게가 지휘하는 컨설팅 회사 솔(SoL Society for Organizational Learning)이 이를 실시하고 있다.

솔의 웹사이트는 닛산의 리더십 개발 사례를 강조하며 조직에는 변화와 불확실성, 조직의 변화와 직결되는 개인의 변화에 대처할 유연한 직원들이 필요하다는 가정을 검토한다.

닛산은 이론적 프레임워크인 U 모형을 이용했으며 이 모형은 인식, 적응, 창의력과 혁신을 통해 심도 있는 변화를 성취하는 3단계 과정으로 구성된다. U 모형의 하향 행정은 '감지하기'와 관련된 것으로 하부는 '존재하기'를 뜻하며, 따라서 상향 행정은 '깨닫기'를 뜻한다. 이 지점에서 조직은 집단 사고에서 그동안 희망했던 전진 도약을 한다.

SoL의 웹사이트에서 밝혔듯이, 닛산의 학습 중심에는 세 가지 핵심 질문이 존재한다.

- 어떻게 하면 개인의 변화와 조직의 변화를 통합하는 학습 공간을 가장 효과적으로 만들 수 있을까?
- 어떻게 하면 U 모형에서 사회적 기술 이전과 지속적인 행동 변화를 유도하며 가장 효과적으로 능력을 개발할 수 있을까?
- 집단 변화를 위한 원천을 활성화할 가장 효과적인 방법은 무엇인가?

관련 이론

센게는 다섯 가지 원칙을 자신이 개발한 것이 아니며, 이것들은 "수년 동안 수백 명의 사람들이 했던 연구의 산물"이라고 솔직하게 인정했다. 그는 열네 가지 '심원 지식 체계(system of profound knowledge)'로 가장 유명한 W. 에드워드 데밍의 저서를 포괄적으로 활용했다. 그리고 데밍의 다음과 같은 말을 인용하면서 자신이 "400단어로 표현하기 위해 애썼던 것"을 데밍은 한 문장으로 표현했다고 밝혔다.

오늘날 지배적인 관리 시스템은 사람들을 파괴했다. 사람들은 본질적인 동기, 자존심, 존엄성, 배우려는 호기심, 학습의 기쁨을 타고난다. 파괴의 힘은 유아기부터 시작해—할로윈 최고 의상상, 학교 성적, 우등상을 거쳐—대학까지 이어진다. 직장에서는 사람들, 팀, 부서의 순위를 매기고 1등에게는 상을 주고 꼴찌에게는 벌을 내린다.

또한 센게는 게리 하멜(Gary Hamel)과 고(故) C. K. 프라할라드(C. K.

Prahalad)의 연구를 이용해 일반적으로 실행되는 전략적 계획 과정의 본질적인 실패가 생존에 많은 영향을 미친다는 사실을 입증했다. 센게는 경쟁 업체의 장단점, 시장의 틈새와 기업의 자원에 대한 포괄적인 분석을 지나칠 정도로 강조했다. 그럼으로써 전형적인 전략적 계획은 한 가지 소중한 임무(헌신할 가치가 있는 목표 수립하기), 즉 그의 다섯 가지 원칙 가운데 세 번째 주제인 공유 비전을 성취하지 못한다고 결론을 내렸다.

센게는 학습하는 조직을 설명하기 위해 시스템 맵을 이용하는 개념을 발견하지 않았다. 1950년대 시스템 사고는 MIT를 비롯한 학계의 다른 분야에서 논의되었다. 아지리스는 이 주제에 대한 책을 발표했다(《조직 학습 : 행동 관점 이론(Organizational Learning : A Theory of Action Perspective)》, 1978). 1999년 밥 개럿(Bob Garratt)은 1991년에 창간된 〈학습 조직(The Learning Organization)〉 잡지에 '15년 동안의 학습 조직 : 개인적인 회고 (The Learning Organization 15 years on : some personal reflections)'를 발표했다. 그러나 센게는 이 주제를 학계 밖의 독자들에게 알렸다. '이상주의적인 실용주의자'라고 일컬어지는 그는 다양한 형태의 조직에서 연구하고 적용할 수 있는 시스템 이론과 다른 원칙을 제시했다.

오늘날의 유효성

센게의 개념은 SoL이 조직하는 세미나에 참석하는 수많은 청중에게 여전히 인기가 많다. 이 글을 쓰는 현재, 10호까지 발행된 SoL의 정기 간행물 〈리플렉션즈(Reflections)〉에 대규모 조직에서 많은 글을 기고하고 있다.

James Surowiecki

By Kate Walters

이름 : 제임스 마이클 서로위키

출생 : 1967년

전문 분야 : 경영 및 재정 저널리즘

주요 업적 : '집단 지혜(collective wisdom)' 또는 '집단 지성(collective intelligence)'—집단이 개인보다 더 효과적인 결정을 내리고 평가하는 원칙

주요 저서 : 《대중의 지혜(*The Wisdom of Crowds*)》(2004), 《올해 최고의 기업 범죄 관련 작품(*Best Business Crime Writing of the Year*)》(2002), 〈뉴요커〉에 실린 서로위키의 정기 칼럼

제임스 서로위키는 누구인가

카펠 힐(Chapel Hill)의 노스캐롤라이나 대학교의 모어헤드(Morehead) 학자였던 제임스 서로위키는 이후 예일 대학교에서 미국 역사학 박사 과정을 이수했다. 재정 전문 기자로 변신해 〈뉴욕 타임스〉, 〈월스트리트 저널〉, 〈포린 어페어(Foreign Affairs)〉, 〈와이어드〉를 포함한 여러 간행물에 글을 기고했다. 2000년 이후 〈뉴요커〉의 정식 작가로서 '파이낸셜 페이지(Financial Page)'를 쓰고 있다.

서로위키는 왜 유명한가

서로위키의 명성은 그가 기고하는 〈뉴요커〉의 칼럼을 통해 계속해서 높아지고 있다. 하지만 서로위키는 분명 《대중의 지혜》의 작가로서 가장 큰 명성을 얻었을 것이다. 이 책을 발표한 후 서로위키는 집단 지혜 분야의 주도적인 권위자로서 인정받았다.

개념

대중이 박식한 개인보다 더 훌륭한 결정을 내릴 것인가? 사람들은 대부분 즉시 행정 지향적인 위원회를 떠올릴 것이다. 이런 조직에서는 가장 단순한 결정도 복잡해지고 그 성과가 희석된다. 아니면 '가장 저급한 공통분모'가 결정을 내리고 실천하는 기준이 되는 군중을 떠올릴 수도 있다.

그러나 서로위키에 따르면 이는 군중이 효과적이지 못해서가 아니다.

오히려 대중이 제공할 수 있는 우수한 지혜를 기업을 비롯한 여러 조직이 깨닫지 못한 탓이다. 사실 올바른 대중은 엘리트 인재들이 개별적으로 제시한 해결책보다 우수한, 적어도 좀 더 지속적인 의미에서 우수한 해결책을 내놓을 수 있다.

따라서 기업들은 지금 슈퍼스타인 CEO가 제시한 것보다 더욱 우수한 정보, 아이디어, 해결책, 예측을 놓치고 있는 셈이다. 조직 구조에 이 모든 것을 손에 넣을 수 있는 능력, 즉 조직 구성원들이 존재한다는 것을 깨닫지 못한다.

그렇다고 CEO가 공장으로 달려가서 직원들에게 의사를 결정할 책임을 맡길 수 있다는 의미는 아니다. 서로위키는 아무리 현명한 집단이라도 반드시 충족시켜야 할 몇 가지 조건을 제시했다. 다양성과 독립성, 분권화와 집합체가 바로 그것이다.

이 조건 가운데 가장 중요한 요소는 분명 다양성이다. 서로위키에 따르면, 지적인 구성원과 그다지 지적이지 않은 구성원으로 조직된 집단은 지적인 구성원으로만 조직된 집단보다 더 훌륭한 성과를 거둔다. 전문 지식이 부족하다고 생각되는 사람들의 다양한 관점과 기술이 오히려 집단에 긍정적인 영향을 미칠 것이다. 서로위키는 이것이 수많은 기업들의 사고에 큰 변화를 일으킨다고 지적했다.

매우 똑똑한 사람들을 보유한 조직이 최고의 조직이 아닐 수 있다는 주장은 이단적이다. 부단한 '인재 전쟁'에 사로잡혀 있으며, 소수의 슈퍼스타가 탁월한 기업과 평범한 기업의 차이를 규정한다는 가정에 지배를 받는 비즈니스 세계에서는 더욱 그렇다. 하지만 전문 지식의 가치는 여러모로 과대평가되었다. 이단이라 할지라도 이는 진실이다.

구성원들의 다양성이 클수록 독립성 또한 커질 것이다. 동질성은 사람들로 하여금 설령 의견이 다르다 하더라도 다른 사람의 의견에 따르게 만든다. 의견의 독립성이 보장되지 않는다면 집단은 일을 제대로 처리할 능력을 잃는다.

그렇기 때문에 독립성이 훌륭한 결정을 내릴 집단의 능력에서 두 번째 조건으로 손꼽히는 것이다. 여기에서 독립성이란 단지 집단의 구성원 개개인이 다른 구성원의 정보에 의존하지 않는다는 의미이다. 서로위키는 사람들이 다른 사람의 영향을 받지 않는 한 편견에서 벗어나지 못하고 비이성적일 수 있다고 지적했다.

"서로에게 행사하는 영향력이 클수록 똑같은 것을 믿고 똑같은 실수를 저지를 확률이 높다. 따라서 우리가 개인으로서 더 똑똑해질 수 있지만 집단으로는 더 멍청해질 수 있다."

만일 이런 사람들로 기업을 구성한다면 모든 구성원이 서로 상호 작용하는 데 많은 시간을 할애할 것이다. 그렇다 해도 사람들이 동시에 나름대로 결정을 내릴 수 있도록 허용함으로써 무턱대고 다른 사람을 따라서 나쁜 결정에 동의하지 않는다면 (의사 결정 측면에서) 이런 상황의 부정적인 영향을 최소화할 수 있다.

사실 기업은 똑같은 실수를 저지르지 않고 다른 조직을 따라 나쁜 결정을 내리지 않도록 경계해야 한다. 이는 말만큼 쉬운 일이 아니다. 이런 경향의 근거, 즉 다른 사람들의 본보기는 따를 만한 가치가 있다는 근거가 합리적이기 때문이다. 그러나 시류에 편승하는 사람들이 많을수록 집단이 아니라 십중팔구 영향력이 있는 개인(또는 조직)이 결정을 내리고, 나머지는 그저 따라가고 있을 가능성이 더 크다.

서로위키는 이처럼 나쁜 결정을 그대로 따르는 연속 현상을 '정보 폭포(information cascade)'라고 표현했다. 기업의 관점에서 볼 때 정보 폭포의 한 가지 긍정적인 측면이 있다면, 이따금 기업이나 제품 또는 서비스가 갑작스럽게 정보의 핵심으로 떠올라 이로워진다는 사실일 것이다.

조직이 이런 효과를 최소화하려면 집단의 모든 구성원들을 분산시키고, 다시 말해 그들이 지역적이고 전문적인 지식을 이용하도록 허용하고 그들의 결정이나 해결책을 종합해야 한다.

집합자라는 개념은 무척 중요하다. 사실 종합 방식이 없다면 대중의 지혜라는 개념은 전혀 효과적이지 않을 것이다. 기업에서는 CEO, 고위 경영진, 또는 이사회가 종합자의 역할을 맡아 각 부서(또는 집단 구성원)가 내린 분권화된 독자적인 결정을 수집하고 분석할 수 있다. 비록 서로위키가 내부 결정 시장이 결정을 알리는 데 큰 영향을 미치기 위해 집합 방식을 이용할 수 있다는 사실을 보여주었지만, 집합 방식은 대개 효과가 없다.

서로위키는 기업이 빠질 수 있는 덫이 상당히 많다고 지적했다. 이를테면 대중이 제시할 수 있는 최선의 결정이라고 해서 합의된 결정이라고 볼 수 없다. 이는 독립적이고 개별적인 무수한 결정을 종합한다는 개념과 상반된다. 합의를 구하다 보면, "모든 사람을 흥분시키기보다는 어떤 사람의 기분도 상하게 하지 않는 미온적이고 가장 저급한 공통분모를 조장하게 된다". 뿐만 아니라 직원들이 이견을 표현하거나 독자적으로 분석하지 못하게 가로막을 수 있다.

아울러 기업은 모든 권력이 계층 구조의 무수한 단계 위에 군림하는 정상에 집중되지 않도록 유념해야 한다. 대신 (분권화된) 문화를 조성하고 이를 토대로 문제와 관련이 있는 사람들이 반드시 문제를 해결하며, 직원과 관리자에게 결정을 내리고 운영 활동을 개선할 방법을 찾도록 권한을 부여해야 한다. 그러면 기업에 공헌할 믿을 만한 직원들이 참여하면서 고위 경영진이 다른 일에 초점을 맞출 수 있을 것이다. 한 가지 위험이 있다면 직원들이 전체 회사보다는 자기 부서나 계열에 더 충성하는 경우가 발생할 수 있는데, 이런 일은 반드시 피해야 한다. 서로위키는 직원들이 서로 경쟁하는 이 같은 위험한 경우의 극단적인 사례로 엔론(Enron)을 들면서, "모든 사람이 같은 팀에서 일하는 경우에만 분권화가 효과를 거둔다."고 덧붙였다.

여러 가지 증거에 따르면 직원들의 참여도를 더욱 높이고 집단에 더욱 적극적으로 관심을 가지도록 동기를 부여하는 데 스톡옵션이 크게 영향을 미친다. 일례로 한 연구에서는 대다수 직원들이 스톡옵션을 보유하고 있을 때 기업의 생산성, 수익, 주가 수익률이 향상한 것으로 나타났다.

기업의 성과가 향상될 때 직원들의 의사 결정권을 확대하면 더욱 효과적일 것이다.

《대중의 지혜》는 기업이 이 지혜를 이용하려면 CEO를 슈퍼히어로처럼 대하지 말아야 한다고 경고한다. 사실 적절한 사람이 정상에 있어야 기업이 성공한다는 믿음은 진리가 아니며 서로위키는 어떤 한 개인이 집단보다 일관적으로 더 훌륭한 결정을 내리고 예측을 한다는 증거는 거의 없다고 말했다(기업이 합병되면 주주 가치가 폭락하는 경우가 3분의 2에 달한다는 사실을 보면, CEO가 비범한 결정을 내리는 사람이 아님이 증명된다고 말함).

실제 활용 사례

서로위키는 문제를 인지, 조정, 협력 등 세 가지 유형으로 나누었다. 조직에서 가장 중요한 문제는 대개 조정 문제이다. 누가 어디에서 일할 것인가? 우리 공장이 얼마나 생산해야 하는가? 어떻게 사람들에게 그들이 원하는 제품과 서비스를 제공할 것인가? 서로위키는 조정 문제에서 대중의 지혜를 이용해 훌륭한 효과를 거둔 기업으로 의류 소매업체 자라(Zara)를 들었다. 놀랍게도 자라는 자사 디자인이나 제조를 대부분 아웃소싱에 의존하지 않고 인하우스 체계로 운영하며 공급 업체를 파트너로 삼는다. 이 덕분에 자라는 직원들의 활동을 조정해서 새로운 제품군을 신속하게 생산함으로써 유행에 뒤처지지 않는다. 이런 방식의 효과는 고객의 소망에 맞추어 집단행동을 조정할 수 있다는 점이다. 서로위키는 다음과 같이 설명했다.

일반적으로 다른 사람에게 시키기보다는 직접 하는 편이 더 쉽고, 비용이 적게 든다면 기업은 그렇게 한다. 그러나 무척 중요한 일이어서 다른 사람에게 시키는 위험을 감수할 수 없을 때 기업이 직접 그 일을 하는 경우도 있다. 자라는 순수한 비용보다 속도와 통제가 더 중요하다고 생각한다.

서로위키에 따르면, 집단 의사 결정에 가장 적합한 문제 유형은 인지 문제이다. 이런 문제들은 어떤 제품을 출시할 것인가부터 프로세스 수립이나 수요 예측에 이르기까지 모든 요소와 관련된 전략과 전술을 규정한다. 서로위키는 제너럴 일렉트릭과 제너럴 모터스를 집단 사고와 집단의 아이디어를 이용한 초창기 사례로 꼽았다.

"20세기에 가장 존경받는 CEO라 할 만한 두 사람, 즉 제너럴 모터스의 앨프리드 슬론과 제너럴 일렉트릭의 잭 웰치는 모두 좀 더 집단 중심적인 경영 방식을 열렬히 옹호했다."

슬론은 그가 '분권화 접근 방식(decentralized approach)'이라고 일컬었던 방식을 채택해 회사의 전 직원이 아이디어를 제시하도록 권장했다(아마도 그와 경영진이 집합자 역할을 담당했을 것임). 한편 웰치는 GE의 경영진과 계층 구조의 계층을 줄임으로써 '경계 없는 기업(boundaryless corporation)'을 만들었다.

또한 서로위키는 구글이 채택한 모형의 토대가 전반적으로 대중의 지혜를 활용하는 것이라고 지적했다. 실제로 구글은 집합자(aggregator : 정보 집합자)이기도 하다. 서로위키는 "인터넷의 가장 소중한 자원은 인터넷을 이용하는 모든 사람들의 집단 지성"이라고 말했다. 그리고 구글의 페이지랭크 알고리듬은 본질적으로 각 링크를 한 표로 간주하고 웹페이지 생산자에게 다른 어떤 웹페이지가 가장 가치가 있는지 투표하도록 요청한다는 설명을 덧붙였다.

관련 이론

《대중의 지혜》가 출간되기 4년 전에 말콤 글래드웰의 《티핑 포인트》가 발표되어 엄청난 찬사를 받았다. 이 책은 주로 집단의 구성원이 어떻게 서로 영향을 미치는지에 초점을 맞추었다. 《티핑 포인트》는 사회적 유행병을 유발하는 임계 질량의 순간에 도달한 어떤 트렌드에 영향을 미치는 것이 가능하다고 가정했다. 아이디어가 바이러스처럼 확산될 수 있다. 이 책의 목표는 사람들에게 스스로 긍정적인 유행병을 시작할 수 있다는 사실을 보여주는 일이었다. 아울러 《티핑 포인트》는 대중이 현명하지 않을 때 어떤 일이 일어날 수 있는지, 서로위키의 표현을 빌리면, 이후 발생하는 '정보 폭포'를 어떻게 유리하게 이용할 수 있는지를 설명했다.

오늘날의 유효성

《대중의 지혜》는 2004년에 발표되었기 때문에 아직 세월의 검증을 받지 못했다. 그러나 인터넷과 소셜 미디어의 역할이 기업 운영의 최전선에 등장했으며, 이는 서로위키가 다루지 않았던 내용이다. 크라우드소싱 (《와이어드》 기자 제프 하우(Jeff Howe)가 '크라우드 소싱의 등장(The Rise of

Crowdsourcing)'에서 만든 신조어) 현상은 대중의 지혜를 바탕으로 일어나며, 인터넷 덕분에 이를 이용하기가 한층 쉬워졌다. 기업은 이미 다양한 이방인의 집단에 아이디어나 해결책을 요청한다는 개념에 익숙하다. 사람들이 인터넷에서 특정한 주제에 대해 하는 말을 종합할 방법을 확보하는 것이 대중의 지혜를 이용해 해결책을 예측하거나 찾는 한 가지 방법이 될 것이다(가장 확실한 사례는 트위터이다).

하지만 서로위키의 기준을 모두 충족한 다음에도 어려움이 따를 수 있다. 다양성을 확보하고 지혜를 종합할 수 있지만 이 지혜를 이용하고 싶다면 응답자들이 다른 사람들의 해답, 예측 또는 해결책에 영향을 받지 않는지 확인해야 할 것이다.

따라서 인터넷에 의존하는 기업은 인터넷의 단점을 유념하는 한편, 해답을 이용해 명령하기보다는 정보를 알려야 한다. 하지만 변화가 놀랄만큼 급속하게 일어나고 대중의 공헌을 요구하고 집합하는 새로운 방식이 끊임없이 등장하고 있다.

Sun-Tzu

By Modwenna Rees-Mogg

이름 : 손자	
출생 : 기원전 544년	
전문 분야 : 충돌하지 않고 전쟁에서 이길 수 있는 모든 전투의 법칙	

주요 업적 : 이름난 전쟁에 참전한 지휘관부터 비즈니스 리더, 정치인, 스포츠 스타에 이르기까지 모든 사람에게 적 또는 경쟁자의 허를 찌름으로써 목표를 성취할 적절한 전술과 심리를 이용하는 방법을 고취시켰다.

주요 저서 : 《손자병법(The Art of War)》

손자는 누구인가

손자는 주 왕조 이후에 시작된 전국 시대의 인물로 오나라 왕 합려를 섬긴 것으로 알려져 있다. 역사적으로 전사들이 핵심 병서로 《손자병법》을 이용했다는 이야기가 헤아릴 수 없을 만큼 많다. 서양에서는 나폴레옹부터 콜린 파월(Colin Powel)에 이르기까지 여러 지휘관들이 이 책에 많은 영향을 받은 것으로 알려져 있다. 반면 《손자병법》에 영향을 받은 동양의 인물로는 마오쩌둥 주석이 있다.

손자는 왜 유명한가

기업 경영 이론이 개발된 이후 《손자병법》은 줄곧 학계 이론과 경영계 적용 사례의 핵심 요소로 손꼽혔다. 전략적 목표를 성취할 방법과 관련된 수십 개의 완벽하게 조합된 명언들이 담겨 있는 까닭이다. 《손자병법》은 무슨 수를 써서든 이기거나 전쟁을 일으키는 방법에 관한 책이 아니다. 인간의 독창적인 정신을 이용해 전술과 전략을 개발하고 원하는 결과를 성취함으로써 승리를 값진 것을 만드는 방법을 다루고 있다.

전하는 바에 따르면, 합려는 손자에게 자신의 첩 180명을 훈련시켜 병사로 만들라는 명령을 내렸다. 손자는 그들을 두 집단으로 나누고 왕의 총애를 받는 두 첩을 각 집단의 책임자로 정했다. 손자가 두 집단을 향해 서로 마주보라고 명했을 때 두 사람은 킥킥대고 웃었다. 손자는 그들에게 지휘관(즉 자신)의 명령에 복종해야 한다고 설명했다. 그러자 그들은 또다시 킥킥거렸다. 결국 손자는 한사코 말리는 왕의 뜻까지 저버리고 왕이 총애하는 첩들을 처형한 다음, 다른 두 첩을 지휘관으로 임명했다.

이후 두 집단은 한 치의 실수도 없이 작전을 수행했다. 그의 논거는 지휘관의 부하들이 명령을 이해하면서도 복종하지 않는다면 그것은 지휘관의 잘못이라는 생각이었다. 일단 왕이 명령을 내렸으므로 나중에 아무리 이의를 제기한다고 하더라도 명령을 수행하는 것은 지휘관의 의무였던 것이다.

개념

손자는 열세 가지 핵심 주제를 바탕으로 확실한 전략만 있다면 승전할 수 있다고 주장했다.

1. 계획(Making of Plans)

전쟁은 심각한 일이며 따라서 전쟁에서 이기려면 목표를 수립하고, 결과를 성취하기 위해 필요한 물자를 궁리하고, 적절한 집단을 구성하고, 상대편의 장단점을 파악하고, 예기치 못한 일과 공격에 대비하는 등 만반의 준비를 해야 한다고 강조했다. 승리는 단순한 척도로 측정한다. 가장 많이 준비하면 승리이고, 가장 적게 준비하면 패배이며, 아무것도 준비하지 않으면 확실한 패배이다.

2. 전쟁(Waging of War)

그는 전쟁을 조속히 수행해야 하며, 그렇지 않으면 군대와 나라의 세력과 물자, 사기까지 해친다고 확실히 밝혔다. 훌륭한 장수는 전쟁의 폐해를 파악함으로써 가장 유리하게 전쟁을 치를 방법을 모색한다. 효율적으로 군대를 관리해야 한다. 이를테면 적군을 약탈해 식량과 공급 사슬을 통해 조달되는 다른 물자를 저장한다.

3. 전략적 공격(Strategic Offensive)

손자에 따르면, 노련한 전략가는 '싸우지 않고 적을 물리친다'. 어떤 크기의 표적이든 쳐부수기보다는 상처 하나 입히지 않고 사로잡아야 하며, 오랜 포위 공격은 가장 저급한 형태의 전쟁이라고 믿었다. 무지한 사람들이 전략에 간섭하거나 참견하는 일에 반대했으며, 장수와 병사들이 체계적인 목표를 세워야 한다고 생각했다. 모든 사람이 예기치 못한 일에 대비해야 하며, 따라서 적과 적의 계획을 간파해야 한다.

4. 형태와 성향(Forms and Dispositions)

전사들은 자신과 자신의 준비 상태를 정확히 파악함으로써 천하무적이 되겠다는 목표를 세워야 한다. 뿐만 아니라 적의 취약성을 이용할 줄 알아야 한다. 반드시 승리해야 하며, 적군을 물리칠 기회를 결코 놓치지 않을 때 승리할 수 있다. 전쟁한다고 해서 승리하는 것은 아니다. 오직 평가하고, 추정하고, 계산하고, 비교한 후에 전쟁에서 승리할 수 있다.

5. 전술(Potential Energy)

손자는 물자의 정확한 배분을 관리의 핵심이라고 지적했다. 간접적인 전쟁이 직접적인 전쟁보다 유리하며, 승리하기 전까지는 결코 전쟁을 멈춰서는 안 된다. 그러나 다양한 방법으로 간접 전쟁을 직접 전쟁과 병행할 수 있다. 타이밍이 가장 중요하며, 승리를 거두려면 적이 얼마나 많은 기운을 소모하는지에 초점을 맞추고 마지막 순간까지 결코 멈춰서는 안 된다. 질서가 무너지면 참담한 결과가 일어난다. 적군이 본성을 드러내고 자신에게 불리한 상황에서 전력을 다해 덤벼들도록 유도하는 기술이 중요하다.

6. 기만(Empty and Full)

노련한 전사는 적을 덫으로 유인해 지치게 만든다. 적을 파괴하는 한 가지 전술은 어떤 수를 써서라도 적을 동요시키는 것이다. 전투에서 적과 대립하기보다는 적이 없는 곳에 가는 편이 유리하다. 가능하다면 무방비 상태에서 공격하라. 하지만 항상 자신의 약점을 방어하라. 적을 교란시키는 재빠른 움직임이 적에게 자신의 계획을 들키지 않는 일 못지않게 중요하다. 어떤 승리도 똑같지 않다. 따라서 전사는 변화하는 상황에 재빨리 반응해야 한다.

7. 싸움(The Fray)

전투에 나선다면 자신이 가진 모든 자원을 전투에 쏟아부어라. 공격의 핵심은 속도이다. 반드시 후위를 엄호해라. 전세를 유리하게 뒤집으려면 확보한 모든 정보를 활용해야 한다. 자신을 실제보다 더 커보이게 만들어 적에게 겁을 주어라. 적이 가장 취약할 때를 놓치지 말고 공격하라. 이길 수 없다면 공격하지 마라. 승리한 다음이라 하더라도 적을 존중하는 마음으로 대하라.

8. 임기응변(The Nine Changes)

불리한 위치에 들어서지 마라. 승리에 눈이 멀어 옳지 않은 길을 택해서는 안 된다. 이길 수 없는 적을 공격하지 마라. 필요하면 동맹을 맺어라. 그래야 한다면 죽을 때까지 싸워라. 항상 기회와 위협의 균형을 맞추어라. 다음에 무슨 수를 쓸지 갈피를 잡지 못하게 만들어 적을 무력화시켜라. 무모함과 비겁함, 분노를 피하고, 명예의 단맛에 이끌리지 말며, 군대 전체가 아니라 개인에게 과도한 관심을 쓰지 않도록 조심하라.

9. 행군(On the March)

적과 직접 맞닥뜨려야 한다면 가지고 있는 전부를 이용해 되도록 현재 위치를 지킨다. 특히 지형을 살피고 익혀서 지형이 제공하는 은폐물을 활용한다. 위험한 위치에서는 즉시 후퇴하고 적을 그곳으로 유인한다. 손쉽게 이용할 함정이 많은 지형이 있으니 그런 곳에서는 특히 조심한다. 문제의 조짐이나 적군의 동향을 파악하기에 유리한 단서가 있는지 찾는다. 결코 적을 과소평가하지 마라. 손자는, 훌륭한 장수는 폭군이 아니고 병사들을 훌륭하게 훈련시키며, 정중하고 자제하는 태도로 명령한다고 말했다. 상호 신뢰를 쌓는 것이 가장 중요하다.

10. 지형(Forms of Terrain)

손자는 지형을 연구하면 최고의 전투 전략을 실행할 수 있다고 믿었다. 따라서 지혜로운 장수는 다양한 지형에 대처할 방법을 연구하고, 전쟁을 치르기 오래전부터 지형을 고려해 병사들을 완벽하게 훈련시킨다. 지피지기면 백전백승이다.

11. 아홉 가지 땅(The Nine Kinds of Ground)

전쟁 중에 만나는 갖가지 유형의 땅을 다루는 다양한 방법이 있다. 군대를 계속 이동시키고 그들에게 불가능해 보이는, 성취하라는 도전을 제시하라. 손쉬운 탈출구를 주지 말고 서로 도움으로써 모두 승리할 수 있는 상황으로 인도하라. 미혹에 사로잡힐 기회를 주지 마라. 장수는 언제나 모르는 것이 없을뿐더러 신비로우며 강직하고 공평하며, 무엇보다 적에게 다음 수를 들키지 않는다. 선봉에서 이끌어라. 하지만 모든 병사가 무리를 지어 뒤를 따르도록 이끌어라. 병사들에게 위험은 숨기고 아군 전략의 장점을 알려라. 공격하기로 결정했다면 퇴각로를 모두 폐쇄하고 계획을 단호히 실행하고 신속하게 움직여라.

12. 화공(Attack by Fire)

공격하기에 더 적합한 호기가 항상 존재한다. 일단 공격을 시작하면

눈에 보이는 것은 무엇이든 파괴해야 한다. 항상 되도록 멀리서 공격하고, 자신이 지른 불길에 휩싸이지 않을 위치를 잡는다. 분노나 원한에 휩싸여 공격하지 마라. 아군에게 유리할 때만 공격하라. 아군의 배를 불태우지 마라. 손자는 무엇보다 지혜로운 군주는 신중하며, 유능한 장수는 조심스럽다고 믿었다. 이 두 사람이 이런 믿음을 품고 있는 나라는 언제나 평화롭고 군대를 동원할 필요가 없을 것이다.

13. 첩보(Espionage)

손자는 첩자의 놀라운 위력과 그들로부터 필요한 정보를 얻기 위한 투자의 중요성을 믿었다. 그 편이 전쟁을 하는 것보다 비용이 적게 들기 때문이다. 적의 의중을 알고 있는 사람을 내 편으로 만들어야 한다. 추측이나 이론적인 계산에서 얻은 가정보다는 이런 정보가 훨씬 중요하다. 첩자들을 장수와 가장 가까운 곳에 두고 가장 큰 보상을 제공해야 한다. 첩자들을 인간적이고 정의로운 태도로 지혜롭게 대해야 하지만, 그들의 정보는 조심스럽게 처리해야 한다. 아군의 정보를 누설하는 첩자와 정보를 전달받은 사람들은 가차 없이 해치운다. 하지만 적의 첩자를 생포했을 경우에는 그들을 이중 첩자로 만들고 후하게 대접해야 한다.

손자에 따르면, 전쟁은 치러야 할 대가가 크므로 되도록 피해야 한다. 아군의 자원을 보존하고 대가를 적게 들이는 것이 승리이다. 적군은 기회를 낳는다. 승리하면 적이 적어지는 것이 아니라 더 많아진다. 또한 손자는 전쟁에 과학이 존재한다는 사실을 입증했다. 전쟁은 단순한 기술이 아니다.

실제 활용 사례

전 세계의 거의 모든 기업이 처음 사업 계획서를 작성하는 그날부터 알게 모르게 손자가 제시한 개념의 일부나 또는 전부를 적용하고 있을 것이다. 특정한 연수 회사를 고용해 《손자병법》에 따라 업무를 수행하도록 직원들을 훈련시키는 기업도 있다.

기업이 전쟁에 나서서 승리하는 사례(예컨대 마이크로소프트의 넷스케이프와의 싸움)가 패배하는 사례(BA의 버진과의 싸움)에 못지않게 많지만, 이는 모두 한 번의 전투로 승리를 얻을 수 없다는 손자의 견해를 입증하는 사례들이다.

한편 전쟁에 호소하지 않고 적을 약화시켜 승리하는 방법은 지금도 사업계에서 흔히 쓰는 전술이다. 좋은 예로 텔레비전 광고를 이용해 경쟁 회사의 제품보다 자사 제품이 더 저렴하고 신선하며 고객에게 적절하다고 선전하는 영국의 슈퍼마켓 체인점을 들 수 있다. 지속적으로 향상되는 제품이나 서비스를 제시함으로써 (예컨대 구글) 시장에서 최고의 자리를 유지하는 전략 또한 손자가 살아 있다면 찬성했을 만한 전략이다.

관련 이론

손자는 어쩌면 경영학이라는 학문이 탄생하기 2천 년 전에 현대 경영 이론을 창시한 사람일지도 모른다. 인정하든 하지 않든 간에 후대의 수

많은 이론가들이 손자가 제시한 규칙의 주제를 복제했다.

《손자병법》은 다음과 같은 책들을 비롯해 지난 20년 동안 다양한 경영 도서를 양산했다. 《경영인을 위한 손자병법(*Sun Tzu The Art of War for Executives*)》(도널드 G. 크라우스, 1995), 《사업 성공을 위한 완벽한 손자병법 : 고전적인 손자병법을 활용해 고객을 위한 전투에서 승리하고 경쟁자를 정복하라(*The Complete Sun Tzu for Business Success : Use the Classic Rules of the Art of War to Win the Battle for Customers and Conquer the Competition*)》(제럴드 A. 마이클슨과 스티븐 W. 마이클슨, 2011), 《중국에서 사업하기 : 손자병법, 중국인들의 사업 방식을 이해하는 수단(*Doing Business in China : Sun Tzu's 'The Art of War' as a Means of Understanding How the Chinese Do Business*)》(로런스 J. 브람, 2004).

오늘날의 유효성

《손자병법》에 담긴 많은 주제는 손자가 살았던 전국 시대만큼이나 오늘날의 비즈니스 세계에서도 효과적이다.

특히 계획과 전술, 그리고 팀을 대하고 이끄는 방법에 대한 그의 개념을 포함해 일부 주제는 놀랄 만큼 현대적이다. 아마도 시대에 뒤떨어진 것은 지휘관이 비록 훗날 마음을 바꾸더라도 군주의 첫 번째 명령에 따라 행동해야 한다는 견해일 것이다. 현대의 적극적인 투자가들이라면 이 견해에 반대할 것이 분명하다.

사람은 자신이 읽은 것에 의해 만들어진다. 나는 이 책 『비즈니스 구루』를 보며 새삼 다시 느꼈다. 공학도 출신인 내가 자기계발 관련 저자 및 강사로 활동하고 있다는 사실이 스스로도 믿기지 않을 때가 있다. 그런데 이 모든 것이 이 책 안에 소개된 거인들 덕분이란 것을 고백하지 않을 수 없다. 내가 강의하고 떠드는 모든 것들은 이들의 생각을 흉내 낸 것에 불과하다. 그만큼 나는 이분들에게 신세를 졌다.

이 책에 소개된 저자와 저서를 보는 동안 과거의 일들이 주마등처럼 스쳐 지나갔다. 상사와의 갈등, 회사에 대한 회의로 힘든 나날을 보낼 때 스티븐 코비의 『성공하는 사람들의 7가지 습관』이라는 책이 나를 구원한 바 있다. 특히 그 안에 언급된 '주도성' 개념은 늘 세상을 원망하고 나 위주로 살던 내게 큰 충격을 주었다. 세상에서 일어나는 대부분의 일(관심의 원)은 내 힘으로 어쩔 수 없지만, 거기에 어떻게 반응하느냐는 내 힘으로 결정할 수 있다. 주도성이란 '관심의 원'은 잊어버리고, 내가 할 수 있는 일(영향력의 원)에 에너지를 집중하는 것을 뜻한다. 당시의 나는 지극히 대응적으로 살아가고 있었고, 내 힘으로 어쩔 수 없는 일에 정력을 낭비했었다. 지금껏 '주도성'이란 말처럼 내게 큰 영향을 끼친 것은 없다.

피터 드러커의 책도 비슷한 충격을 주었다. 그는 경영을 발명하였고

'경영학의 아버지' 라 불리는 인물이다. 효과적인 경영법을 조직 차원에서 설명했는데, 컨설팅을 하는 나는 사실 드러커 박사를 흉내 내고 있는 것이다. 나는 스티븐 코비와 피터 드러커의 책들을 읽으며 그들을 반반씩 닮아가겠다는 삶의 목표를 세웠고 그 목표는 아직도 진행 중이다.

나폴레온 힐, 켄 블랜차드, 데일 카네기의 책 역시 내게 큰 영향을 끼쳤다. 나폴레온 힐의 『놓치고 싶지 않은 나의 꿈, 나의 인생』은 회사를 그만두고 실의에 빠져 있던 내게 용기를 준 책이다. 생생히 꿈을 꾸면 언젠가 이루어진다는 것을 처음으로 배웠고, 그 당시 상황으로는 말도 안 되는 목표를 세우고 그것을 노트에 적었다. 무엇이 되고 싶고, 얼마를 벌고 싶고, 어디에 가고 싶은지 등, 나는 오래전 꿈꾸었던 대부분의 것들을 이미 달성했다. 나폴레온의 말이 거짓이 아님을 아직도 나 자신을 통해 체험 중이다.

켄 블랜차드는 리더십 관련 내용을 워낙 쉽고 재미있게 쓰는지라 그의 저서를 통해 나 자신을 각성하는 데 큰 도움을 받고 있다. 데일 카네기의 『데일 카네기 인간관계론』은 그동안 내가 얼마나 잘못 살아왔는지, 대인관계에 얼마나 미숙했는지 뼈아픈 반성을 하게 만들었다. 특히 '논쟁하지 말라' 는 가르침은 그때까지만 해도 자주 논쟁을 벌이고 그 논쟁에서 이기려고 기를 쓰고, 또 이기면 기고만장하던 내게 일침을 가했다. 이 책 덕분에 논쟁을 벌이는 것 자체가 얼마나 어리석은 일인지를 절실히 깨달았다.

로버트 치알디니의 『설득의 심리학』은 사람의 행동에 관한 매뉴얼과 같은 책이다. 나는 이 책을 읽고 마치 사람을 움직이는 설계도를 엿본 듯한 기분이 들었다. 자식을 공부하게 만들기 위해 끊임없이 감시하고 잔소리를 퍼붓는 부모에게 꼭 권하고픈 책이다.

말콤 글래드웰은 개인적으로 특히 좋아하는 저자다. 『티핑 포인트』, 『블링크』, 『아웃라이어』 등 쓰는 책마다 베스트셀러를 기록했다. 무엇보다 나는 그의 통찰력에 감탄을 금치 못한다. 젊은 나이에 어떻게 그 정도의 내공을 갖추었는지 믿기지 않을 따름이다. 화학을 전공한 사람에게 '임계점(Critical Point)'이란 단어는 익숙하다. 임계점을 지나야 반응이 일어나는데, 글래드웰은 그런 임계점을 사회과학 분야에 적용해 다양한 사례와 분석을 들어 『티핑 포인트』를 집필했다. 고수들은 척 보는 순간 판단할 수 있다는 내용의 책 『블링크』 역시 흥미롭다. 『아웃라이어』는 천재들의 이야기에 관한 것으로, 한 분야에서 제대로 활동하기 위해서는 적어도 1만 시간의 노력이 필요하다는 메시지를 담고 있다.

이 책 『비즈니스 구루』는 이름만으로도 거대한 영향력을 지닌 거장들의 콘텐츠 중 꼭 필요한 것만 담은 책이다. 책을 읽고 소개하는 직업을 가진 덕분에 나는 이들의 책을 거의 다 읽었다. 그러면서 늘 다른 사람들도 이 책들을 읽으면 좋을 텐데, 하는 아쉬움을 가졌다. 나는 이 책을 통해 그동안 읽어온 거장들의 콘텐츠가 머릿속에 일목요연하게 정리되는 느낌을 받았다. 독서량이 부족하다, 스스로가 너무 무지하다, 라고 자책하는 분들이 읽으면 한꺼번에 만회할 수 있는 그런 책이다. 일독을 권한다.

작가 소개

데이비드 레스터 외 17명

미르자 아이즈 바이그(Mirza Aiz Baig), MBA

리버풀 대학교에서 수의학 학사 학위를 받은 미르자는 현재 왕립 수의 대학(Royal College of Veterinary Surgeons)의 일원이며, 헨리 경영 대학원에서 MBA를 이수했다. 경영 개발, 팀 리더십, 이해관계자 관리의 전문가로 의료 보험 분야에서 사업가 정신을 가진 생명 공학자로 활약하고 있다.

콜린 배로(Colin Barrow), MBA, FRSA(Fellow of the Royal Society of Arts)

콜린은 최근까지 크랜필드 경영 대학원 엔터프라이즈 그룹 대표로서 MBA와 다른 프로그램의 기업가 정신 분야를 가르쳤다. 현재 미국, 아시아, 프랑스, 아일랜드, 오스트리아의 여러 경영 대학원에서 객원 교수로 활동 중이며, 한 벤처 캐피털의 비상임 이사직을 맡고 있다. 《중소기업을 위한 비즈니스 플랜(Business Plans for Small Businesses)》을 비롯한 20여 권의 경영 관련 도서를 발표했다.

디틀레우 브레달(Ditlev Bredahl), MBA

디틀레우는 인터넷과 호스팅 대가이며 호스트 소프트웨어 공급 업체 온앱(OnApp)의 창립자 겸 CEO이다. 온앱을 창립하기 전에는 전무 이사와 CEO 자격으로 UK2 그룹 호스팅 기업들을 이끌었고, 현재 세계 5대 퍼블릭 클라우드의 하나를 운영하는 VPS.NET의 창립을 지휘했다. 디틀레우는 브뤼셀의 유럽 공공 관계 및 로비 활동 대학(European Institute for Public Affairs and Lobbying)에서 국제 비즈니스 MBA 학위를 받았다.

제라드 버크(Gerard Burke)

제라드는 야심 찬 자영 사업가들에게 개발 프로그램을 제공하는 전문 회사인 유어 비즈니스 유어 퓨처(Your Business Your Future)의 창립자 겸 전무 이사이다. 또한 런던 카스 경영 대학원의 선임 객원 연구원, 유명 연사 겸 작가, 자영 사업 전문 언론 해설 위원으로 활동하고 있다. 12년 동안 크랜필드 경영 대학원에서 가르쳤으며, 그전에는 10년 동안 프라이스워터하우스쿠퍼스(PricewaterhouseCoopers)의 경영 컨설턴트로 일했다.

로버트 크레이븐(Robert Craven)

로버트는 베스트셀러 작가 겸 기업가로 더 디렉터스 센터의 전무 이사를 맡고 있으며, 야심 찬 경영자들에게 기업을 성공적으로 이끄는 방법을 알려 준다. '영국 최고의 연사'로 뽑힌 로버트는 영국의 수많은 성장 기업 리더들의 컨설턴트이자 개인적인 멘토이다. 《서비스 기업을 키워라(Grow Your Service Firm)》와 《브라이트 마케팅》을 발표했다.

크리스토퍼 펑(Christopher Fung)

크리스토퍼는 크러시(Crussh)의 전무 이사이다. 크러시는 영국 유수의 건강식품 체인으로 센트럴 런던의 26개 지역에서 주스, 스무디, 건강식품을 제공한다. 베인 앤드 컴퍼니(Bain and Company)의 컨설턴트로 일했던 크리스토퍼는 크러시의 전반적인 경영을 맡고 있으며 성장 계획을 지휘한다. 지난 몇 년 동안 그는 크러시의 식품과 음료에 대한 비전을 수립하는 것은 물론, 기업의 변화와 오늘날의 기업 브랜드를 구축하는 과정을 감독했다.

클라이브 헤밍웨이(Clive Hemingway), MBA

클라이브는 1982년부터 학문 출판 분야에 종사하면서 인터넷이 주도한 산업계의 수많은 변화를 목격했다. 다국적 기업인 톰슨(Thomson)과 엘스비어(Elsevier), 중소기업, 비영리 재단에서 주로 편집 업무와 마케팅, 생산, 그리고 IT 관련 업무를 담당했다. 2011년 헨리 경영 대학원에서 MBA를 받았다.

트루디 나이트(Trudi Knight), MBA

트루디는 뉴질랜드의 네슬레(Nestle)에 근무하다 1997년 영국으로 이주했다. FMCG, 언론, IT, 재정 서비스 분야에서 15년 넘게 경험을 쌓은 노련한 전문가로서 한 기업에서 재정 담당 이사로 재직하고 있다. 재정 관련 연구뿐만 아니라 다양한 전략적 평가 프로젝트를 진행했다. 최근에 헨리 경영 대학원에서 MBA를 받았다.

제레미 나자루스(Jeremy Nazarus)

제레미는 기업 성과 코치 겸 NLP 공인 마스터 트레이너이다. 런던에서 NLP 훈련 회사를 운영하며, 기업과 스포츠에 NLP의 위력을 이용한 훈련을 제공한다. 제레미의 고객은 우량 기업부터 엘리트, 올림픽 출전 선수에 이르기까지 다양하다. 그는 아마존 베스트셀러 1위를 기록한 《성공적인 NLP》를 포함해 3권의 책을 발표했다.

데이비드 레스터(David Lester)

데이비드는 공인 회계사에서 기업가로 성공적인 변신을 했다. 22세에 처음으로 회사를 설립하고 수익성이 높은 기업으로 성장시킨 뒤 1995년 나스닥 상장 기업에 매각했다. 이후 이 책 《비즈니스 구루》의 발행처인 크림슨 출판사(Crimson Publishing Ltd)를 설립하고 영국에서 가장 인기 있는 중소기업 웹사이트인 'Startups.co.uk', 'MyBusiness.co.uk', 'GrowingBusiness.co.uk'를 개설했다.

존 맥스테드(John Maxted)

존은 기업가로서 일류 국제 인력 자원 모집 회사인 딕비 모건(Digby Morgan)을 설립했다. 딕비 모건은 2011년 2월 랜드스태드(Landstad)에 인수되었다. 존은 기업을 매각한 후 CEO에서 사임하고 현재 자선 사업과 정치에 활발히 참여하고 있으며, 자문, 투자가, 비상임 이사로 민영 기업들과 협력하고 있다.

도미니크 몽크하우스(Dominic Monkhouse), MBA

도미니크는 PEER 1 Hosting's EMEA의 전무 이사이다. 15년 동안 IT 분야의 판매, 마케팅, 기업 경영 분야에서 활약했다. PEER 1 Hosting에 입사하기 전에는 IT 랩과 랙스페이스(Rackspace)에서 고위직으로 재직했다. 뉴캐슬(Newcastle)에서 농업 및 식품 마케팅 학사 학위를, 셰필드 경영 대학원에서 MBA 학위를 받았다. 《선데이 타임스》의 고객경험상(Customer Experience Awards)의 사정관과 대중 연설가로 활약하고 있다.

라라 모건(Lara Morgan)

라라는 CompanyShortcuts.com의 창립자이며 아마존 선정 베스트셀러 《More Balls than Most》의 작가이다. 길을 잃은 중소기업의 좌절을 이해하는 솔직한 기업가이기도 하다. 다국적 기업인 퍼시픽 디렉트(Pacific Direct)를 설립했다가 2008년 회사의 주식 99%를 2천만 달러에 매각했다. 학구열을 고스란히 간직한 그녀는 현재 성공을 극대화하고 싶어 하는 기업가들을 돕기 위해 노력하고 있다.

모드베나 리스 모그(Modwenna Rees-Mogg)

모드베나는 《용의 소굴(Dragons' Den)》의 비공식적인 안내서이자 기업에 투자하거나 투자를 받고 싶은 사람들을 위한 핸드북인 《용이냐 천사이냐(Dragons or Angels)》의 작가이다. 그리고 기업 투자가, VC, 자금 지원을 받기 시작한 기업의 소식을 전문으로 보도하는 《앤젤뉴스(AngelNews)》의 소유주 겸 경영자이다. 투자 단체를 운영하며 투자가로 활동하기도 했다. 클라인워트 벤슨(Kleinwort Benson)에서 기업 재무 담당자로 일하며 경력을 쌓았다.

클라이브 리치(Clive Rich)

클라이브는 영국의 일류 협상가이자 해결사이다. 소니, 야후, 애플, 냅스터(Napster), BMG, BBC 등 다양한 다국적 기업과 대규모 조직, 유명 브랜드를 위해 100억 파운드가 넘는 규모의 거래를 중개하는 중대한 역할을 수행했다. 옥스퍼드 대학교와 코트 로(Court Law)를 졸업한 클라이브는 25년 넘게 거래 협상가로 활약하고 있다.

마크 로이(Mark Roy)

마크는 리드 그룹 사의 CEO 겸 직접 마케팅 협회 데이터 위원회(Direct Marketing Association's Data Council) 회장이다. 사회생활을 시작한 초기에는 출판과 여행 분야에 종사했다. 1991년 자기 자본 2만 5천 달러로 리드 그룹을 창립했으며, 이후 리드 그룹은 계속 성장해 직접 마케팅 분야의 선두 기업이 되었다. 마크는 20년 동안 쌓은 경력으로 이 업계에서 유명하며 존경받는 인물이다.

앤드류 J. 스콧(Andrew J. Scott)

앤드류는 지칠 줄 모르는 기업가이다. 대학 재학 당시 불경스러운 잡지를 창간한 후 자신이 다니던 대학을 첫 고객으로 삼아 IT 컨설팅 회사를 세웠다. 그가 세운 인터넷 기업으로는 웹 개발 회사, 세계 최초의 온라인 디지털 비디오 뉴스 아카이브(브리티시 패스(British Pathe)), 인터렉티브 피트니스 웹사이트(인트레이닝(Intraining)), 세계 최초의 위치 기반 이동 소셜 네트워크(플레이txt), 개인화 기업(Rummble) 등이 있다. 현재 앤드류는 기술 신생 기업에 컨설팅과 자문을 제공하며 ICE 창립 이사회의 일원으로 활약하고 있다.

케이트 월터스(Kate Walters)

케이트는 2006년부터 Startups.co.uk와 〈그로잉 비즈니스(Growing Business)〉 등의 간행물에 글을 기고했다. 현재 Growingbusiness.co.uk의 편집자로서 수십 명의 기업가들과 비즈니스 리더들을 만나 창업 경험담과 성장 전략을 주제로 면담을 나누었다. 2005년 워윅 대학교(Warwick University)에서 철학과 문학 학사 학위를 받았다.

비즈니스 구루

1판 1쇄 발행 2013년 1월 20일
지은이 데이비드 레스터 외 17명 **편저자** 이안 월리스 **옮긴이** ELC
기획편집 조윤지 **외주편집** 김경미 **디자인** 최영진

펴낸곳 책비 **펴낸이** 조윤지 **등록번호** 215-92-69299
주 소 경기도 성남시 분당구 야탑동 시그마3 918호
전 화 031-707-3536 팩 스 031-708-3577
블로그 blog.naver.com/readerb

'책비' 페이스북
www.facebook.com/TheReaderPress

Copyright ⓒ 2013 이안 월리스
ISBN 978-89-97263-31-8

책비(TheReaderPress)는 여러분의 기발한 아이디어와 양질의 원고를
설레는 마음으로 기다립니다. 출간을 원하는 원고의 구체적인 기획안과
연락처를 기재해 투고해 주세요. 다양한 아이디어와 실력을 갖춘 필자와
기획자 여러분에게 책비의 문은 언제나 열려 있습니다.
이메일 readerb@naver.com

Busines

Busines